U0605060

# 中国特色小镇
## 从存活到夺目

# 特色小镇全新价值链
## 构造及价值创造过程

### （下册）

刘海斌◎著

全新视角探寻"特色小镇"的"死亡"基因
国际化视角发掘"特色小镇"的"成长""成功"之谜

四川大学出版社

# 目录

　　理性地思考特色小镇，不能仅仅对政策、产业或者建立的方式方法进行研究，更不能盲目投入特色小镇的建设。面对巨额的资本投入，收获的可能不是发展，而是能否存活的核心问题。

　　构造新城镇的全新经济生态，摸索特色小镇从形成到发展的成长方法，形成一套有效的范式，帮助政府及企业找到特色小镇成长的密码；并根据区域特色，构造特色小镇的量化管理指标、降低投资风险等的范式，形成一门有关城镇发展的新经济学说。

# 引 言

●特色小镇的概念形成，城镇化的形成过程；中国城镇化面临的几个核心矛盾；建设特色小镇的几点基本认识

特色小镇的形成建立在有效人口所形成的特色动态产业集群的基础上，通过不同的视角构造有效的空间价值链，并且能形成价值链的再生与升级的区域基础。

特色小镇的发展可以视为一个多变量函数，解决特色小镇的经济增长及经济产出问题至少需要四个基本要素：劳动力、资源禀赋、土地、制度资本。

"红天鹅"，主要指那些由于整体的预见缺失而造成的灾难性事件。"灰犀牛"则指那些大概率且影响巨大的潜在危机。"灰犀牛"不是突发的，而是在一系列警示信号和迹象之后发生的大概率事件。所反映的现实问题就是：危机近在咫尺，你却视而不见。对于特色小镇的相关政策与现象，存在"红天鹅"风险与"灰犀牛"风险并存的状态。

●特色小镇的国际化视野；政府及企业的三个思考方向：国际化思维，产业集群与城市发展的构思，创新与创业思维

基于市场、服务及机会寻找的全新创业型思维，可以改变地方政府在推进特色小镇中的角色作用，更有效地为特色小镇提供组织服务及机制优化；以机会发现与价值提升为主导的创新型思维，可以发现特色小镇更为广阔的成长空间与内在的核心竞争力，是有别于一般小城镇的内在型发展动力。这两种思维方式将从全新的视角激活政府角色中的"企业家思维"，使其通过其特殊的地位，决定组织核心价值观，对于组织创新、管理创新、价值创新等特色小镇活动有着积极的主导作用。

●特色小镇产业价值链与空间价值链的三个层面：企业、产业、区域；特色小镇建设的四条发展路径等

特色小镇建设的直接力量，表面上看是由政府权力意志等决策性力量主导的，实际上是产业价值链体系在区域空间所形成的空间价值链倒逼城镇的各功能区进行的重组与整合，并且形成了开放的、动态的、一体化的空间系统。

# 第一章

## 特色小镇实践的理论基础　055

　　研究全球价值链主要有两个目的：一个是要有全球化视角，另一个是需要通过全球价值链的价值分解，找到特色小镇更为广阔的价值发展空间。

　　特色小镇的战略核心，就是建立特色价值所在，这里需要通过两个方面突出特色小镇的战略体系：一个是从产业价值链出发，建立差异化；一个是从空间价值链出发，建立市场空间范围的聚焦。从产业价值链出发的差异化战略，要突出设计差异化、质量差异化、支持服务差异化、形象差异化、价格差异化、比较差异化战略六种模式。从空间价值链出发的市场空间战略则存在无市场细分战略、市场细分战略、利基市场战略、定制化战略四种形态。

　　在共享经济以及互联网不断发展的今天，非常容易造成差异化战略的价值转移，"羊毛出在猪身上，狗来买单"的新价值获取，会形成差异化战略的竞争优势转化。通过延长以及传导的方式使产业价值链更具竞争性，这将是未来特色小镇研究的一个重点方向。

实际上特色小镇的高速发展，不是单一产业发展，而是主导产业结合多种配套产业协调发展；它不是单一的产业价值链模式，而是与空间价值链融合的生态体系。

特色小镇的核心工作就是做价值链整合，这里需要对三个主要价值流进行贯连，分别为产品流（产业流）、资本流（资金体系）、信息流（资源与发展数据），三者构成了特色小镇价值链的主要价值表现。三大价值流相互推进，互为价值，管理特色小镇价值链，就是管理三大核心价值流。

特色小镇建设的前期阶段，建议开发融资以股权融资为主，债权模式为辅，以产业及基础建设资本为主要资本来源，可以针对证券等资本中介市场引入资本证券化等模式。针对中期以及后期的发展，可考虑资本多样化，用以优化资本来源。这个时候要注重对资本的吸引作用，强化特色小镇的发展兴奋点，形成良性的资本生态链条。

特色小镇融资的目的并不是简单地解决资本缺口，而是运用资本本来的价值属性，通过财务战略对特色小镇进行管理与控制调节，以达到整体价值提升的目的。

中国特色小镇 The Chinese Characteristic Town

## 第二章

特色小镇是中国新型城镇化的一个重要载体，其本质就是城镇化。特色小镇在进一步推进过程中，首先面临中国社会资源的争取问题。

没有一个特色小镇是完全规划出来的，将来也不可能出现。特色小镇的成功，绝大多数是原生型成功，而不是政策性成功。政策的作用仅仅是促进特色小镇价值成长。

特色小镇必须改变原有思维模式，核心是通过开放式创新激发地区原生型动力因素实现价值升级与价值转化。依托产业价值链与空间价值链的治理路径，优化解决现有城镇化发展所面临的多重挑战。

城镇群是未来中国新型城镇化布局和区域发展的主体空间形态。城镇群的关键是建立有效的结构，即"中心城市—中小城市—小城镇—较大乡镇"之间形成网络型的分工与合作关系。

特色小镇需要抓住周期性因素，从新型城镇化趋势、人口转化趋势、特色发展格局以及周期化的理念要点入手，找到持续性发展的思维与模式。

特色小镇的价值链塑造，是随着特色小镇的不同发展阶段，不断调整价值链体系。如果想构造长期发展的核心动力因素，就需要在产业价值链层面构造、发展城镇集群，促进区域经济一体化，这种发展模式才是特色小镇价值链构造的主流形式。

根据聚合要素、产业体系、增长动因、劳动力因素、产业结构、空间要素、诱发动因、产业化形态、产业边界等因素的不同，可以将特色小镇演化周期分为五个基本的成长阶段：特色小镇初期阶段、特色小镇形成阶段、特色小镇规模扩大阶段、城镇区域空间集聚阶段、城镇经济带阶段。

特色小镇价值链沿着良性、可持续发展的轨迹动态演化，必须从三个方面着手，并形成价值耦合关系。分别为：特色小镇产业价值链的产业特色效应、空间价值链的区域效应、产业价值链与空间价值链构造特色小镇价值链的价值融合。

根据特色小镇空间与产业价值链的特质，可以大胆构想：特色小镇空间价值链治理可以使用"渐进"式升级模式，产业价值链治理可以考虑使用"跨越"式升级模式，依托创新发展的思维，针对集群价值目标，构造有效的价值链升级路径。

# 第三章

## 地方政府视角：特色小镇价值链竞争力构造与政府角色转换　317

"共享利益"是特色小镇双方，甚至是多方合作与发展的基础，在

特色小镇建设与发展中起到积极的推动作用。

特色小镇的发展创建过程，其实就是一个动态的创业过程，只有那些认识到风险的特色小镇管理者才能更好地把握特色小镇的发展并获得成长的回报。这种思维方式，才是特色小镇内在的发展动力。

特色小镇经济是一个开放系统，而不是一个封闭系统。系统的开放性以及中心城镇经济的溢出效应，一方面可以使特色小镇与域外空间发生广泛的经济贸易联系，并不断加强产业的空间集聚；另一方面，可以使劳动力流动、资源流动、技术扩散和信息传播自由交流，有利于各种要素向特色小镇及周边导入，减少了产业集群的障碍，这种状况会随着特色小镇价值链竞争力提高而不断强化。

特色小镇价值链竞争力实质上表现为产业价值链竞争力，而产业价值链竞争力则是通过企业价值链竞争力来加以支撑和维持，并与综合因素构建空间价值链体系。因此，产业竞争力和企业竞争力是特色小镇价值链竞争力的核心。

# 第四章

## 企业视角：企业价值链在特色小镇中的价值获取与提升　　395

企业进驻特色小镇存在被动进驻与主动进驻两种状况，无论何种进驻状况，都需要以价值链理论（包括价值链升级、转换）、对外直接投资理论两个主要理论为基础，涉及企业进驻特色小镇的动机、行为、绩效等。核心是资源禀赋、土地、劳动力与制度资本这四个构造价值的基本要素所形成的价值链体系（突出产业流、信息流、资本流），即突出产业、资源、制度三大价值观念，构造企业进驻特色小镇的战略构思。

　　　　企业在推进特色小镇融资渠道与政府合作模式的时候，要深入了解合作对象。这里要注意三个要点：第一，要清楚政府的作用与合作关系。第二，注意相关投融资方的资本来源以及资本投入需求。第三，注意关联企业的资本使用与深度合作。

　　　　特色小镇投融资问题解决的关键在于特色小镇自身的产业设计及发展回报机制的设计。也就是说，特色小镇融资模式及融资结构是表象，特色小镇价值链的价值内涵才是根本。

　　　　在融资过程中，投资方一般需要对特色小镇的三个方面进行考量：资本平衡结构、资本要素效益以及资本安全。还需充分考量资本短期投入与长期回报的矛盾，资本的社会效益与经济效益问题，资本针对特色小镇开发中的安全问题以及不确定问题。这些问题将一直伴随特色小镇融资的全过程。

# 第五章

## 特色小镇的深化变革：特色小镇价值链升级的未来成长构想　　475

　　　　与产业价值链不同，品牌价值链是以特色小镇顾客的需求定位为起点，以城镇顾客体验价值为要点，以城镇功能性价值、标志性价值与情感性价值为载体，通过品牌价值创造、价值交换与价值实现环节，实现城镇品牌价值增值与城镇品牌溢价的目的，并最终实现城镇品牌

中国特色小镇 The Chinese Characteristic Town

的吸引力、辐射力、凝聚力、竞争力与特色品牌力。

在特色小镇项目的推进中尤其需要注意品牌优化路径的生命周期，包括禀赋资源构筑的生存基础，比较优势构造的发展动力，竞争优势确认的市场拉动的核心力量，以及以创新构造的可持续发展的推动力，通过比较优势、竞争优势、创新动力构造特色小镇内在连续性的核心竞争力。

特色小镇文化创新，本质是构造软实力，它的发展核心会让特色小镇从深度的产业聚集向可持续成长的文化聚集方向发展，以得到特色小镇独一无二的核心竞争力。

特色小镇一体化创新体系的框架是以要素、空间、环境以及相关的子系统所形成的关联矩阵，是产业、空间、科技、文化、品牌、资本、信息等众多因素的创新集成，是价值链网络构造的根本推进要素。

互联网是一种工具要素，更多是起到产业或产品的辅助功能，使用中多以开放式创新为思维基础，挖掘广泛的市场功能及科学化的管理功能，是基于平台战略构想的核心辅助系统。

掌握特色小镇在大数据中的角色定位，首先需要理解大数据思维。大数据思维是一种意识，认为公开的数据一旦处理得当就能为千百万人急需解决的问题提供答案。也因为大数据可以通过数据量化价值链，因此，大数据中间商可以依托大数据成为相关产业链的获益者，以及跨界行业的重要参与者。

特色小镇及新型城镇化的智慧化改造，需要突出两个主要视角：其一是着眼于特色小镇的"智慧成长"（Smart Growth），其主要内容包括发展"可持续城市""生态城市"及"宜居城市"等；其二则着眼于特色小镇创造与创新能力的建设，其核心理念是"知识城镇"与"创造力城镇"。对应智慧城镇的建设要求，二者形成相互作用的驱动力。

# 第三章

# 地方政府视角：特色小镇价值链竞争力构造与政府角色转换

中国特色小镇
The Chinese
Charactenstic Town

# 案例引入：特色小镇持续性动力研究案例

站在创业与创新的角度重新审视特色小镇，思考视角不仅仅是特色小镇的政策来源，更是构造特色小镇成长与发展的内在动力。对于特色小镇政策的揣摩与使用，仅仅是开启特色小镇的一把钥匙，最终还应该将创业与创新这样的发展动力植入新型城镇化发展的核心动力当中。**一个地区的发展，需要探讨的不仅是经济发展问题，更要寻找不屈与执着坚持的内在动力。创造以"双创"为核心的内在动力基础，打造以地区文化为核心的"企业家精神"，是特色小镇走出生死困局、走向荣耀的唯一途径。**

## 创业的国度与民族的未来
### ——以色列带给中国的思考

有这样一个国家，用 60 年的时间，创造了经济 50 倍增长的奇迹。有这样一个国家，在马克·吐温眼里就是"荒凉、贫瘠和没有希望的沙漠之国"。有这样一个国家，人均科学家、工程师、诺贝尔奖获得者数量居全球第一。有这样一个国家，周边充满了战争与危机，该国的人可以去往世界上任何遥远的地方，却很难走进它的邻国。有这样一个国家，没有周边国家丰富的石油资源，却是世界上最富有的国家。有这样一个国家，在高科技领域，拥有超过 6000 家科技初创公司，仅次于美国，是人均研发投入和专利世界最多的国家，也是除美国和中国外，纳斯达克上市企业最多的国家。有这样一个国家，在新兴产业领域，在美国纳斯达克上市的公司总数超过全欧洲在美国纳斯达克上市的新兴企业的总和，甚至超过日本、韩国、印度新兴企业的总和！而它却只有 800 多万人口。这个国家就是以色列，一个充满创业与创新力的国家，一个传奇的未来之国。

以色列位于地中海东岸，有一半以上的国土被广袤无垠的内盖夫沙漠所覆盖。而在沙漠以外，高原、山地又占去了国土大半。由于自然环境的恶劣，很多人称这里是"沙漠之国"。

尽管地处中东，但以色列国土资源稀少，油气资源无法和周边的"土豪"国家们相提并论。

以色列，国土面积仅25740平方千米，相当于中国的半个珠三角，而800万的人口，甚至不到北京的1/3，但这个人口仅有800多万的小国，蕴藏的创新能力，甚至可以媲美世界上任何一个创新超级大国。在这么严酷的环境里，800万犹太人创造了"以色列奇迹"：2013年，以色列的GDP达到2727.37亿美元，人均GDP达到34651美元；2014年，以色列的GDP达到2913.57亿美元，世界排名36位，人均GDP达到37035美元，世界排名第25位，是中东地区工业化、经济发展水平最高的国家。

**以色列最为世人所称道的是高科技领域的创新成就，科技对这个自然资源极度贫乏国家的贡献率高达90%以上。其优势产业有农业、军事、通信、计算机、生物技术。尤其值得一提的是，由其工程师辛迪·布拉斯发明的滴灌技术，不仅在这块贫瘠的土地上解决了国民的生计问题，其出产的水果、蔬菜甚至远销欧洲。**

在这样一个战火纷飞、资源匮乏的小国家里，其创业者每年新创立500家以上风险企业，创业与创新密度甚至远超美国！

辛格在《创业的国度》一书中用了这样一组数据描述以色列人对创业的激情。2008年以色列的人均创业投资是美国的2.5倍，欧洲的30倍，中国的80倍，印度的350倍。平均每1844个以色列人中就有一个人创业。以色列依托这样的创业激情和"创新"动力不断创造高科技领域的杰出成就，让以色列在严酷的环境里创造出"以色列奇迹"，让科技对这个自然资源极度贫乏国度的贡献率高达90%以上。

以色列境内拥有220所跨国公司研发中心，2013年出口额达64亿美元，有70多家公司在纳斯达克上市。在10年间，诞生新生企业7027家，死亡2882家，存活4145家，企业的存活率高达60%，且大部分为高科技互联网公司。2011年，苹果公司选中以色列，建立其第一个也是最大的海外研发中心。以色列有诺贝尔奖获得者10余人，每万人中有工程师140名，居全球之首；人均教授拥有量居世界第一，每4500人中就有一名教授。中东地区最好的10所大学中，有7所位于以色列。这7所大学中的3所在学术领域居于世界大学排名前100强。

以色列的科技研发支出比重位居全球第一。除硅谷以外，以色列创业公司数量第一、风险投资人均第一。2014年，以色列的688家科技公司总共获得投资34亿美元。尽管以色列在2014年只新增了29家科技公司，但是获得的投资额却同比上涨近一半，涨幅为46%。以色列的创业与创新之潮，由中小微企业领衔，全国企业中98%为中小微企业，大多是高新技术企业，雇员人数占全国劳动力的50%～60%，其小企业增长率位全球第二。以"特拉维夫—雅法"为主的沿海城市，因其高科技化类似于美国硅谷，被世人称为"硅溪"，正因为如此，整个国家也被称为"创新国度"。

不久前，英特尔公司用153亿美元收购了汽车驾驶辅助系统制造商Mobileye。巨额的收购费用，让这家成立于1999年的以色列科技公司更加引人注目。而这样的情况，每年都会在以色列发生。

这个全国人口数量还不及中国一个大城市的人口，自然环境如此恶劣，多数国土都是不适宜居住的沙漠，每年约10个月不见一滴雨，只有弹丸之地的国土如何诞生了规模惊人的科技创新产业，成了科技创新的"圣地"？

实际上，以色列的自然环境、地理环境甚至国际政治环境都非常恶劣。由于历史和宗教原因，以色列自建国以来，和邻国关系就一直处于紧张状态。

这是一个逃亡多年的犹太人建立的国度，1948年以色列宣布独立，自其成立以来，就需要长期面对周边阿拉伯国家的敌意与威胁。人口稀少、国土资源复杂、国际环境恶劣，这就是摆在以色列人面前的生存环境。就像历史上历经数次劫难依然顽强生存下来的犹太人一样，以色列依靠对先天环境的适应与改造，发掘了适合自己的发展路径。因对资源的依赖性较小，高科技产业成为以色列的选择。

自建国以来，以色列一直致力于对高科技产业的投入。而无论是基础科学，还是创新技术，以色列都有自己的发展之道。目前，凭借在遗传学、计算机科学、化学等领域的深耕，已有多达10名以色列和以色列裔科学家先后获得诺贝尔奖；而在纳斯达克的上市公司中，以色列的企业数量位居世界第三。

如今的以色列，不仅在沙漠中开辟出了一片绿洲，更成为初创企业的摇篮。世界上最早出现的即时通信软件 ICQ，就来自于 1996 年诞生于以色列的 Mirabilis 公司，那时还没有 QQ、MSN。而除了 Mobileye、Viber 等声名在外的公司外，还有无数不知名的初创公司以及正在努力的科技创业者们，在不断创造着自己的创业梦想。目前以色列已经孵化了超过 6000 家初创企业。这些数量众多、技术领先的初创企业，吸引了国际众多风投机构和跨国公司的注意力。

以色列的网络应用开发商 LabPixies，以及导航应用软件公司 Waze 先后被 Google 公司收购；以色列机顶盒厂商 Boxee 被三星公司收购；Mobileye 被英特尔公司收购更是震惊了国际收购市场，实际上英特尔公司还曾经拿下以色列 VR 技术公司 Replay。就连中国企业，也在近几年纷纷"西游"，对这片热土进行投资。

数据显示，从 2005 年到 2014 年，平均每年有约 86 家以色列公司被巨头公司收购。除了疯狂收购以色列的科技公司外，这些高科技巨头们看上了以色列的产业发展环境，纷纷在以色列开设分部。北部城市赫兹利亚就集中了众多跨国科技公司，被人们称为"小硅谷"。

（一）生存环境锻造了这个国家的民族精神与创业、创新的生存文化

有人曾这样表述自己在以色列的生活："在我们的周围，有 10 万发炮弹可以覆盖以色列全境。有一次我跟妻子在超市购物出来，拦截导弹从距离我们 20 米开外的地方发射出去。这就是我们的生活。"

特殊的地理位置、贫瘠的土壤、错综复杂的政治军事环境，构成了以色列人的日常生活。严酷的环境，让以色列不得不在世界空间的夹缝中寻求自身的生存空间。1948 年以色列建国之后，发展农业、保障生存成为以色列国家发展的重中之重。以色列建国之后最大的挑战正是水资源的严重缺乏。经过几代人的辛勤努力，以色列人成为沙漠农业、滴灌，以及改良土壤盐分等领域的先驱者和领先者，在很短时间内解决了"北水南调的问题"，缔造了一个人类改造自然环境的奇迹。尤其是以色列首创的滴管技术，无论在城市还是乡村，都可以使用滴管技术，在最少的资源使用情

中国特色小镇 The Chinese Characteristic Town

况下，促进鲜花及水果等植物茁壮成长。现在以色列的农业不仅可以做到自给自足，其优质农产品甚至出口到国外。**自然环境特质和求生存的迫切需求对以色列人的原创精神和独立自主的创新行为产生了重大的影响。**

历史的传承与环境的锻造，成就了以色列人"不服从"的个性。对事物的质疑，这对国家而言可能是"灾难"，但对产品创造以及技术创新却是一件极好的事情，以色列人就像天生的产品经理。事实也确实如此，无论英特尔公司还是微软公司的核心技术部门，很多都掌控在以色列技术人员手中。

对一切事物进行质疑、探究；不束缚于等级、阶层，敢于打破常规、与人争辩；开放、思辨却又专注，永不满足于现有成果，不断坚持创新……这些创新所必备的精神似乎已经成为整个社会的共识。在企业中，员工可以畅所欲言，不必担心自己的看法会"冒犯"上级或者同事；在学校，永远保持怀疑和随时准备辩论成为学生的"权利"，只要有理有据，真理也可以被"挑战"；就连在军队，低级士兵也可以向高级军官发起"挑战"，以色列军队还因此成为世界上少有的没有等级观念的军队。

而这种"对权威的不服从"，其实早已深深镌刻在以色列的思想文化之中。对他们来说，就连国家的律法都可以处在不断的讨论、补充、修订之中，**开放精神成了他们的信仰。**以色列的历史和国情，更让它的国民们相信：在危机之中没有什么是永恒的，只有依靠自己的双手才能活下去。**实干精神因此成为以色列的另一创新要素。**

**环境与文化是创新的热土，**以色列的现状刚好印证了这个说法。多年的颠沛流离和生存危机确实锻造了以色列人不畏惧冒险、活在当下的精神。在当今以色列的创业者中，有很大一部分是连续创业者，哪怕已经赚到了足够保证自己下半生生活的资本，还是有很多人选择继续创业，哪怕他已经是白发苍苍的老翁。

以色列社会形成了**独特的创新生态系统，**其中包括学术教育、高科技社会、政府、国防、风险投资与社群建设、全球高科技社群等创新的外在因素，也包括企业家自身、个人主义、创意及动力等内在因素。当创新精神成为全民族的共识，以色列成为"创新之国"也就不足为奇了。

（二）国家的推动扶持，形成了不断发展的原动力

一个国家的发展，仅仅通过政策扶持创业公司，鼓励创新，打造高科技为核心的"创新国度"是不够的。以色列经济与产业部部长艾里·科恩在 2017 年 2 月份提出："我们的目标是在 8 年内成为全球第 15 大经济体。"

人们看到了马不停蹄在世界各地奔走的以色列政府，对他们来说，**一个国家真正的经济繁荣，与不断整合资源，拉动外部市场，形成竞合互动，打造国家支柱产业，形成持续的发展动力密不可分。**

历史上的犹太人，几经迫害和欺辱，却依靠他们特有的智慧在世界丛林的夹缝中顽强地生存了下来。他们的智慧，曾经表现在善于经商上，如今在科技创新中重放光辉。以色列国父戴维·本·古里安曾在 1947 年发表的战争檄文中说道："我们必须承担艰巨的任务——让那些相信自己拥有某些事物的人彻底摆脱对未来的疑惧。事实上，我们一无所有，我们有的是善意和被隐藏的能力，但是我们必须知道：要学会自己去铺路。"以色列政府与民众一起通过后天的努力，扬长避短，发掘自身潜力，主动推进科技强国。

1. 鼓励创新创业，有效政策扶持，大力协助帮助以色列企业走向国际市场

以色列的科技创新发展史中，曾经历了两次科技创业热潮：一次是 1990 年中期到 2000 年；另一次始于 2005 年。在这两波创业热潮的背后，都有政府推动的影子，甚至能感受到主导及推动的改革力量。

1993 年，以色列政府推出名为"YOZMA"的计划。如果一家科技公司获得了国际风险资本投资，政府将为其提供 1∶1 的配对资金支持。这个计划在一定程度上刺激了以色列中小企业的崛起，短短几年间，以色列的创业公司就从 100 家增长到了 800 家。

2000 年之后，以色列曾经历过一段时间的互联网发展停滞期。政府为了鼓励创业，推行了新的孵化器计划，每年会在全国甄选出来的 20 个孵化器机构内对 100 个项目进行投资。经过这轮"刺激"，到了 2005 年，以色列又迎来了新一轮的科技创业热潮。

不仅如此，以色列政府还在海法、赫兹利亚等地开设高新科技园区，为首席科学家和研究项目提供科研经费，每年还举办很多圆桌会议，吸引外商投资和合作。

除了鼓励国内的创新创业，以色列政府还亲自到海外给国内企业"拉外援"。2017年2月，以色列总理内塔尼亚胡与美国总统特朗普在华盛顿会面，结束了和奥巴马政府长达8年的紧张关系期。作为以色列最大的贸易合作伙伴，美国的一举一动都牵动着以色列的国家经济发展，尤其是特朗普政府的一系列军事外交政策，给以色列提供了绝佳的发展机遇。比如特朗普要在墨西哥边境修墙，就让传说中要为这个项目提供传感器和指挥控制系统技术支持的 Magal 公司股票大涨；特朗普要增加国防支出和军事预算，这对大型无人机和头盔系统供应商 Elbit 来说也是一大利好消息。以色列中央银行行长 Karnit Flug 曾指出："作为一个开放的小经济体，我们非常依赖于我们的主要贸易合作伙伴，美国就是其中一个。"与美国的"紧密"关系，确实在以色列的科技产业发展史上起到很大的作用。由于美国政府不限制以色列的高科技产品出口，以色列本国的科技产品得以通过免税的优势对外出口，再加上政府的政策补贴，很多跨国科技公司会选择在以色列设立分公司。

以色列政府在推动国际经济中，更加注重通过以色列的产业优势，加大贸易合作，一边尽力保持与美国的"蜜月期"，另一边与广阔的国际市场发现新的机遇。2017年3月20日，内塔尼亚胡率领5名部长级高管，以及约90名以色列各领域商界人士，组成了"以色列史上最大商务代表团"出访中国。在中以建交25周年之际，中以宣布正式建立"创新全面伙伴关系"，未来双方将不断深化在科技创新领域的合作。对以色列来说，中国作为全世界最大的市场，也是以色列在全球的第三大贸易伙伴，近年来又在互联网科技创新方面取得了显著的发展进步，毫无疑问是最值得期待的战略合作伙伴之一。百度创始人李彦宏就在与内塔尼亚胡的会面中表示："以色列有技术，而中国有非常多的数据作基础。如果我们可以将两者结合，就能够创造奇迹。"

以色列政府对于国内产业的扶持以及推进，得到中国总理李克强的高度认可，并就合作指出："我们这次要共同发表创新合作伙伴关系的声明，同时加快建立一条合作的绿色通道，中方欢迎更多以色列技术产品进入中国。"

2. 创新的教育模式：好奇、独立、自信、思辨

**以色列从政府到社会，都有一种氛围，就是非常注重教育，这种教育意识覆盖幼儿到精英的全过程。**据以色列基地统计局发布的数据，2015年，以色列教学开销约合 264 亿美元，占 GDP 的 8%，仅次于军费开销，其人均教学开销是中国的 8 倍。以色列教育不培养"乖孩子"，而是注重培养孩子的独立思考能力。以色列的孩子从小受到父母的鼓励，擅长提问，注重思辨。父母在孩子放学回家之后问的第一句话经常是"今天你提问题了吗？"他们认为孩子提出问题比解决问题的能力更为重要。而这种教育方式在以色列人的骨子里植根了几个特质：**好奇、独立、信仰、兴趣、自信。对以色列人来讲，"学习是一种信仰""观念改变世界"。**中国出版科学研究所开展的全民阅读调查，显示了不同国家国民每年人均阅读图书量：韩国 11 本，法国 20 本，日本 40 本，以色列高达 64 本，而中国仅有 4.5 本。以色列人视学习为终身使命，重智慧胜于重金钱。强烈的学习愿望是基于文化价值观，对土地的热爱，及自由和容忍的原则。这也是以色列涌现出大量科学家的根本因素。尊敬有知识的人，他们认为"学者比国王伟大"。

实际上以色列诞生了许多引领世界的思想性著作，这些思想性著作引领以色列创新创业，如《博弈论》《人类简史》《思考的快与慢》《创业的国度》等。以色列的上述著作承载着他们对经济发展、文化建设、人类未来等方面的探索，超出了国界和种族的限制，在人类文明和世界经济的前瞻性思考方面具有较强影响力。以色列教育部部长夏依·皮隆很自豪地说："以色列的专长是出口天才。"

**以色列除了教育氛围及体系建设的卓越外，最值得一提的，是以色列对精英人才培养的提倡。**

首先，在以色列，年轻人不论男女均须义务服兵役，到了 18 岁都必须入伍。军旅生活能让以色列的年轻人迅速成熟，尽早明确自己的目标，也给了他们拓展人际关系、接受精英培训的机会。实际上这也极大地提升了科技转化力，以色列的很多科技转化就是来源于军事技术的民用化创新。

其次，以色列建立了长期的创新孵化器项目，Eliran Sheraz 称这个项目为"温室"计划。从某个角度来说，这个项目是国家创投。项目由以色列经济部首席科学家办公室（OCS）发起，企业经严格的申请程序后与政府达成协议，政府对企业的早期创业阶段给予资助，并给公司研发产品制定一个时间计划表，等其成长为企业后，再逐步退出。以色列产业研究开发中心（MATIMOP）作为首席科学家办公室的执行机构，代表首席科学家委员执行、贯彻和监管相关的国际合作项目，负责实施此类双边和多边合作项目。

而这些极具特色和针对性的高精尖人才培训计划，是以色列创新、创业最为直接、高效的人才输送渠道。

3. 文化传承与产业专注力打造：知识是唯一的权威，科技动力是企业成长的关键

作为犹太人的后裔，以色列人重视精神世界远远胜过物质世界，唯有真理和知识不能被带走，他们认为知识可以得到最好的财富，知识越多，在社会上越受到尊重，爱好读书成为以色列人一生的习惯。有这样一句著名的犹太格言："如女儿嫁学者，变卖全部家当也值得；如娶学者女儿为妻，付出所有财产在所不惜。"这就不难理解包括以色列在内的犹太人在诸多领域的卓越表现：美国的学术界、企业界、教育界、新闻界、艺术界精英中有大量犹太人；只占世界人口 0.2% 的犹太人却获得了 29% 的诺贝尔奖；世界最富有的人群中，25% 是犹太人。

**以色列非常注重高科技产业创业与创新的推动，从国家战略到企业战略都在以打造高科技产业为核心。**所以以色列初创企业绝大多数都是高科技公司，这和中国初创企业的百家齐放状态非常不同。中国的初创公司中有不少立志于餐饮、运输、艺术教育甚至实体制造业等。以色列的初创公司几乎清一色来自高科技领域，涉及网络安全、金融科技、物联网、生物科技、医疗器械等。

创业领域的不同和两个国家的规模和发展形态密切相关。作为一个被四方敌国包围而且自然资源极其匮乏的国家，面对仅有 800 万人口的国内市场，以色列的初创公司从创业的第一天就需要立足全球市场，实属无奈之举。在创业项目的选择上，高科技领域当属全球市场中操作性最强的领

域之一，而文化、教育、服务等领域都对本地化和团队规模有更高的要求，并不适应现在以色列的创业产业需求。实际上大多数以色列创业者都是第二、第三代以色列人，从二十多岁到五六十岁不等，其中不乏连续创业者。一般这些寻求 A 轮投资的初创公司团队只有三到五人，有时在路演现场就能见到团队的所有成员。演讲人通常穿着休闲，而不是西方传统的西装笔挺。很少有通过路演来寻求 C 轮投资的公司，而中国的投资者往往倾向于 IPO 上市前寻求最后一轮融资的成熟企业，这与以色列的企业发展模式极不相同。

## （三）实战演练与强大执行力，是创业与创新的根本

除了国家以及区域文化的影响外，有效的实战演练与强大的执行力，使以色列的创业与创新不仅是一个口号，更是一种行动。

1. 军队的历练和安全的需求成为以色列科技创新的基础

以色列自 1948 年建国以来，在其狭长的国土周边曾发生七次全方位开战的中东战争。国家安全、国土完整不断受到战争威胁，是每个以色列人都不得不面对的现实挑战。因此对于每一个以色列公民而言，军旅生涯变得尤为重要，它不仅仅增强了个人的意志力与决断力，更提升了创新思维和创新行动力。

一个以色列年轻人若在涉及国家安全的精英部门完成服役，他的履历可以和哈佛、耶鲁、普林斯顿大学毕业生媲美（辛格：《创新的国度》），因为他已在部队诸多不确定的作战环境下练就了创新思维的方式和行动力。海法理工大学的所罗门教授曾论述过，为了让国家安全，一味运用传统的军事方法和军事理论无法解决以色列每天面临的安全问题，以色列必须寻求创新为核心的解决路径。因此，在军队中，上级往往把新兵分成不同类型的创新作战小组，并赋予每个作战小组高度的创新自主权，以应对多变的战场环境。以色列所有公民都必须服兵役，在军旅生涯中形成的创新"惯性"，对其日后的高等教育批判思维的形成和职场的创新思维都起到了积极作用。

以色列被阿拉伯国家所包围，由于文化及宗教的根本性冲突，以色列处于严酷的生存环境当中。为了国家安全，以色列不断加大对国防科技的

研发和投入，军事科技产业也因此成为以色列研发产业中最知名、研发能力最强的产业之一。国防产业的发展有效地带动了科技进步，这些军工产业的产品和人才，大部分被用来反哺民用，进一步推动了高科技产业的发展。如今，由以色列本国研制生产的无人机、预警机、航空电子设备等装备，性能已经位居世界先进水平，甚至已经在某些方面超越了欧美发达国家。

2. 光有创造性还不够，要能够落实和执行，不然只是一个梦

以色列理工学院教授，国际闻名的创业学专家夏罗默·麦特尔（Shlomo Maital）强调，**创新是整个生态系统运作的结果，公司、政府、风投、银行、大学等各个部分都很重要。"光有创造性不够，要能够落实和执行，不然只是一个梦。"**他强调，创业才干，需要在实战中学习，就像游泳需要下水才可能学会。

以色列非常"重视小企业的创造力，并为他们提供更多支持"。创新企业 MemTech 通过与以色列理工学院等机构的合作实现了高分子超滤膜技术的突破性研发，显著提高污水净化处理效率，大大减少废水处理所需的资金和人力成本。实际上，在以色列很多伟大的创新都是小企业创造的。"跟中国不同，以色列没有那么多的大公司，以色列很多小公司专注于某一领域的技术突破，哪怕是很小的领域也可以努力做到世界领先。"

对于创业的推动，不仅要有文化和氛围，更主要是能够包容失败，让创业者还可以从头再来。实际上，以色列**不仅通过教育体系与软文化氛围来打造信念和意识，更建立起良好的生态系统，帮助和保证创业的再度推进。**

"对于政府来说，要引导社会资本、建立良好的生态系统，为创业创新失败了的人创造下一次创业的客观条件。"实际上，在以色列创业失败也是重要的资历，更多的创投"更希望投资有失败经历的人"，这也是以色列创新与创业不断成长的"神秘力量"。据初步统计，以色列每年有800至1000人创办科技创新企业，其中超过半数会失败，但是他们还是能够重新再来，**良好的创投体系是关键原因。"要引导有钱的人把赚到的钱重新投入市场，愿意为早期阶段的创意或者公司投资，形成一个良性循环的生态系统。"**

（四）以色列产业价值链的形成与产业集群的形成

以色列产业价值链的形成，是以色列崛起的关键，是高科技产业走向国际的关键。以色列从外在因素、内在动力以及产业集群的形成三个要点构筑产业价值链。

1. 以色列创新的外在因素

**因素一：教育**。作为科技立国的国家，以色列在科研教育领域成果突出。以色列有很多享誉国际的著名大学，以色列的学术文章在国际知名杂志上出版、发表、引用率仅次于瑞士与瑞典，居全球第三。

**因素二：风险资本**。2013年以色列的风险投资总额为23亿美元，仅次于美国、欧洲和英国，而中国的风险投资额为18亿美元。换言之，以色列这个只有800万人口的小国，风险投资总量要超过整个中国的风险投资量。足够的风险投资量，为以色列创新提供了强有力的物质保障。

**因素三：以色列的创新生态**。以色列是全球高科技社群汇集最集中的国家。具有较大影响力的全球化跨国公司在以色列的研究中心有57家，从整个科技创新角度来说，这是一个不小的数字。除英特尔、微软、苹果、IBM公司外，中国的联想公司、小米公司等也在以色列设有研发中心。跨国公司在以色列的大量研发、投资为其创新发展提供了强有力的帮助。

2. 以色列创新的内在动力

以色列地域狭小，自然资源匮乏，对现实的不满迫使以色列人不断创新与变革。环境使得以色列人以十分宽容的心态对待失败，尤其在对待创业方面，以色列人对失败容忍度很高。这也是以色列人能够把创业当作职业的一个重要原因。

生存环境使以色列人具有很强的危机意识，创业时也不会考虑时间长短的问题，往往在企业做到成长期就将其卖掉。因此以色列的风投也更热衷往往于对企业初期阶段。

以色列个人主义与集体主义并存。前面讲到以色列有服兵役的传统，他们的集体主义就来源于这种平等体制下的军队训练，团队之间强调互相依靠。恶劣生存环境也使以色列社会中的每个人必须互相协调与配合。

以色列企业家出现的创新思维与创业行动与以色列国家的独特文化不无关系。以色列文化所倡导的平等，给予以色列人自由开放、敢想敢做的创新动力。以色列社会的等级观念十分淡漠。此外，动荡的社会环境锻炼出以色列人对风险的高容忍度与快速应对风险的能力。

3. 高科技产业集群的形成

以色列自然条件恶劣，只能用人力来弥补自然资源的不足，所有**创业行为都围绕高科技产业人群来展开**。

高科技的发展带来好大学，有风投，有完善周边配套。像加速器、孵化器加上法律顾问等，都是围绕高科技形成的一整套配套产业。产业集群带来非常有效的协同效应，这也是为什么以色列能成为第二个硅谷的原因。以色列大部分创业企业都以技术为驱动，这与军事训练和服兵役制度体系有关。此外，跨国公司在以色列的科技研发驱动中起到了很大作用。

**国际资本推进科技全球化："国内创新创业＋海外资金市场"的发展模式**。以色列高新技术产业举世闻名，产品研发和科技创新多在国内完成。以色列军事科技尤其发达，将军工产业创新能力及产业化能力推广应用于民用领域是一大创新。

2013年，以色列国内高科技企业达到4000家，密度位于全球最高，每2000个以色列人就拥有一家高科技公司。与此同时，以色列高科技创业企业的产品、融资主要市场集中在海外，特别是欧美发达国家。比如尼斯克公司所研发的识别系统的应用市场就在美国，未来超过1亿美国人的护照将安装由该公司制造的芯片。以色列高新技术企业多在美国纳斯达克、英国创业板AIM以及其他欧洲证券市场上市。2013年度，在纳斯达克上市的公司中，以色列公司数目超过中、印、日、韩及欧洲所有公司的总和。

**全民创新让以色列比肩硅谷，成为世界创新创业高地**。在以色列，创新并不仅仅局限于现代化工厂和实验室，而更多蕴含于普通人点点滴滴的生活之中。如果有人对以色列人说"no"，他们马上想到的是"why"；当遇到问题的时候，他们不是绕道而行，而是把问题视为机遇。全民创新的来源何在？**一是高度重视教育；二是强调独立人格；三是高质量的创业者资源**。以色列青年人满18岁必须先服3年兵役，服役期间还要学习国防应用技术。大部分青年退役后选择读大学，其专业方向非常明确，加之服役时接受的良好训练，一旦选择创业，成功机将会大大增加。

### （五）以色列创新模式对于中国及地方政府的借鉴意义

中国现已成为全球第二大经济体，正处在由"中国制造"向"中国创造"的转型期。在这个过程中，中国特别需要思维的创新与科技的发展。2014年9月10日，李克强总理在夏季达沃斯论坛上首次提出，要借改革创新的"东风"，推动中国经济与科学发展，掀起"大众创业""草根创业"的新浪潮，形成"万众创新""人人创新"的新态势。在2017年的"两会"上，"大众创业、万众创新"正式被写入政府工作报告，定调为推动中国经济发展调速不减势、量增质更优，实现新常态下经济发展的"双引擎"。这些举措凸显政府对创业和创新的重视，以及创业和创新对中国经济的重要意义，也给地方政府的经济发展及产业推进指明了发展方向。

然而，"大众创业、万众创新"必须打开全新视野，构造"双创"的战略发展思路。特色小镇作为新型城镇化的经济发展形态，更需要借鉴以色列创业与创新的发展思路，要从创新机理上，开展长期持久的工作。

首先，要解决产业创新的人才问题。**要构筑长期的人才战略，需通过两种机制来推动：一个是教育培养，一个是人才引入及鼓励机制。"没有创新人才，创业就是无源之水；没有创新教育，人才就是无本之木。"**因此，创新和创业能否成为中国经济发展的长久动力，能否持续并内化为民族特质与性格，毋庸置疑，创新人才的教育和培养是关键所在。

其次，通过体系化的创新与创业体制建设，打造中国特色的创新与创业力，并将其渗透到生活与工作的方方面面。可以从三个方面开展相关工作：

1. 主导政策性导向，同时跳出原有思维限，制协助企业及个人进行创新创业

以色列的创新与创业体系是由首席科学家制度、国家孵化器制度、人才培养制度等构成的创新体制，这种创新体制形成了潜在的影响力。

**人才培养方面**，我国需要改变现行教育中的教条主义。推进教育综合改革，促进高校毕业生更高质量地创业、就业。从培养质量、创新能力、

创新实践等方面下功夫，为中国创新发展提供充足的人才供给。

**科技转化方面**，创新要以产业化为目标，防止科技成果"积累快转化慢"。以色列的创新发展以实际需求为导向，强调科技转化为生产力是创新的核心。中国现有的科技转化，往往以科技成果的发表为核心，科技研究大量停留在实验室层面，导致科技转化率偏低。当然，科技转化率还受到产业链结构、资本推动模式、教育体系、文化氛围等多种因素的影响。实际上，科技应以人为载体，以色列兵役制度中的军民顺畅切换实现了军用技术、民用技术的交叉融合，极大提高了科技转换率。中国可以借鉴这种模式，侧重以人作为衔接转移的重点。

这种衔接转移，必须通过创新创业生态环境来完成，实际上，以色列的创新创业生态对于中国及中国地方政府具有极强的参考意义。下面总结了7个主要的衔接转移要素。

①独特文化背景形成的创新创业精神

②独一无二的人力资源

③从需求出发的创新和以出口为导向的产业集群

④强大的风险投资和资本市场化

⑤以非营利组织为结点的创业社会资源网络

⑥强调以目标行动为主导的政策体系

⑦培养创新创业精神和营造公平公正环境

特色小镇可以借鉴转移要素构成的主要做法，建立小镇智库，并与高校及关联产业人员建设创客实验室，从行动上提升创新精神和行动能力。

另外，宽容失败的创业文化需要有一个培育、沉淀的过程。我国现行很多制度改革滞后于创新的步伐，特别是面向创业型企业的政策，表现为风险大、不稳定性因素多，政府部门在制度设计过程中，先考虑的往往是如何免责，而不是如何尽职尽责，这就导致很多政策在实施过程中因为主体责任不清而无法落地。这里可以借鉴北京中关村企业信用促进会的做法，加强信用管理和应用，将信用情况与创新创业政策挂钩，引入社会监督，加大失信成本，促进政策透明高效。

与此同时，**处理资本与创新的关系时，政府以及投资企业需要把握以下几个平衡：**

①短期性与长期性平衡，即政府以及企业的短期融资目标与长期创新绩效之间的平衡；

②趋同性与专业性的平衡，即资本的投资趋同性可能带来的行业过度竞争与泡沫的问题；

③进入与退出的平衡，即创业企业对资本的进入与退出都应在企业的创新进程中实现动态平衡。

此外，还需要放宽风险投资行业管制、增加引进海外风险投资基金等方面进一步开展工作。

2. 抓好基层公务员、企业家、专业服务机构"三支队伍"

公务员队伍从数量规模和业务量来讲，是金字塔型，尤其基层公务员处于创业、创新服务一线，他们的思维、素质与执行力直接关系到政策落地的情况。这个群体需要更多的学习实践，培养服务体系变革与创新、创业思维。

抓住项目不如抓住人，只要抓住企业家领袖，就等于抓住了一批企业。对于创业以及创新型企业来讲，企业创始人的战略思维、胆识、管理技巧，对企业的未来走向至关重要。通过分层次、分批次、常态化地组织创业者、企业家进行交流及学习，打造有效的政府服务平台；通过政策推动企业及相关产业发展，促进区域经济协同发展。

随着简政放权步伐的加快，原来由政府承担的职能将越来越多地需要市场、社会组织来承接。可以通过政府购买服务，强化孵化器协会、创投协会、创客联盟等社会组织的作用，对孵化器、技术转移等科技服务业从业人员进行专业培训，培育本土专业服务机构。

3. 加强科技运用，提高科学治理能力

借鉴以色列的先进科技运用经验，通过制定地方性法规等模式，促进创新资源开放、信息公开及数据共享，保障数据采集及时、准确。

围绕政府管理需求，通过购买服务，由专业服务机构进行大数据平台建设和数据挖掘，为产业及区域决策提供可靠依据，从而通过科技切实有效地解决政策碎片化与市场决策机制等问题。

4. 促进孵化政策实现由量变到质变跃升

政策本身应起到调节作用。对于特色小镇等城镇化建设而言，政府更

应结合科技，适时调整孵化扶持政策，在配套体系形成一定规模的情况下，引导产业孵化向"专精特新"方向发展。例如借鉴以色列产业集群的形成模式，对城镇专业孵化数量和专业关联领域通过招标确认专业运营服务机构，然后从孵化运营到孵化项目扶持进行普惠性支持。在孵化企业获得政府项目资金支持时，其经费使用管理、监督应由专业辅导组及专家协同负责。

5. 完善创投孵化生态系统，"光有创造性不够，要能够落实和执行"

作为产业转型升级的重要抓手和国家战略，"双创"风潮席卷全国。中国经济正在由"制造"向"智造"（"创造"）发展，很多区域的经济发展由单纯商品输出向商品输出与资本输出相结合转变。

但中国科技成果转化不畅，创业空间和孵化器仍在起步阶段。而目前在创新孵化方面，美国和以色列无疑是世界创新国度中的佼佼者。尤其对创新内需强烈的以色列，其高效成熟的创新创业模式和资源，以及该模式形成的创投孵化生态系统，更加值得中国创新城市借鉴。借鉴的核心就是以人为中心的科技转化、科技项目落地能力与强大的执行力。

## （六）以色列创新模式对于中国特色小镇的借鉴意义

中国特色小镇的建设，更需要借鉴以色列的创新模式。这种借鉴要深入到价值链的体系层面，从创新思维、产业孵化及资本运用等方面深度参考以色列成功发展的经验，做好相关推进工作。

1. 特色小镇创新基因的建立

建设特色小镇，不仅需要将企业引进来，更需要鼓励创新的政策与宽容失败的环境。因此，要对思维方式及软文化氛围进行改造。

以色列学者Simon Weintraub曾表示："我们的国内市场非常小，必须要找一些出路，而创业创新就是最好的出路。""我们最好的资源就是自己的头脑。"以色列政府及教育机构既有鼓励创新的政策举措，也有宽容失败的软文化氛围。在这种环境下，人们更具有国际眼光和颠覆性创新思维，这种环境也因此成为高创新率和孵化率的永久保障。

特色小镇的政府主管部门应主动参与创新创业实践与学术界、孵化器、产业投资者、资本市场及相关产业组织等力量共同营造创新创业机制。一是积极推动产业领域的国内与国际合作，并和周边或国外合作设立产业研发基金，促进企业新技术、新产品开发及产业化；二是大力推广风险投资，按照公私1∶2或1∶3的比例吸引国内及国际投资资金，设立风险投资基金用于支持高科技初创企业发展；三是大力发展特色小镇产业孵化体系，扶植特色小镇产业特色及相关产业发展，助其快速成长。甚至尝试"共担风险，但不共享收益"的方式支持区域个人及组织创业。

实际上，这种模式具有范式影响力。中关村创业2.0优化战略布局就是这样的运行机制。一是要推动形成"区内创新创业、全球资金市场"的发展模式。区内不断推进高端创新创业要素聚集，倾力打造具有全球影响力的创新创业中心，产品市场、资金市场。面向全球，全面形成全球经济价值链条。二是倾力铸造中关村创新创业文化理念，全面加强人群素质培养，创设中关村创新创业文化氛围。三是要不断形成政府参与创新创业新模式。强化产业设计，推进政府"只分担创业风险、不参与利润分享"模式，探索母基金运作模式，吸引更多社会性资金，推动产业孵化建设与产业升级。

2. 投资方式：土豪式"一掷千金"在特色小镇并不可行，需要产业精准化投入

在特色小镇的发展过程中，土豪"一掷千金"式的投资方式屡见不鲜，但事实证明这种方式并不可行，反而造成了巨大的资本浪费与投资风险。特色小镇绝不是靠大投资就可以产生大效益的，从以色列的产业模式来看，实际上也是从"小而精"模式开始的，他们也以奢侈的行为方式为耻。以色列首席科学家 Avi Hasson 曾表示，"希望更多带有创新新鲜'血液'的投资来到这里，共同参与研发和市场合作。"希望前来投资的钱是"聪明的""有智慧的"，这与国内大搞特色小镇基础建设、拉动成长的发展思路完全不同。

3. 合作渠道：敲敲门就能找到A轮、B轮投资者，而不仅仅是上市前的临门一脚

在中国很难找到产业创投资金，甚至在公司做到一定规模后也很难找到发展资金，中国的投资者更多关注企业上市前的临门一脚。中国金融资本所看重的，更多的是有效的短期获利，而不是长期的发展获利，虽然这

些年整体环境有了一定的变化，但与以色列优良的风险投资的资本市场环境还有巨大差距。

以色列更多的是科技公司，集中在特拉维夫市中心的"1小时车程创新创业生态圈"里。在新城区密集分布着各种科技创新企业，有谷歌、微软等世界一流企业的研发中心，也有众多单打独斗的创新个体。在这里寻找合作不需要跑很多城市、多个地方。特拉维夫的创业机构分布非常集中，沟通和合作也非常方便，大大提高了创新效率。以色列的创新优势还表现在：创新创业资源非常集中，更集中的是创新孵化机构，极容易在同一区域找到投资资金。

没有名气的初创人员办公室和名气很大的世界知名公司团队办公室聚集在一起，往往初创者敲敲门，在"隔壁"就能轻易找到A轮甚至B轮的投资者，让项目与资本零距离对接。

特色小镇可以通过建立有效的产业集群促进特色小镇产业与资本的精准化投入，产业集群的空间紧凑型以及产业体系配套协同发展是关键。这种空间和体系的推动，不分产业类别、人数，更多的是产业集群在有效空间内的互动与成长。在特色小镇产业集群空间可以进行创新、投资和孵化等，也有餐饮、休息、娱乐和儿童城等场所供产业工作人员及其家庭成员生活与休闲。

4. 高孵化率：政府在资金、税收和场地等多方面鼎力扶持，同时注意创新型投资，注意新兴高投资回报产业集群

以色列孵化器拥有50%以上的世界最高孵化率，这离不开政府在资金、政策、税收、场地以及科技支持等方面的鼎力扶持。

实际上，特色小镇在产业建设过程中就需要建立这样的体系。在资金方面，进入孵化器的企业失败了不需要偿还本金，成功了偿还本金和很低的利息，政府基金又可以用这些钱去扶持新的企业。

还可以借鉴以色列的首席科学家制度，建立特色小镇产业智库体系。通过知名大学、产业协会、专业学者及产业集团共同建立特色小镇产业扶持及指导的专业智库。经营费用由政府通过产业投资部门募集，即政府部门设立专项基金埋单，以支持其推动运行。为了更好地进行可持续性发展，还可以学习以色列，鼓励孵化系统平台化，由经验丰富的专业投资者

支持，向"孵化"中的公司提供更多的商业资源。

特色小镇的发展不仅可以通过建立产业园等发展模式开展相关工作，更可以建立产业集群的平台系统，产业发展可以从此方向转化，并创新构造产业集群发展的区域平台。只有同类型企业的科研服务及生活、法律等相关配套形成一个集群，才能有利于特色小镇的良性高速发展。

（案例以互联网资料及《创业的国度》一书为基础，经作者调整修改完成）

# 本章思维建构

本章重点以地方政府视角，构建特色小镇的地方政府角色定位与价值链竞合思维的形成，重点研究地方政府，尤其是乡镇一级政府在特色小镇中的工作内容与职能作用。**政府需要打破原有的角色思维，需要基于生存与发展的创业思维，转化现有的身份与角色。**

现阶段，地方政府发展中面临最重要的问题——角色转换。本章通过定性研究，以特色小镇价值链形成过程为基础，发现政府与企业由于视角的不同，存在巨大的目标冲突。而解决冲突的首要条件，就是角色的有效融合或互动。地方政府角色的转化需要从职能转化、功能转化、思维转化三个角度出发，通过创业学的角色构想，做到政府在创建特色小镇中的定位、到位与补位。这就需要政府在推进特色小镇建设工作时，转化自身的功能，突出企业创业思维与价值服务思维，从特色小镇价值链竞争力的变革视角构造竞合发展体系。这种竞合发展体系，需要将产业链、企业与跨区域价值链进行有效融合，并且充分利用政府特殊的角色，做好规划设计、土地监管、融资体系化管理、冲突协调与解决等工作。地方政府要依托创业为基础的开放式创新思维，构造特色小镇协同发展的融合体系，建立基于特色小镇价值链共融的价值链网络，从而形成特色小镇价值链的竞合能力，提升区域竞争力与产业竞争力。地方政府需要从产业价值链与空间价值链出发，构造价值链体系、产业集群以及人力资源流动体系三个要素。重点做好四个关键要素：融资机制与合作模式、集群化与差异化平衡、机会挖掘与价值突破、产业转型与产业升级，并与外部产业及空间价值融合，形成具有区域竞争力的价值链网络。

地方政府在特色小镇的战略制定过程中，首先应以角色转换为要点构造内价值体系，并以此为基础构造空间价值链与产业价值链融合的外价值体系。通过延展及优化内外价值体系，创造特色小镇价值链的竞争力。

此外，特色小镇要有发展周期的思维，不应急功近利，发展过程应主动构想 10 年甚至 15 年以上的发展培育期。地方政府促使特色小镇从初期的资源主导型向产业与空间优化延展、价值链网络体系建设，形成市场主导型战略转型，这才是特色小镇正确的发展模式。

本章"地方政府视角：特色小镇价值链竞争力与角色转换"的思维建构如图3-1所示。

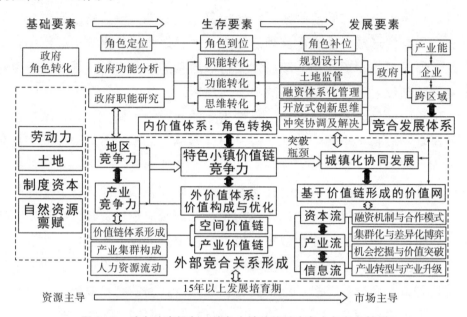

图3-1　地方政府视角：特色小镇价值链竞争力与角色转换

中国特色小镇 The Chinese Characteristic Town

# 第一节　地方政府视角：政府角色转换与价值竞合构想

"特色小镇"作为国家战略，是中国新一轮经济增长的重要引擎。主导"特色小镇"推进工作的政府与企业，由于需求视角与价值追求不同，必然导致"特色小镇"开发过程中的利益冲突。而冲突的本身会对区域发展产生巨大的负面效应。对视角冲突的研究，不仅可以有效减少冲突，更可以防止"零和博弈"以及"双输"现象的发生，从而推进"特色小镇"建设，并促进"特色小镇"不同利益体之间的协同发展。

本节重点梳理政府与企业之间的角色冲突、竞合关系以及价值链优化的重要因素，并以政府与企业角色冲突为基础，价值链管控过程、特色小镇竞合关系形成为重点目标，通过定性研究寻找"特色小镇"冲突的影响因素。通过对 40 多个从事特色小镇政府管理、项目投资、项目运营的主要人员进行访谈，抽取了不同角色人员的关注要素，并针对特色小镇的价值形成过程，通过"构想—制定—实施"要点阶段的价值寻找，找到不同主体关注的冲突因素。同时与多位行业专家进行数次沟通，找到影响特色小镇的其他关联因素。这些行业专家大多从事产业研究、城镇研究、资本与金融研究等。在此基础上构想也能够解决政府与企业视角冲突的价值引力模型，并构建"竞合发展"的协同关系。该定性研究对于"特色小镇"的核心冲突预防与治理，以及特色小镇协同发展，具有极强的指导意义，是特色小镇建设发展中不可缺失的重要组成部分。尤其对于政府角色的确定，以及工作思路构想与方法的制定具有很强的参考价值，对于特色小镇的内部管理也有良好的借鉴作用。

## 一、政府与企业基于特色小镇价值需求不同的视角冲突

从发展结构而言，特色小镇一般是指由政府主导，依靠政府建立发展平台，并与市场力量共同作用，形成一种加快产业升级的新型产业组织。而产业组织的核心就是企业集群，如果不能融合企业需求，进行"共赢"

式发展，仅仅注重企业的投资，不注重企业的收益，必然会爆发政府与企业因价值需求不同而导致的视角冲突，这种冲突随特色小镇项目的推进将不断被激化。由于缺乏对政府与企业政策实施个体的研究，使得特色小镇在建设发展过程中冲突不断，也为特色小镇未来的发展埋藏了众多隐患。2017年，仅浙江一省就有5个特色小镇被降级，1个遭淘汰。而问题的核心，就是受政府与企业的角色冲突影响，众多企业为防止过大的投资风险，故意拖延建设周期，甚至停止特色小镇的投资建设。

## 作者观点

如果不能有效地规避冲突风险，那么特色小镇重资产的规模特性以及建设结构的复杂特质，就极易引发"灰犀牛"或者"红天鹅"事件。

因此，找到解决政府与企业角色冲突的关键因素，以及冲突发生时的隐藏因素，建立协同价值构造、共同发展的竞合关系，对于特色小镇的治理与发展意义重大。随着特色小镇进入实质性建设阶段，角色不同所导致的利益冲突越来越明显。从表面上看，冲突的核心在于投资与收益，但通过调查发现，冲突的产生有价值需求不同的深层原因。尤其在我国相关政策的密集推动下，蜂拥而至的特色小镇建设，必然导致特色小镇阶段性的市场冲击。而特色小镇的创建与发展，对于地方政府与企业，实际都是在"刀刃上游走"。

### 价值要点：

"共享利益"是特色小镇双方，甚至是多方合作与发展的基础，在特色小镇建设与发展中起到积极的推动作用。

为此作者聚焦政府与企业对于特色小镇不同价值视角关注的要点因素，通过访谈发现：

为了深入了解政府与企业的关注因素、冲突因素，作者及团队通过三角测量方法收集相关信息。首先，在信息来源方面，有针对性地收集整理了国家级、省级及市级3个不同级别特色小镇的政府投资需求及建设目标

与计划，同时收集整理了 10 家企业关于特色小镇的资金投入计划、收益估算及企业人员投入计划等数据信息。其次，在多人访谈方面，访谈区域覆盖广东、广西、福建、海南四省，其中 10 次访谈对象为特色小镇政府主要工作人员，10 次为企业主要负责人。

政府工作人员主要包括三类：①决策制定及投资战略主要负责人员；②规划设计与产业招商负责人员；③项目申报及项目跟进负责人员。

企业方面涉及的是对应政府工作角色的三类针对性工作人员：①制定战略决策及投资决策的核心负责人；②产业建设与产业运营负责人；③公司资本运营及核心管理人员。接受访谈的政府与企业人员均为中高层，具有特色小镇发展导向的核心人员。

另外三次访谈主要针对特色小镇发展成长中的隐藏性问题，分别同研究产业经济、城镇经济以及资本运营方面的专家开展了各次访谈。

# 第三章

表 3-1　访谈描述

| 序号 | 角色 | 采访者决策要素 | 序号 | 对应角色 | 采访者决策要素 |
|---|---|---|---|---|---|
| 1 | 政府 | 决策制定、投资战略 | 1 | 企业 | 战略决策、投资决策 |
| 2 | 政府 | 规划设计、产业招商 | 2 | 企业 | 产业建设、产业运营 |
| 3 | 政府 | 规划设计、产业招商 | 3 | 企业 | 产业建设、产业运营 |
| 4 | 政府 | 项目申报、项目跟进 | 4 | 企业 | 资本运营、企业管理 |
| 5 | 政府 | 项目申报、项目跟进 | 5 | 企业 | 资本运营、企业管理 |

| 序号 | 角色 | 研究方向 | 相关关注要素 |
|---|---|---|---|
| 1 | 专家 | 产业经济 | 产业集群、产业链、产业规模 |
| 2 | 专家 | 城镇经济 | 人口与经济结构、文化及城镇引力、城镇经济带 |
| 3 | 专家 | 资本运营 | 资本组合投入、资本风险控制 |

本书尝试通过定性研究，找到针对特色小镇的冲突规避因素与控制因素，做出以下假设：

**假设一：对于政府与企业的角色冲突而言，冲突越激烈，其价值利益问题越大，越需要重新调整双方目标，形成竞合发展关系。**

通过对特色小镇价值形成的过程进行管理，并将整个过程中政府与企业的角色冲突进行充分对比，发现对应角色之间的关键冲突，并以价值链的整体过程为主导，将关键冲突的三个阶段进行了梳理：**构想计划—制定**

计划—实施计划，由此构造了三组访谈，为了增强定性研究的准确性，采用几个省份的错位调查，以减少采访过程中的误差。通过这个过程得到了如下假设：

**假设二：竞合关系的建立，需要构造整体过程有效融合的竞合关系，并建立目标统一的价值链体系，形成"构想—制定—实施"阶段性正向影响的过程管理。**

尽管针对价值链形成的过程进行了竞合关系的融合，但是资本及产业等因素等会直接影响"特色小镇"价值链的生成。通过专家访谈模式，针对特色小镇综合性发展因素，以产业因素、资本因素、城乡一体化管理以及法律等因素为核心，建立起竞合关系的控制变量。在冲突形成过程中，通过调节控制变量，形成有效的动态调节机制，构造"防御导向"与"促进导向"，以"防御"角色冲突扩大化，"促进"竞合关系的形成。这样可以做如下构想：

**假设三：针对角色冲突因素，可以对特色小镇核心控制因素进行调节，并对角色冲突层次及价值链风险控制要素进行防御导向调节或促进导向调节。通过有效的调节控制，促进特色小镇竞合关系形成。**

基于访谈以及相关因素的整理，可以构造出特色小镇竞合关系形成的基本模型。通过中介变量的竞合关系形成过程及调节变量的导向作用，形成竞合关系。建立的基本路径，如图3—2所示：

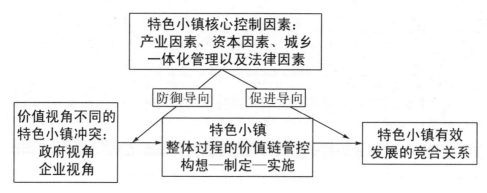

图3—2　特色小镇竞合关系建立的基本路径

中国特色小镇 The Chinese Characteristic Town

## 二、视角冲突下的思维路径与解决模型构想

为了找到政府与企业之间的冲突因素，笔者对访谈企业年度投资回报以及政府相关的数据进行分析整理，并在此基础上采用叙述方式对冲突对象进行案例研究，以找到角色冲突容易发生的时间及事件。

下面对政府与企业进行三次不同层次的分析细化，从而找到问题出现的焦点，重要的社会风险现象，以及基本的解决思路。

首先，对角色冲突进行第一次分析细化。根据角色冲突的因素以及对应性访谈建立明确的定性关键事件，并记录要素。结合核心因素的出现频率及重点阐述，形成"构想—制定—实施"阶段的重要关注因素。同时借助产业、城镇、资本等类别专家发现特色小镇竞合关系生成的调节变量对特色小镇建设中的人力、物料、资本、团体等因素形成的引力关系，并尝试对特色小镇的发展进行深化。这种"三角测量"方法使特色小镇的研究更具互动性。

**推动核心点：**

　　竞合关系的形成，就是优化认同，防御冲突。通过有效的特色小镇建设过程控制，形成特色小镇竞合关系的良性发展。

实际上，可以发现这样的描述性统计，与之前三个假设的解决思路具有一致性。而针对关注要素与冲突要素，各省市的政府与企业也具有极大的相似性。这说明了这些要素的普遍性。

表 3-2　描述性统计分析

| 角色冲突组别 | 角色 | 决策要素 | 关注要素 | 冲突要素 | 融合要素 |
|---|---|---|---|---|---|
| 冲突要素 1 | 政府 | 决策制定资金制定 | 投资额、建设规模、区域 GDP、产业规模等 | 最大投资总额最大建设规模 | 合理投资发展目标区域投资发展有效政策扶持 |
| | 企业 | 战略决策投资决策 | 区域特色、投资额、回报率、税收、产业规模等 | 最大投资回报有效产业规模与建设规模 | |
| 冲突要素 2 | 政府 | 规划设计产业招商 | 规划结构、企业数量、建设速度等 | 直接性规划设计最大化企业进驻最快建设发展速度 | 有效区域价值认同合理产业投资回报 |
| | 企业 | 产业建设产业运营 | 投资回报、建造成本、运营风险等 | 企业进驻风险整体建造成本最大产业利润 | |
| 冲突要素 3 | 政府 | 项目申报项目跟进 | 投资额、申报级别、建设速度等 | 最大投资总额最快建设规模 | 合理项目建设有效风险管理有效投资回报 |
| | 企业 | 资本运营企业管理 | 投资回报、运营成本、运营风险等 | 投资与运营风险成本管理投资回报 | |
| 管理要素 | 专家 | 产业经济 | 产业集群、产业规模等 | 没有产业建设思路没有产业关联构想 | 建立产业构造思路 |
| | 专家 | 城镇经济 | 人口与经济结构、文化及城镇引力构造等 | 缺乏结构建设思路没有城镇引力思维 | 建立城镇建设引力思维 |
| | 专家 | 资本运营 | 资本组合投入、资本风险控制等 | 缺乏资本组合思维缺乏资本运营构想 | 资本投入组合思路资本风险控制构想 |

其次，在上述分析的基础上，进行第二次分析细化，将文献研究与实地调研、访谈、数据分析相结合，**发现政府与企业视角的冲突因素不只集中在资本投入与产出方面，两者价值构造的基本形态必然会导致巨大的冲突**。在本阶段的分析中，尝试通过案例研究的因素影响发现：

**作者观点**

政府与企业在发展特色小镇中的角色冲突不可避免。而冲突的核心是企业价值链与政府构想的特色小镇价值链存在巨大的价值偏差。实际上，一方获益，另一方受损的"零和博弈"，甚至

中国特色小镇 The Chinese Characteristic Town

出现"双输"的状态已经成为特色小镇建设中的常见冲突。不同的是两种力量的作用不同，引发的事件状态不同。这种状态可能是日本危机理论家威廉·斋藤提出的"红天鹅"事件，也可能是米歇尔·渥克提出的"灰犀牛"事件。实际上特色小镇的角色冲突已经有了明显的风险预警，只不过侧重因素不同，都属于大概率事件。这与管理过程的侧重点及特色小镇产业、资本等核心控制因素影响的状态与阶段有着直接关系，事实上这种角色冲突造成了"危机近在咫尺，你却视而不见"的特有现象。

再次，在第三次分析细化中，试图对系统优化过程因素与冲突影响因素进行管理。通过寻找价值共识的典型特征，形成特色小镇价值链的共同目标，主要针对企业进入特色小镇的考量因素及企业内部的主体竞争力构造价值链体系。与政府追求的利益目标进行融合，形成政府层面与企业有效融合的统一目标。以统一的目标量化、制定特色小镇发展的绩效指标。指标除了包括资本投入要求外，还要包括企业风险与回报的指标管理要求，并深化特色小镇的软文化管理等价值引力作用，构造特色小镇特有的价值链。

**推动核心点：**

可以通过深层次的产业、资本与政策、城镇建设、价值创新四个核心认同因素形成竞合关系，并通过核心认同因素形成防御导向或促进导向的关系调控。

基于以上的研究思路以及研究数据分析，可以得到特色小镇价值链构造下的竞合发展关系模型，从而形成视角冲突的解决方案（见图3-3）。

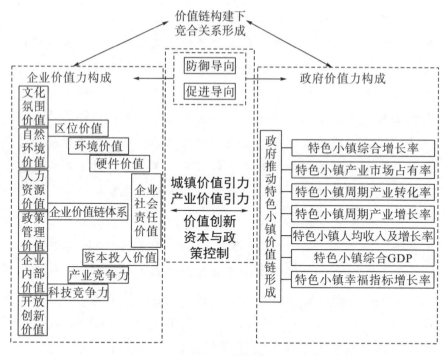

图 3-3　特色小镇价值链构造下的竞合发展关系模型

竞合发展关系是以企业与政府的冲突管理为基础，根据政府、企业及专家所形成的价值生成要素及问题关键解决要素而构造的竞合发展解决方案。政府与企业共同构造价值影响因素，依托多种产业价值所形成的产业集群聚合，形成特色小镇的竞合共赢模式。

通过价值生成过程中的企业价值构成与政府价值构成达成协调平衡，并通过对整体过程要点因素进行控制，达到特色小镇平衡目标的管理。而资本、政策等调节变量因素的影响，会调整或者打破平衡，形成两个状态，即促进与防御状态，从而生成竞合平衡状态。对于促进与防御两种状态的作用价值影响，可以进一步通过量化实验等方法，以得到相关因素影响的大小，以此推进设计、考核指标。

**作者观点**

　　　　特色小镇的冲突管理，实际是一种多维函数关系。它的关系
　　　因素是特色小镇经济增长的核心要素，是形成特色小镇战略管理

的重要参考指标，是政府及企业根据特色小镇不同阶段的战略目标而设计的动态管理依据。通过开展特色小镇多角色冲突所形成的"动态发展动力"定量研究，不但有利于特色小镇价值链创新，更有利于形成市场突破的战略竞争力。

价值要点：

　　对特色小镇角色冲突的研究，尤其是对政府与企业不同视角的分析，确立了特色小镇建设两大作用：（1）建立了针对大概率风险的防御措施，极大地降低了"红天鹅"与"灰犀牛"事件发生的可能性。同时，对于风险发生状态可以及时防御，并进行调节，形成事件发生的管理模式，对角色冲突具有治理作用。（2）通过建立企业价值力与特色小镇价值力的竞合关系，可以促进价值要素生成，找到特色小镇价值增值的方向。这样不但能够形成价值增值与价值溢出，还可以通过价值链的突破与转化，产生创新价值。

　　特色小镇价值链的价值增长问题是特色小镇建设发展的核心问题之一，具有广泛的实践意义。

### 三、地方政府视角：特色小镇价值链竞争的价值驱动力

（一）特色小镇价值链驱动力

　　特色小镇发展的核心是价值创造，而发展的关键是价值链驱动力。纵观国内外特色小镇的成长过程，都是依托企业等组织单元，以创业与创新为基础的内生性推动力。特色小镇价值链的生成过程是利用企业、创业者、地理环境和技术等方面的有效差异，通过核心驱动力主导动态化的特色小镇价值创造过程。

　　这里有一个基本的问题，核心驱动力是什么？

　　**特色小镇价值驱动力可以是：①区域商机驱动；②产业带头人和产业**

创业团队驱动；③节约和创造资源驱动；④依赖于上述因素的匹配和平衡。

核心驱动力是综合性、整体性的动力形成过程。从价值的形成过程来看，驱动力是控制变量，可以被评估、影响和改变。

建立特色小镇价值链驱动力，其核心是政府、企业、组织以及投资者愿意改变原有的角色思维，在各自的角色构建中，主动融合搭建发展目标，一同重点关注驱动因素，通过各自视角采取有效行动，提升特色小镇成功概率。

## 瑞士达沃斯小镇

19世纪末铁路开通后，瑞士达沃斯逐渐成为疗养胜地而闻名于欧洲，20世纪中叶，245平方千米的达沃斯小镇已经成了阿尔卑斯山区最大的度假胜地、体育和会议中心。但真正使达沃斯小镇名扬天下，还是1971年由现任论坛主席，日内瓦商学院教授克劳斯·施瓦布创建的"世界经济论坛"。

达沃斯小镇的成长因素，来源于价值链核心驱动力。达沃斯有两大产业体系，两大产业体系相互推动，并依托政府及各民间组织通过国际性活动将瑞士达沃斯推向世界的舞台。

达沃斯的两大特色产业分别为：①疗养观光业。达沃斯海拔高，四面环山，空气干爽清新，是各种肺病患者最佳的疗养地。后经口口相传，该地区逐渐聚集起了人气。20世纪初，达沃斯设立了呼吸系统疾病治疗所，建立了很多疗养医院，城里的医院鳞次栉比。当地很多酒店都是由医院改建而成的，因此这里也被称为达沃斯旅游健康度假村。达沃斯在医学界拥有崇高的地位，很多国际医学大会都在这里召开。②世界经济论坛。世界经济论坛（The World Economic Forum，WEF）是一个非官方的国际组织，总部设在瑞士日内瓦。"世界经济论坛"的年会每年1月底至2月初在瑞士达沃斯小镇举行，因而又被称为"达沃斯论坛"。该论坛迄今已有近50年的历史，达沃斯小镇也因此闻名世界。

达沃斯小镇从最开始的"不名"之地，到借助自然环境资源建立起疗养服务产业，再通过产业转型打造形成游览观光业，变身为欧洲旅游胜地，最后通过"世界经济论坛"这一名片，进入世界知名小镇行列。

由此案例看出，一个地区的发展，首先要以本地的优势资源为基础建立产业价值链；其次要随周围经济技术环境的变化调整产业结构，与时俱进；最后，打造一个辨识度高的"名片"，对于地区的相关产业的共融发展非常重要，而这些就是价值链驱动力。

从地方政府视角构造所属区域的特色小镇价值链驱动力，其本质是基于区域资源，通过价值链网络的建立、竞争与合作，创造包括政府与企业等的价值增长能力，形成价值链构建下的竞合关系。

**价值要点：**

　　地方政府在构筑特色小镇过程中，首先需要调整的是政府功能与角色，转变行政功能。从大包大揽的行政管理型，向服务型、创业型政府角色转化。

第二章

《住房城乡建设部国家发展改革委财政部关于开展特色小镇培育工作的通知》指出："特色小镇建设要坚持政府引导、企业主体、市场化运作，既凸显企业主体地位，充分发挥市场在资源配置中的决定性作用，又加强政府引导和服务保障，在规划编制、基础设施配套、资源要素保障、文化内涵挖掘传承、生态环境保护等方面更好发挥作用。"

指导意见明确定位了政府在特色小镇建设中的作用。一方面，政府具有公共服务供应商的职责，需要重点推动公共服务的数量和质量，这都需要在资金和执行能力上给予保证。这决定了政府首先具有创新服务功能，是供应服务和生产服务的提供商。另一方面，政府引导的关键在于激活特色小镇价值链网络的活力与参与度。这就要求政府要有企业的创业思维，注重搭建平台，通过联合、服务外包、政策制定等手段，激活特色小镇价值链网络。

特色小镇这一全新经济形态是由政府提出并引导的，但归根到底运营主体是企业而非政府。换言之，政府一头热，企业没有积极性，创建特色小镇也只能是一纸空谈。如果政府将重心放在基础建设、地产开发等产业领域，要么会加大政府负债，要么会造成特色小镇缺乏后续发展力。

通过创业思维重新定位政府角色，可以有效激活特色小镇政府的工作思维，通过战略合作、企业合作行为，处理好与各类企业之间的关系，发挥角色引领作用，同时也可以有效挖掘市场，融合矛盾，创造可持续发展的价值体系。

（二）特色小镇价值链驱动力下的政府创业管理角色思维

地方政府如果想在并不优良的环境创造有竞争力的特色小镇，就必须转化思维。从创业者、服务商、平台搭建者的角度，以创始人思维构建特色小镇价值链网络。将特色小镇价值链的生成与发展过程，转化为整合资源、联合创业的过程，深化特色小镇价值，提升价值链驱动力。下面借助创业过程的蒂蒙斯模型，构造政府在特色小镇发展中创业角色与服务角色的转化。角色转化既有利于激活市场，又有利于防范风险，如图 3－4 所示。

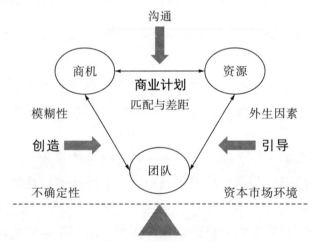

图 3－4　特色小镇政府创业过程的蒂蒙斯模型

如图 3－4 所示，特色小镇价值链创建的关键在于内在驱动力。驱动力的根源就是商机，而不是资金、战略、关系网络、工作团队或者商业计划。对于特色小镇而言，商机可以是资源禀赋也可以是制度资本等因素所引发的发展机会。大多数情况下，真正的商机要比团队的智慧、才能或可获取的资源重要得多。特色小镇政府创始人角色和工作团队要担当的工作是将这些关键因素整合到特色小镇这个变化的环境当中。

特色小镇商业计划通过商机、资源和团队三种驱动力，与特色小镇发展相互匹配和平衡。商机的形式、大小、深度决定了资源与团队的形式、大小、深度。

**作者观点**

> 特色小镇的发展创建过程，其实就是一个动态的创业过程，只有那些认识到风险的特色小镇管理者才能更好地把握特色小镇的发展并获得成长的回报。这种思维方式，才是特色小镇内在的发展动力。

特色小镇政府人员应具有创业创始人的角色功能，其工作重心非常明确：必须利用成就积累等方式来获得产业及空间价值持续性提升。在这样的动态环境中需要做好一系列的准备工作，并提升创造性解决问题和构造战略的能力。

1. 商机——特色小镇价值链驱动力基础

商机就是特色小镇发展的核心信息流，简单来说就是发展机会。成功的创业者和投资家都知道，一个好的思路未必是一个好的商机。特色小镇价值链的创建过程实际是商机引导下的价值链驱动过程。

面对特色小镇商机，需要展开众多问题的系列化思考，尤其突出市场因素与投资回报。这与现有特色小镇建设思路有所不同，但只有这样的思考路径才有可能推动特色小镇良性发展。

针对特色小镇商机，针对市场、投资回报，我们需要询问以下问题：

特色小镇中相关项目的投资回报周期是多少？

特色小镇产业份额与成长潜力能达到每年增长 20％ 吗？这种成长率持久吗？

特色小镇项目的客户群体有哪些？容易触碰到吗？接触渠道有哪些？

特色小镇的市场结构是什么？是新兴市场还是细分市场？

特色小镇产业的市场规模是多少？年度增长率是多少？

特色小镇产业在国内及国际是否存在进入壁垒？

特色小镇产业竞争程度怎样？对于资本的要求及体系又如何构成？

特色小镇能在一两年内达到盈亏平衡吗？

虽然商机是一个瞬时过程，但是只有当投资方收回资金后，还拥有市场或者更多的投资回报，那么才可能形成持续性的产业价值。这也是成长率越高，规模越大，持续时间越长，毛利润、净利润和自由现金流越大，组织的商机就越大的原因。

当然，市场越不完善，商机也越多。正如摩尔定律和德鲁克假说所揭示的，变化程度越大，不连续性和混乱程度越高，企业商机就越多，或者信息和知识的真空越多，商机就越多。这也是新兴产业与高科技产业迅猛发展的原因之一。

2. 资源——特色小镇价值链驱动力核心

资源禀赋对于特色小镇而言，也是四个基本发展要素之一。对于资源既要创造，也要节约。为了保障特色小镇价值链的有效建立，必须要让所有的资源到位，包括资金到位。

现在很多人对特色小镇的发展有一种误解，认为只要有钱，特色小镇就可以高速发展。笔者认为，当有一支强有力的特色小镇管理团队构思出一个有高发展潜力的商机，并推动商机实现时，资本自然而然就会追逐。这些年，中国的高速发展储备了大量的货币，众多投资者叹息：有大量资金，却只有很少的值得投资的项目。换句话说，现在短缺的是高素质的创业者和商机，而不是钱。

特色小镇吸引资金不是越多越好，而是合理利用和控制资源，设计创意精巧、用资谨慎的资本战略。这才是特色小镇资本运用的明智之举。

3. 创业意识团队——特色小镇价值链驱动力的根本

创业意识团队是高潜力特色小镇的根本。实际上如史蒂夫·乔布斯、弗雷德·史密斯、马云等创业带头人就很容易得到投资者的青睐，且被同类企业跟随。实际上杭州的云栖小镇就是由阿里云拉动云科技产业发展起来的特色小镇。

在当今世界，有的是技术、创业者、资金和风险资本，真正缺少的是优秀的、具有创业意识的管理团队。未来，特色小镇的最大挑战就是建立

一支杰出的团队，而缔造这个杰出团队的引导者必然是特色小镇政府。

特色小镇团队应由一位非常有能力，并有创业意识的带头人建立和领导，带头人主要来自企业，也可以来自政府。带头人是团队的核心，他即是队员，也是教练，并吸引其他关键管理成员，然后建立起特色小镇管理团队，并积极塑造团队中的文化精神。

4. 匹配与平衡——特色小镇价值链驱动力关键

特色小镇由于发展周期以及阶段的不同，对资金、团队、产业体系等的需求均不相同，除了相关章节论述的不同发展周期资本重点不同的问题，也与现实环境、资本要素等有直接的关系。马化腾曾因为腾讯当时发展过程中所面临的危机与困境，打算 100 万卖掉它，但谁又能想到曾经的腾讯现已发展成为千亿帝国。其实腾讯当年遇到的困境也是现在众多特色小镇所面临的周期匹配与平衡问题。

特色小镇现有发展阶段及类型与企业、投资者不相配，创始人和融资者关系的不协调，或者其他许多因素，都可能造成特色小镇推动过程受阻。因此，在一定的时间内将人力、商机和资源合理地整合到一起，是特色小镇最终成功的关键因素。

果断地识别并抓住商机，可以让特色小镇的发展变得不同。不要等到了最佳时机才利用商机，事实上在条件并不成熟时，特色小镇的管理推动者就应该构想并进行特色小镇价值链的建造。

5. 快速成长——特色小镇价值链驱动力重点

快速成长是特色小镇规避风险、提升价值最有效的方法。快速成长的特色小镇可以有效地吸收与配置资源，并以此可以建立绩效考核指标。

特色小镇如果想达到快速成长的目的，就需要提高产品质量与服务，扩大细分市场；需要培育先进的新型产品和服务，使之在同类产品市场中成为佼佼者；需要提供高附加值的产品和服务，使其价格可以按平均市场价或高于平均市场价定价。

快速成长可以让特色小镇在管理经验、资本运作、风险控制、合作模式等方面展开突破性创新。通过平台、产业、渠道创新激发特色小镇的内在活力，对于特色小镇的长期发展战略也有直接的影响。

## （三）政府在特色小镇价值链构造过程中的危机处理

特色小镇的发展，必然不会是一帆风顺的，很多时候都会面临各种风险与危机。在这种情况下，首先要敢于面对风险的，并及时处理。其次，无论面临何种危机，都要有解决的办法与方式。重点是不可以放弃价值链的持续性推进与特色小镇建设的愿景目标。

### 1. 特色小镇的困境出现

困境主要由管理层无法控制的外部力量引起，其中最为常见的是经济衰退、利率的变化、国家政策变化、通货膨胀、新竞争者进入以及产业或产品被淘汰。

特色小镇在发展过程中或多或少都会面临困境，外部因素是主要因素之一，但出现困境的主要原因很可能存在于特色小镇组织内部。**内部因素主要集中在三个方面：战略方向性问题、管理体系问题、资本及财务体系问题。**

**推动核心点：**

战略方向性问题主要包括六个方面：对市场定位的错误理解；对价值链上下游关系处理不当；进入不符合目前发展的产业领域，产业结构过于分散；缺乏长期眼光，突出短期效益的短视效应；盲目追求"大投资""大项目"；缺乏风险应急机制。

管理体系问题主要包括四个方面：缺乏管理技巧、经验和专门技能；产业价值链运营功能薄弱；关键人才大量流失；资本调配能力薄弱。

资本及财务体系问题主要包括四个方面：不当资本过度使用、信用过度和过度杠杆融资；缺乏现金预算/预测（包括政府财政使用及企业投资估算）；不完善的政策与管理体制；缺乏成本核算，缺乏投资回报管理。

### 2. 特色小镇危机的预测

危机是在一定时间内逐步产生，并通过日积月累在某一节点突然爆发

的。那么如何进行危机的预测呢？在实践中，预测危机有很多种方式，可以通过管理会计以及竞合发展模型得到预测方法，也可以根据人员状态表现、资金以及产业发展情况做综合评估。这里简要说明两种快速预测方式，仅供大家参考。

**第一种为非量化预测，主要通过多个事件显示危机可能性的指标。**比如，不能及时出具财务报表，关键创业者行为异常（例如不接电话或是上班比平时晚），管理层或顾问人员频繁变动，不断启动新的"大项目"，研发支出减少，信用额度降低等。

**第二种，通过管理会计进行预测，重点在于净流动资产余额与总资产比率，**其目的就是确认"自由现金量"，即企业用来应付紧急情况的现金。侧重债务清偿能力，这一比率能够相当准确地预测两年之内可能发生的贷款违约情况。公式如下：

净流动资产余额对总资产比率＝净流动资产余额/总资产

净流动资产余额＝（现金＋有价证券）－（应付票据＋契债）①

危机的出现，多数源于没有风险意识，忽略危机发生的最初信号，对成长过于乐观，特别是对本来可以规避的风险视而不见。这些都积累了特色小镇未来爆发危机的可能性。只要特色小镇及相关主导企业开始走下坡路，危机就有可能随时爆发；同时，连续性风险不断出现，会导致人员、资本等系列性危机出现。而虚假称述和无法实现的承诺，会导致组织信用丧失殆尽，以至于危机如同多米诺骨牌一样连锁崩塌。

3. 特色小镇危机的干预与解决

面对特色小镇未来可能出现的风险，要采取防范措施；对于已经爆发危机的特色小镇，需要构造风险防范机制。**可以通过"经营干预—诊断分析—摆脱困境计划—长期补救行动"几个步骤，最大限度降低风险，优化或者转化特色小镇价值链系统。**

（1）经营干预

陷入危机的特色小镇往往需要引入外部顾问。通过专业人士进行债务

---

① 资料来源：Joel Shulman, "Primary Rule for Detecting Bankruptcy: Watch the Cash," *Financial Analyst Journal*, September, 1988.

重组，提升财务能力、产业价值链议价能力，减少债务风险。

（2）诊断分析

危机诊断工作会因战略、财务、管理等多方面都存在失误而变得相当复杂和困难。在实践中可以从三个方面展开诊断工作：战略分析、管理分析、数字分析。

**战略分析**。战略分析的目的是确定特色小镇是否有能力在产业体系内存活及能否继续参与市场竞争，通过调整扶持政策来调整竞争战略。

**管理分析**。管理分析包括与特色小镇政府团队、特色小镇核心问题企业面谈，并客观评价分析管理风险，重组管理体系。

**数据分析**。"数据"分析突出"可用现金流"分析，并通过资产盘点及思维优化等方式补救。数据分析工作的目的是要准确识别产业价值及空间价值盈利点，并科学地将风险及收益量化。

在以上三个要素分析的基础上，通过确认可利用现金、资金流向、风险及成本控制、业务重组、找出差别等，寻找有效的补救措施，并以此为基础形成脱困计划。

（3）脱困计划

面对特色小镇存在的困境，尤其是特色小镇主导企业的困境，不仅要确定补救行动，还要有一套详细的方案。由于短期内可能无法解决现金短缺的问题，脱困计划的核心是帮助企业建立起足够的可信度以赢得采取其他补救行动的时间。脱困计划除了降低可以预见的风险，还需要帮助解决组织中存在的各种问题，明确责权利，并发出一套有效的行动信号，让利益相关者一起走出原有风险导致的恶性循环。计划的实施也可以形成有效的议价工具，解决债务问题。特别是特色小镇政府与企业联合构造的SPV公司，可以通过债转股等形式进行债务重组，重点是通过不同的手段将债务转化为可流动资产。此外，也需要通过减少管理人员等方式削减开支。这都是脱困计划中处理危机的主要方法。

（4）长期补救行动

脱困计划的实施中，需要逐步建立特色小镇及关联公司足够的诚信度，并通过三大类措施进行补救。

**体系和程序**。可以对有缺陷的体制和程序加以改进，或实施其他体系或程序。

**资产处置**。清算短期内无法变现的资产。比如，可以出售房产，或出售后回租，或抵押贷款来生成现金。重点是做好资产的有效转化，防止资产流失。

**创造性的解决方案**。找到创造性的解决方案。比如，将特色小镇中的公共项目或者相关项目打包，通过创新模式找到市场；也可以出售原有产业产品的积压库存，或者通过合作开发或降价出售盘活可用资产。

特色小镇的危机管理，其核心是有效预防危机，对于可能出现的风险及时解决，对于难以解决的风险提前做好应对措施。面对特色小镇推进中可能出现的众多风险，既要有创业型企业的发展思维，也要注意竞合发展，共担风险，共享利益。

## 四、通过价值链构造特色小镇的竞合发展关系

特色小镇要想快速成长，就必须要有竞合思维，注重竞合战略的构想，侧重产业价值链与空间价值链的竞合构造。

在实战推进中，特色小镇应将竞合重点放在产业竞争与区域合作两个方面。

### （一）基于价值链构造的特色小镇竞合关系

建立特色小镇的竞合关系，需要知道竞合关系的来源及使用策略。

**竞合是指企业或组织间关系中竞争与合作的同时存在，成功的竞合关系能为企业或组织带来意想不到的收益**。竞合是竞争与合作两个不同的关系，基于价值需求而建立的新型合作关系。在现实中竞合关系的建立可以是不同主体，但一定是相关利益体。

**价值要点：**

竞争是基于各自不同的利益，主要是通过冲突性对抗，如价格竞争、产品创新、终端竞争等手段实现的。合作是为了共同的利益，主要通过战略联盟、企业网络、供应链等形式寻求绩效提升。

竞合起源于 20 世纪 80 年代，是将合作与竞争结合在一起看待，描述了组织间如何同时追求合作与竞争，并达到竞争与合作的平衡。Brandenburger 和 Nalebuff 认为，企业间的合作是一种可以实现双赢的非零和博弈，也因此创造了"Coopetition"（合作竞争）一词，概括了企业之间竞争与合作并存的现象。

竞合关系是基于开放性创新思维构造下的新型合作关系，竞合关系使得众多学者对迈克尔·波特提出的"一般价值链"与"五力模型"提出了质疑，笔者也是其中之一。其主要缺陷就是两组模型突出个体、突出竞争，缺乏开放性的合作思维，尤其缺乏竞合思维。

笔者在本节中重点详述价值链竞合关系的建立，就是希望在推进特色小镇过程中，有效构建及管理新型合作关系，减少非合理性竞争关系，减少零和博弈现象的出现。

现在众多组织及企业，也包括特色小镇，都通过竞合战略，实现互通有无、共享资源，最终取得了双赢或者多赢。尤其在高科技领域，竞合现象尤其突出。

**价值要点：**

竞合关系不仅适用于大型企业的战略联合，也适用于中小企业的产业聚合，其核心就是建立特殊竞争力，尤其适用于特色小镇的产业整合。

竞合管理充满风险与挑战，由于利益目标不同，众多竞合关系的建立都以失败告终。因此，要想取得竞合成功，就需要对竞合的驱动因素、过程和结果等有一个系统全面的把握。对于特色小镇，在创建产业平台与区域空间价值平台时尤其需要注意这一点。

（二）特色小镇竞合关系战略管理过程

特色小镇建立竞合关系的过程，也是价值链的管控与推进过程。本书借鉴竞合关系的建立过程，构建特色小镇竞合关系管理的战略过程（如图 3—5 所示）。

中国特色小镇 The Chinese Characteristic Town

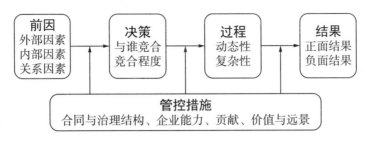

图 3-5  特色小镇竞合关系战略管理过程

1. 特色小镇竞合关系的驱动因素与决策构思

**特色小镇竞合关系的驱动因素包括外部因素、内部因素和关系因素三种主要因素。**

**外部因素主要指环境条件，包括产业特质、技术需求和关联利益者等因素影响。**这些因素会影响特色小镇及关联组织参与竞合。有研究发现：集中的、规范的、规模较小的产业较容易促使相关组织进行竞合；产业不确定性和不稳定性也促使组织进行竞合；边界较为模糊的产业也会促进竞合形成。

复杂的、快速变化的技术需求迫使组织必须参与竞合，否则就会被淘汰，而全球化、竞争加剧、经营环境的不确定性等都会成为组织进行竞合的原因，因此，高科技产业成为率先建立竞合关系的高速发展的产业之一。

**内部因素包括动机、资源和能力等。**特色小镇从长远战略来看，不能仅靠自身力量发展，而要主动寻找强有力的伙伴，以弥补自身不足，或者强化新的市场价值，或者向价值链高端转化等。缺乏资源、能力较弱的特色小镇，也可以倾向于与竞争者合作，以现有利益换取知识、资源和能力，通过联动的竞合关系获取更多的价值。过去几十年中国的发展就是通过资源换取经济腾飞，逐步实现弯道超车。对于经济落后、欠发达的特色小镇，可以通过让渡利益给企业或者相关城镇，以获取经济成长的发展基础。比如之前举例的理塘、色达等小城镇就可以采用这样的方式，联动康定、亚丁、稻城、香格里拉，形成旅游文化产业的经济带，通过竞合关系的建立，促进区域产业及经济发展。

关系因素则与合作伙伴、价值关系紧密相关，主要受到两种主要因素影响：一是资源实力，即合作伙伴的实力强弱影响。无论个人还是组织都愿意与拥有优质资源和能力或者拥有独特且互补资源的竞争者合作，从而掌握关键资源、市场，也因此形成竞合关系。二是价值链网络的关联，包括差异化与黏合度，以及竞合主导因素等，比如网络体系特质（网络中心性、网络自治性）、网络的社会属性（互惠交换、相互依存、关系信任）等都影响着特色小镇的竞合战略。

针对特色小镇竞合关系的驱动因素，其总结如表 3-3 所示。

表 3-3    特色小镇竞合关系驱动因素

| 类别 | 具体内容 |
|---|---|
| 外部因素 | 产业特征：集中的、规范的、规模较小的行业较容易使组织进行竞合，产业不确定性和不稳定性也促使组织进行竞合，知识密集、动态、复杂的产业，边界较为模糊的产业也会促进竞合。 |
| | 技术需求：复杂、快速变化的技术需求使得组织很难独善其身，这种情况下组织更希望进行竞合。 |
| | 利益相关者的影响：一个有影响力的买家更希望组织之间进行合作，有时候甚至会逼迫那些相互竞争的组织进行合作。 |
| 内部因素 | 动机：弥补自身弱点，或者进入新的市场、创造更大的市场，向价值链高端进阶等。 |
| | 资源、能力：缺乏时会倾向于与竞争者进行合作。 |
| 关系因素 | 合作伙伴：与拥有优质资源和能力或者拥有独特且互补的资源的竞争者进行合作。伙伴之间较大的知识距离会促使竞争者进行合作。 |
| | 价值链网络关联：网络体系特质（网络中心性、网络自治性）以及网络的社会性（互惠交换、相互依存、关系信任）影响着特色小镇竞合关系的建立。 |

作者观点

　　　　特色小镇在建立竞合关系时，首先需要关注两个方面（即who，how）：与谁进行竞合，竞合关系中竞争与合作的程度。其次，需要注意竞合目的。笔者认为特色小镇竞合关系的建立，其目的就是合理挖掘寻租价值。

寻租（rent seeking）又称为竞租，是指在没有从事生产的情况下，为垄断社会资源或维持垄断地位，从而得到垄断利润（亦即经济租）所从

中国特色小镇 The Chinese Characteristic Town

事的一种非生产性寻利活动。

结合学术界对于竞合的一般通则，可以将特色小镇竞合看作结构变量，采取二分法确认几种竞合策略，如图 3—6 所示。根据竞合水平的高低，区分出了四种竞合策略，即竞争寻租、垄断寻租、融合寻租、协同寻租。

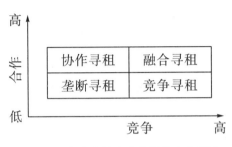

图 3—6　竞合水平决定的四种竞合策略

竞合关系不同，其发展策略也不尽相同。竞争寻租策略，强调争夺稀缺资源、追求个体利益最大化，这种策略虽然强调竞合，但重心在于竞争。垄断寻租策略，则适用于大型领先企业，一般为低竞争低合作的情况下，制定政策限定新成员进入，运用市场权力控制产业体系。融合寻租则为高合作低竞争，通过共享资源追求集体利益，强调互惠交换。这种模式多存在于供应链体系中的竞合，突出共同合作、共享价值，存在深度合作伙伴关系，但同时也存在沉没成本等问题。协同寻租（syncretic rent seeking）主要指高竞争高合作的情况。在竞争与合作战略之间寻求动态平衡，强调竞争与合作的正和效应、效率提升效应。优点是通过协同寻租，组织可以构建新的更强的能力，并与其他组织共担成本和风险，快速而又低成本地应对变化，最终提高其竞争地位。协同竞合需要在组织结构、项目风险界定等方面进行配合，同样存在一定缺陷。

实际上，竞争或合作目标的深度很难界定。很多情况下，竞合关系的建立是市场因素或行业发展阶段等因素共同导致的结果。因此，特色小镇在确认竞合关系建立的决策过程中，必须要注意竞合目标，注意与谁竞合以及竞合的层次。

## "第三意大利"——特色小镇竞合发展的案例

第三意大利是指由于众多小企业聚集而崛起的意大利中部地区，以区别于经济发达的北部和落后的南部。

第三意大利是产业竞合的典范，也是区域竞合的典范。由于意大利中部特殊的经济特色与城镇风貌，为了形成最大化寻租价值，地区内每个企业只生产一两种产品或只从事某一环节的生产和加工，企业间产业价值链的横向和纵向协作十分密切，表现为高度集中的企业集群型产业区，形成了典型的小企业空间价值体系。如艾米莉亚—罗马格纳地区（Emilia-Romagna），就有油动挖掘机械中心、陶瓷与建筑工业中心、制鞋服务中心、农业机械服务中心、纺织服装服务中心六类服务中心。区域内企业合作组织和商业协会促进了海外市场的开拓、研究以及知识与信息的传播。构造了意大利中部集聚特色的小城镇群。

第三意大利的发展就是以其规模小、功能丰富、城镇设施完善、环境好、创新氛围浓厚，吸引了大量人才和资金，为传统产业转型与发展建立了广泛的网络关系，增强了创新能力，建立了特定发展空间。小镇中的企业可以通过互相联系，建立创新平台，通过增强研发能力，将原有产业向产业链高端推进；也可以利用原有企业优势，开创新的产业领域，创新特色产品；并与其他产业融合，满足新的市场需求，形成不断互动的竞合发展趋势。

### 2. 特色小镇竞合关系的过程管理

在竞合决策的推动中，要注意竞合关系的过程管理，竞合关系的建立由于多种因素影响，呈现动态性与复杂性两种趋势。

竞合关系的动态性表现为产城融合和环境的快速变化，产品和服务的需求变化，以及竞争者、合作伙伴等看似矛盾的角色，都会导致竞合过程中的冲突出现。这就需要特色小镇政府人员及企业在推动竞合关系发展中，找准特色小镇在价值链网络中的核心位置，注意通过领先企业及产业集群等模式管理整合价值体系，联合较小的企业一起创造新的发展机会。

特色小镇竞合关系的复杂性表现为竞合网络中参与方的角色多样化和

角色冲突，也包括竞合关系本身固有的矛盾性。特色小镇竞合关系中的核心问题是合作与竞争的潜在冲突。如果合作伙伴采取更为合作的导向，则双方更愿意维持和发展当前的合作关系。然而，无论合作程度有多高，每个合作组织（包括政府组织与企业组织）仍然会追求自我利益，并企图以牺牲其他伙伴或合作者的利益来获得更大的竞争优势。此时，组织间的竞争就会出现。这种利益冲突的不可避免性，在本节第一部分的定性实验中就得到了验证。因此，应通过政策、协商等进行调节，使竞合关系向合理的方向转化。

3. 特色小镇竞合关系的结果导向

在本节的定性研究中，提到了通过调节变量与控制变量可以"促进"及"防御"竞合关系的形成，其目的就是希望特色小镇竞合关系正向发展。实际上，竞合关系很多时候也会负向发展。

**推动核心点：**

推动竞合关系，必须以竞合结果为导向，竞合结果主要包括四类：创新绩效、知识获取绩效、企业传统绩效、关系绩效。其中，创新绩效包括渐进式创新绩效、突破式创新绩效以及创新总体绩效；知识获取绩效是指竞合对各企业知识共享水平和获取效果的影响；企业传统绩效则包括财务绩效、市场绩效、竞争优势等；关系绩效包括关系的维持或丢失、信任的丧失或重建、承诺的兑现等。

树立竞合理念，并把握好竞争与合作的平衡。首先，合同与治理结构是竞合管理的重要手段。其次，根据企业关系，企业能力尤其是关系管理能力是竞合管理的重要因素。竞合管理作为现代新型合作关系，还需要进一步实践，但关于竞合成功的标准，这里采用了学者钱诗金的观点，以完成特色小镇竞合发展的整体构思。

**竞合成功的三大要素为贡献、亲密和远景。**

①**贡献**，指建立合作竞争关系后能够创造的具体有效的成果。贡献是合作竞争成功要素中最根本的要素，是成功的合作竞争关系存在的根本原因。**贡献主要来源于三个方面：减少重复与浪费、借助彼此的核心能力、**

创造新机会。

②亲密，要建立这种亲密的关系，组织**一要相互信任，这是建立竞合关系的核心；二要信息共享；三要建立高效的合作团队。**

③远景，描绘了共同达到的目标，激发热情和创造性。

4. 特色小镇竞合关系构建共同治理模式

特色小镇既是一个非行政单元的特殊聚集体，又是一个需要基层全面管理的行政经济空间，也是一个创新平台，包括多种利益共同体。

特色小镇作为连接城市和乡村的桥梁，其治理对象是介于城市和乡村之间的一个综合性的社会生活共同体，既联系着乡村的社会和经济，又孕育着城镇的各种利益主体。

特色小镇的利益相关者包括镇政府、社会团体、投资者、生产和服务企业、城镇居民，包括相互关联的农村基层组织、生产联合体，并与城市公共、私人等利益体联合在一起。

这样的关联模式必然会构造竞合关系，治理中也将突出协同发展，形成共同治理思维。**共同治理包括两个方面：一是所有利益相关者的广泛参与，二是城镇和乡村共同行动联合推进特色小镇发展。建立城镇和乡村各利益相关者之间的"利益共享，风险共担"分配机制。**

这也导致特色小镇政府角色必须是一个创业者、服务者、资源整合者、竞合关系建立者，而不是一个管制者。从特色小镇中社区价值的打造来讲，社区共治就是对服务型、资源整合型政府的探索。社区共治意味着政府、社会和市场之间存在良性互动，即三者之间存在合理的边界。

政府的职能是保证各利益主体的积极性。主要有两条途径：一是重在组织及公民参与，使其一切活动向公众负责，以较低的成本、更少的税收实现较高的产出和更好的服务，这是特色小镇绩效考核的标准之一；二是搭建公共服务平台与产业服务平台，搭建政府、企业、社区与公民交流协商的公共平台。

## 第二节　特色小镇价值链竞争力

### 一、特色小镇价值链竞争力的基本概念

（一）特色小镇价值链竞争力的基本概念

城镇竞争力是指一个城镇在一定区域范围内集散资源、提供产品和服务的能力。特色小镇作为中国综合改革试验区，其实质是城镇经济、社会、科技、环境等综合发展能力的集中体现，反映了城镇的生产能力、生活质量、社会全面进步程度及其对外影响能力。

**特色小镇价值链竞争力主要是由经济实力竞争力、市场竞争力、市民素质和人才竞争力、科技和文化竞争力、政府管理竞争力、规划设计竞争力、基础设施竞争力、制度竞争力等构成的价值链竞争力体系。**

本节针对特色小镇价值链竞争力的构造、困境及发展体系进行梳理，尤其对价值链体系中的竞争力构造模型进行深度分析。

任何一个成功的特色小镇都需要构造独特的价值链竞争力。虽然每个特色小镇的成长基因各有差别，但价值链竞争力的构造路径却十分相似。比如法国依云小镇因为优质的水资源逐步成长起来；中国杭州市西湖区云栖小镇以云计算为核心，云计算大数据和智能硬件产业为特色构造价值链竞争力聚集；瑞士的达沃斯因召开世界经济论坛而闻名；中国的博鳌因为举办博鳌亚洲论坛而名声在外。虽然很多特色小镇已初具规模，但也有众多特色小镇因忽视价值链竞争力体系构造，导致缺乏后续发展动力。

（二）特色小镇价值链竞争力的案例展示——法国依云小镇

为了有效说明价值链竞争力的研究价值，在此首先给出一个案例，以说明特色小镇价值链竞争力的体系要素与竞争价值来源。

# 法国依云小镇

依云小镇（Evian）位于法国阿尔卑斯地区，依偎在日贝瓦湖南岸。小镇仅有 7000 多人。依云小镇临水的一面是长达 3 千米的"湖畔漫步街"，漫步街尽头就是著名的依云矿泉水厂。

依云水被发现具有神奇功效，完全是偶然之举。1789 年 6 月，法国爆发大革命。一个名叫累萨特的贵族在逃亡途中肾结石发作，住进卡沙先生的庄园里疗养。一段时间后他的肾结石竟然痊愈了，后来发现是饮用该镇泉水的缘故。这个消息不胫而走，众多人来此感受依云水的神奇，医生也将它列入药方。卡沙先生当即决定将泉水标价出售，这一举措使依云水声名远播，甚至被称为"神水"。消息传入皇宫，拿破仑三世及皇后也对依云水情有独钟，1864 年赐名"依云镇"（"Evian"本意为水，源自拉丁文）。依云小镇因此得名，小镇的产业也围绕"水"主题展开。

依云小镇以"水"构造的价值链竞争力，即基于资源禀赋的原有条件，并通过市场化运作，建立"水"构造的产业竞争力体系。在数百年的运作中，依云小镇数次升级价值链竞争力，形成了国际著名的小城镇。

**价值要点：**

产业价值链特色——依云小镇以矿泉水产业为基础，深化"水"价值体系，逐步打造了温泉疗养及养生产业、旅游业等关联产业，关联产业相互融合，打造了特色小镇价值链竞争力不可逾越的国际地位。

## 1. 矿泉水产业

依云矿泉水厂建于 1905 年，自创建之初就被誉为"贵族水"，经过100 多年的发展，依云水在全球饮用水市场的占有率达到了 10.8%，诸如丽兹、希尔顿、华尔道夫、巴黎大酒店和史蒂文斯大饭店等全球高档酒店都指定使用依云水。一瓶 350 毫升的依云水，在"水比油贵"的马尔代夫能卖到 5 美元以上，那里的度假酒店竞争的不是室内装潢和星级服务，而是哪家酒店为客人提供的免费依云水多。

依云小镇背后的阿尔卑斯山是依云水的源头。高山融雪与山地雨水在阿尔卑斯山脉汇聚，经过长达 15 年的天然过滤和砂层矿化，变成富含镁、硅、锶、锂等多种人体必需的微量元素的依云水。依云镇地下具有世界上独一无二的冰川岩层，这层天然矿物过滤网才是依云水独一无二品质的本源。为了保证依云水的品质，依云小镇官方政府在依云水源头地阿尔卑斯山上划出方圆 500 千米范围由官方政府管理，杜绝任何人接近，以确保水质绝对的零污染。每天大约有 500 万公升的依云水灌装后，销往 120 多个国家和地区。

### 2. 温泉疗养养生产业

依云温泉是世界上唯一的天然等渗温泉，温泉水的 pH 值接近中性。由于具有独特的等渗透性，一接触皮肤就可以迅速渗入皮肤表层，各种有效成分能充分发挥作用，对皮肤有极佳的疗养作用。

1824 年，依云小镇建立了第一家温泉疗养院，1902 年创建水疗中心，1984 年改建为 SPA，也就是知名的依云水平衡中心，其所用的护肤产品，如水雾、面膜等使用的都是依云水。凭借得天独厚的资源，200 多年来，依云小镇大力发展温泉水相关的产业，现已成为世界"水"产业发展的经典小镇。

### 3. 旅游业

依云小镇的旅游资源主要依托温泉浴场和长期建设形成的各种标志性建筑。除了迷人的湖光山色与涌动的泉水，依云小镇还打造出丰富的度假产品。依云小镇的主要商业街依托 18 世纪末建造的温泉浴场而展开。温泉浴场的主要建筑（水泵房）是一栋漂亮的新艺术风格建筑。依云矿泉水博物馆和信息中心，莱芒湖周边的各色酒店、度假村以及别墅山庄，让来到这里的游客充分享受到"美好年代"的悠闲时光；漫山遍野的鲜花让这座小镇成为"法国鲜花最多的城市"；国际高尔夫球等赛事的举办，不断提升着依云小镇在全球旅游业中的地位。

**推动核心点：**

> 依云小镇凭借水资源，从初期的"疗养胜地"，到"高端饮用水产地"和"水主题养生度假胜地"，再到聚集旅游度假、运动、商务会议等"多种功能的综合型养生度假区"，最终成为国际著名的特色小镇。

依云小镇发端于机缘巧合，能够成长起来的因素有卡沙面对市场的快速反应意识，有拿破仑三世及欧洲贵族的推波助澜，有依云小镇地方政府对生态资源的保护意识，更有驻地居民广泛而又积极乐观的生活生产参与。多方力量共同建造了依云小镇，给依云小镇带来繁荣，使依云小镇成为时尚、品质、健康、国际化的象征。

（三）国内案例延展反思

国内有很多区域的特色小镇，要么具有优美的环境，要么具有一定的产业基础，但是后续发展动力总呈现不足，很大的原因就是缺乏价值链竞争力构造思维，不知道从何入手构造特色小镇价值链竞争力。

比如，博鳌镇拥有优美的自然环境，宜人的气候条件，稀有的特色温泉，独特的地形地貌，迷人的沙美内海，优美的海岸沙滩，原生态的植被群落。2001年成立的博鳌亚洲论坛，让这个自然风光美丽的小镇由名不见经传变得家喻户晓、世界知名。虽然博鳌镇具有类似瑞士达沃斯镇的发展经历，但是却缺乏如达沃斯镇或者依云小镇一样的发展思维——构造小镇价值链竞争力。

虽然博鳌小镇依托博鳌亚洲论坛，从一个默默无名的地方小镇成为世界知名小镇。但就其目前的发展情况来看，博鳌并没有很好地将资源禀赋与制度资本转化为实实在在的经济效应。博鳌小镇较前并没有产生根本性的变化：这里的基础建设与旅游设施等级较低，与建设国际性旅游度假区的定位并不匹配。博鳌镇目前引入的发展资源过于一般化，容易走入"千镇一面"的误区，并没有深度挖掘本地的历史文化风貌，并未发掘博鳌独特的风情与内涵。这些因素都导致人们并不愿意在此停留：博鳌镇每天接待游客量超过一万人，但这些游客都不在博鳌镇进行"吃、住、购"等消费。更危险的是大量土地被征用后，博鳌并没有建立有效的产业价值链，而是大力进行地产开发，失去土地的本地人无法工作本地化，使得当地无法适应新的发展形势。

再比如，四川省西部甘孜藏族自治州内的理塘、康定、稻城、色达等，均处于青藏高原西部，景色宜人，藏寨风情独特，景观和地域特征相似，形成了旅游型特色小镇群的雏形。通过旅游经济的促进，自发形成了一些价值竞争力，但缺乏价值链竞争力的疏导，导致知名度较低，经济环境较落后，经济效益较低。

## 二、特色小镇价值链竞争力的研究价值、基本体系构成与现有发展困境

特色小镇价值链竞争力是一个含义直观却又不易被精确把握的概念。

**特色小镇价值链竞争力是指一个特色小镇以价值链构造为基础，在竞争和发展过程中与其他城镇相比较所具有的吸引、争夺、拥有、控制和转化资源，争夺、占领和控制市场以创造价值、为其居民提供福利的能力，它反映了特色小镇的生产能力、生活质量、社会进步程度及其对外影响能力等。**

需通过众多要素与各种子系统环境以不同方式进行融合，共同集合构造特色小镇价值链竞争力——特色小镇价值链竞争力是个复杂的动态系统。

### （一）特色小镇价值链竞争力的研究基础

特色小镇价值链竞争力的研究源泉是竞争力研究。竞争是市场经济的产物。从微观角度出发，众多现实生产者和潜在生产者都正在或试图通过利用更多、更有质量的生产要素和资源进行生产和提供服务，来谋取利润。

价值要点：

　　竞争从表象上表现为产品和价格竞争，实质上是资源争夺的竞争。现代市场竞争的内在核心是对有价值的生产要素的争夺。只有在运用生产要素方面创建优势，才能最终在市场竞争中创建优势。

　　竞争力内在动力随着经济社会的发展而日益丰富，具有多角度、多层次的竞争力价值优势。现有竞争力优势的建立主要包括以下三类：

　　1. 成本优势理论

　　该理论以亚当·斯密提出的以资源禀赋为基础建立起来的绝对成本优势为代表。此后，李嘉图提出的相对成本优势、马歇尔提出的集聚优势理论等都是对绝对成本优势理论的深化。在这些理论分析中，**市场竞争主要是产品竞争，产品成本是竞争优势建立的决定性因素。**

　　亚当·斯密和李嘉图的成本优势理论，认为竞争力的强弱取决于是否占有和控制世界上的资源产地，是否具有生产上的高效率技术和组织方式等。马歇尔认为当企业集聚时，由于大量生产要素的集聚所产生的相互积极影响，可以大大降低生产成本，从而提高竞争力。

　　**如今的成本优势理论已然打破原有思维，被认为是科技创新能力、管理水平、制度因素、人力资源素质等多种因素作用的结果。**在同类型产品竞争中，成本仍是一个综合性的竞争力指标。

　　2. 体制优势理论

　　在资源禀赋优势逐渐减退的情况下，竞争力优势理论的研究转向更深层次的体制管理方面，这个理论主要以世界经济论坛和瑞士洛桑国际管理开发学院的学者观点为代表。他们认为，**竞争力是一国的企业或企业家以比国内外的竞争者更具吸引力的价格和质量来进行设计、生产和销售产品与劳务的能力。**

　　体制优势理论的研究者认为，**竞争力是指一个国家或公司在世界市场上均衡地生产出比竞争对手更多财富的能力。**其观点核心是对现代市场竞争的基本体制性因素——国际化、政府管理、金融体制、公共设施企业管理、科学技术、国民素质、服务水平作出的综合评判。中国现有众多产业及城镇发展就是由于体制优势起了积极的推动作用。特色小镇也是体制优势推动在城镇化发展中的一次重大尝试。

3. 创新优势理论

创新优势理论是由迈克尔·波特、道格拉斯·诺顿斯在熊彼特技术创新理论的基础上，提出的系统化创新优势理论和制度化创新优势理论。

熊彼特认为**竞争力优势主要是以技术组织的不断更新为依托；以迈克尔·波特等为代表的学者认为竞争力在于技术创新，更在于国内各方面经济资源和要素分工协作的体系化；以道格拉斯·诺顿斯为代表的学者认为竞争力在于通过制度创新营造促进技术进步和发挥经济潜力的环境，强调竞争力优势是制度安排的产物。**

特色小镇不是单一竞争力优势理论的实践，而是多种优势聚合的结果。创建特色小镇竞争力优势最直接有效的方法，就是从价值链入手，尤其是从产业以及空间价值链入手，灵活运用价值链竞争优势。企业可以基于成本优势，构造集群优势、比较优势、核心技术优势等；政府可以突出体制优势与政策优势。对于特色小镇未来的可持续发展，重点通过技术创新、系统化创新以及氛围创新激活可持续发展的密码。

## （二）特色小镇价值链竞争力的主要构成因素与现实意义

1. 特色小镇价值链竞争力的主要构成因素

对特色小镇价值链竞争主要影响因素的研究，起源于国外对于城镇竞争力的研究。20世纪80年代，美国的彼得教授就提出城镇价值链竞争力的评价框架是显示性框架和解释性框架的结合。他认为城镇价值链竞争力没有直接被测量分析的性质，人们只能通过它投下的影子来估计它的质和量。在解释城镇价值链竞争力时，彼得参考了现代经济增长理论，选择了一套解释竞争力的变量：**城镇价值链竞争力（UC）$= f$（经济因素、战略因素）。经济因素＝生产要素＋基础设施＋区位＋经济结构＋城镇环境；战略因素＝政府效率＋城镇战略＋公私部门合作＋制度灵活性。他主要选取了零售额、制造业增加值和商业增加值三个指标，来体现城镇价值链竞争力；同时选取了一些构成指标，采用多指标综合评价的判别式分析法，**

得出各城镇价值链竞争力得分，比较后得出各城镇竞争力排名。

迈克尔·波特教授关于国家竞争力的研究结果同样适用于城镇经济体以及特色小镇。波特教授认为，**竞争力在国家层面的概念是国家生产率。推及城镇或者特色小镇价值链竞争力，则是指城镇或者特色小镇的生产率。也就是说特色小镇价值链竞争力是特色小镇创造财富、提高收入的能力。**

自 20 世纪 90 年代以来，国际竞争力研究日益引起各国政府部门和学术界的注目，许多国家和机构竞相投以巨资开展本国国际竞争力研究，涌现出了多种新的理论规范和分析方法。一些研究甚至对国际竞争力的内部结构及其联系进行了较为细致的探讨和研究，并建立起一套较为完整、具有可测度性和应用性的分析工具，如提出了运用八大类竞争力要素来度量一个国家的国际竞争力的理论和方法。**这八大类竞争力要素分别是国家经济实力竞争力、国际化竞争力、政府管理竞争力、金融体系竞争力、基础设施竞争力、企业管理竞争力、科技竞争力和国民素质竞争力。**与此同时，有关国家竞争力、企业竞争力和产业竞争力的研究也相继展开，并取得了丰硕成果。其实，这些基于国家竞争力的研究也可以有效转化为特色小镇价值链竞争力研究，对于特色小镇价值链竞争力的创建有积极作用。

美国哈佛大学 Kantor 教授等认为，**城镇领导人素质、信息技术和知识产业、国家—民营的合作是衡量城镇价值链竞争力的 3 个重要指标。一个具有新观念、实力和联系网络的城镇往往是一个具有高度竞争力的城镇。**

特色小镇价值链竞争力就是基于城镇价值链竞争力理论的深度实践，如特色小镇价值链竞争力的决定因素和建立机制，产业集群发展与特色小镇价值链竞争力相互作用的理论与实证研究等。

### 作者观点

此外，特色小镇价值链竞争并非仅仅是产品的竞争、企业的竞争、产业的竞争、市场的竞争、人才的竞争和科技的竞争，归根到底是观念的竞争和制度的竞争。制度变迁与特色小镇价值链竞争力之间关系的研究是值得高度关注的重要趋势。

中国特色小镇 The Chinese Characteristic Town

国内学者认为，城镇价值链竞争力的内在表现是一个城镇的吸引力、辐射力、创新力、整合力和影响力，其内在含义包括城镇的经济实力、服务功能、发展环境、创新能力、管理水平、市民素质等。提高城镇价值链竞争力的目的是塑造区域中心城镇功能。

**推动核心点：**

> 构造特色小镇价值链竞争力具有直接的目标引导力。特色小镇的吸引力、辐射力来源于"流量经济优势"。特色小镇只有成为各类经济要素流动的枢纽，成为人流、物流、信息流、资金流和技术流的聚散地，才能真正构筑"流量经济优势"。特色小镇的创新力和整合力来源于"融合和创新优势"，即市场、产业、信息技术和文化等的融合和创造。特色小镇的影响力来源于它的吸引力、辐射力、创新力和整合力的组合。具有较强的经济实力、完善的服务功能、良好的发展环境、较高的管理水平和一流的市民人口素质的特色小镇，其影响力才会越大。

2. 特色小镇价值链竞争力的现实意义

特色小镇价值链竞争力具有三个方面的现实意义。

第一，特色小镇价值链竞争力具有创造财富、推动区域发展、提高居民生活水平的现实意义。

第二，特色小镇价值链竞争力的本质是资源配置，可以有效优化产业、环境、经济等整体环境。

第三，特色小镇价值链竞争力具有主导市场竞争、获取各种流动资源（尤其是战略性资源）和占领市场的能力。

（三）特色小镇价值链竞争力的发展困境

特色小镇这几年发展态势迅猛，尤其在基础建设、基础产业方面发展相对迅速，不过虽然硬件推动较快，但价值链核心竞争力等软性要素建设十分欠缺。根据现有特色小镇的推进状况，特色小镇价值链竞争力发展会出现六个系列化困境：缺人口与人才、缺资金及来源、缺定位及执行、缺机制及思维、缺特色及动力、缺企业及引力。"缺"是制约中国特色小镇价值链竞争力发展的根本瓶颈。

1. 缺人口，更缺人才

特色小镇价值链建设中，以人为基础的要素欠缺是发展的最大阻碍。人口匮乏现象突出，尤其是人才聚集效应严重缺失。对劳动力资源的吸引没有形成聚集效应，各类人才短缺，特别是管理人才、技术人才的短缺，无法吸引、留住人才，生产技术配套能力差。这些都会导致特色小镇管理水平的低下。

2. 缺资金，更缺来源

缺资金导致特色小镇基础设施落后、公共服务水平差，这也是无法吸引人才和劳动力的原因之一。镇级财政脆弱，成为制约特色小镇发展的瓶颈。财政困难，缺少发展建设资金，资源利用转化层次不高。虽然尝试通过 PPP 等模式寻求资金，但由于资金回报率低，缺乏后续价值动力，导致资金来源匮乏。

3. 缺定位，更缺执行

现阶段中国特色小镇虽然非常注重整体规划，但基本上都是大概念设计，并没有基于特色小镇深度产业以及空间价值链构造的定位体系。此外，更缺乏特色小镇价值链竞争力的执行构想及绩效管理。方向偏离的发展形态，导致前期大规模建设，后期资金严重缺失，失败风险尤其明显。

4. 缺机制，更缺思维

政府主导特色小镇的发展，虽然推进了城镇化发展的进程，但是由于思维及机制的局限，必然导致特色小镇发展过程中人口、资源无法合理配置，浪费现象非常普遍，阻碍了高效城镇化效果。

较为科学的解决方法，应该像经营创业型企业集团一样，责权利清晰，主体地位明确，政府推动的核心是支持企业、区域人口、资源的配置，而不是主导特色小镇的建设及发展。

5. 缺特色，更缺动力

特色小镇经过数年发展，产业雷同现象越来越明显，"千镇一面"已经是未来特色小镇发展首先要面临的问题。缺乏价值链竞争力的特色小镇，整体发展将严重缺乏动力，后期发展乏力将成为非常普遍的问题。

6. 缺企业，更缺引力

特色小镇的发展推进中，严重缺乏企业，尤其是成规模的领袖企业。没有有效的产业引力、资源引力，尤其是品牌引力，很难形成特色小镇的特色价值，进而影响特色小镇整体经济增长，制约特色小镇价值链竞争力的形成。

## 三、特色小镇价值链竞争力与产业集群的互动关系

特色小镇价值链竞争力与产业集群存在潜在的相互作用，产业集群因素会积极主导价值链竞争力的内在动力，而特色小镇价值链竞争力则对产业集群起正向的积极引导效应，两者互为因果。

### （一）产业集群对提升特色小镇价值链竞争力的影响

城镇是产业的聚集，现代城镇的竞争力以产业集群为支撑。一个国家或城镇在国内外的关键竞争优势是产业优势，而产业竞争优势来源于相关的产业集群。

城镇是由一个个分工明确、互补性强的"块状经济"组成的集群网络。培育产业集群就是构造"块状经济"的集成网络，也是提高特色小镇价值链竞争力的必然要求。提高特色小镇价值链竞争力的首要条件就是大力培育产业集群。

这里存在一个非常相近的重要概念——产业竞争力。**产业竞争力决定特色小镇价值链竞争力。产业竞争力是指产业集中度、市场结构分散度以及产业区域集聚效应等因素引起产业竞争地位发生改变的能力。**一般来说，产业集中度高、规模效益明显的产业集群，产业竞争力越强；反之，产业竞争力越弱。

> **价值要点：**
> 特色小镇价值链竞争力既包括特色小镇的人力、资本、科技、区位、结构、设施、聚集力、环境的竞争力，也包括特色小镇的秩序、制度、文化、管理、开放的竞争力。

产业集群竞争力往往代表了一个城镇的竞争力甚至一个国家的产业竞争力。**产业集群竞争力是特色小镇价值链竞争力的重要来源。如果一个特色小镇能够有效地将外部的要素和内部的要素有机结合起来，能够尽快形成区域集聚和产业集群的现象，那么它就赢得了现实环境中的区域优势和竞争优势。**

城镇化是工业化的产物。工业的持续发展出现了产业集聚效应。相对集中、集聚的企业较之遍地开花的分散企业，生产成本低，购销方便，经济效益高，城镇就是在这种工业集聚的利益驱动下发展起来的。**这个过程就是产业价值链的形成过程。**

与此同时，工业和人口的空间集中又促进了金融、通信、运输、商贸以及生活服务业的发展。第三产业的发展又进一步推动了城镇人口的集聚和繁荣。发达国家相继完成了工业化之后，城镇成为各类服务业的主要聚集地，如金融、贸易、物流、信息、文化教育、医疗、旅游娱乐中心等。在第二、三产业的推动下，城镇越来越多，越来越大。城镇的发展离不开第二、三产业的发展，**这个过程就是空间价值链的形成过程。**

### 作者观点

*一个城镇的竞争力，实际上就是所拥有的第二、三产业的竞争力，也就是产业价值链与空间价值链主导构成的价值链竞争力。掌握了城镇化形成的规律，就掌握了特色小镇发展的密码。*

提升特色小镇价值链竞争力的核心就是发展产业集群。随着新型城镇化的推进，产业集群效应日趋明显。培育产业集群有利于加快产业化进程。目前，中国处于产业化中期阶段，现有的规模经济优势为产业发展提供了强有力的基础设施支持和必要的劳动力等生产要素。

据调查分析，产业集群聚集后，可以节约30%的土地资源，提高40%的能源利用率，节约行政管理费用20%以上。因此，要加快特色小镇价值链竞争力发展，必须加快特色小镇产业集群以及产业集群带的形成，提升产业运行效率。

培育产业集群，有利于加快服务业、贸易业的发展。中国的第三产业

发展明显滞后于发达国家水平。空间价值链的结构性发展，是提升特色小镇产业竞争力的有效途径。随着中国经济结构转型，建造特色小镇第三产业主导产业体系会成为常见的发展趋势，特别是新兴服务业已成为特色小镇产业发展的重点。应加快特色小镇产业集群建设，加快各类服务业发展，形成具有产业特色、分工深化、相互配套的服务业体系，促进服务业与城镇产业规模相适应，从而提升特色小镇价值链竞争力。

### （二）特色小镇价值链竞争力的提升对产业集群的影响

特色小镇价值链竞争力的提升对产业集聚有着积极的促进作用，具体体现在以下四个方面。

1. 提升特色小镇价值链竞争力对促进产业集群发展有正向推进效应，对产业集群的效能有主导作用

在城镇化发展进程中，原有人口与经济活动会直接影响现有产业区域的发展决策。产业总是会选择向区位条件比较优越、现有人口和经济活动集聚状况较好的地方实现集聚。

**推动核心点：**

　　特色小镇价值链竞争力的提升，主要从以下几个方面通过产业及空间进行汇聚：（1）特色小镇人口多、密度大、企业集中、市场规模大，大规模的本地产业市场将会降低实际的生产费用。（2）优良的基础设施（交通运输、能源供应、供水设施、邮电通信等）降低了城镇产业成本，提高了劳动生产力成本，并以城镇引力形式吸引更多的企业和人口进驻，并带动各类资本来此投资。（3）汇集有才能的企业家、研究专家等具有较高文化素质的人才，带动大量的资金和产业形成高度密集的产业空间集聚状态，为产业集群提供人力资本与金融资本等系统化支持。（4）特色小镇具有容纳并支持众多产业相互合作、协调发展的空间系统，包括产业价值链的横向体系：提供互补或替代产品的制造商，关联技术与技能的支持企业等。产业价值链的纵向体系：上游企业和下游企业等。（5）引导金融和商业机构，在筹措资金

和管理投资方面具有集聚优势。（6）娱乐、社交、教育及其他设施充足，舒适的生活对人口具有极强的吸引力。

2. 提升特色小镇价值链竞争力是促进产业集群形成和发展的本质因素

特色小镇价值功能是区域产业集群形成的基础，**其基本作用是聚集物质和人力资本、消费市场，提供必要的基础设施和适合个人、家庭、企业、产业等各层次发展的制度环境。** 虽然农村地区也具备这些要素，但无论从数量和质量看都远未达到城镇及关联经济带的聚集程度，所导致的获取成本较高。这表明农村产业集群远远落后于城镇，即使初级产品加工等依赖农产品的产业集群也多位于城乡交叉的乡镇边缘地带。

### 作者观点

特色小镇经济是一个开放系统，而不是一个封闭系统。系统的开放性以及中心城镇经济的溢出效应，一方面可以使特色小镇与域外空间发生广泛的经济贸易联系，并不断加强产业的空间集聚；另一方面可以使劳动力流动、资源流动、技术扩散和信息传播自由交流，有利于各种要素向特色小镇及周边导入，减少了产业集群的障碍，这种状况会随着特色小镇价值链竞争力的提高而不断强化。

3. 提升特色小镇价值链竞争力带来产业集群巨大的社会需求

特色小镇是生产要素与产业价值的地理空间载体。而生产要素和产业价值之所以会在这个空间地理上聚集，其主导因素就是生产要素。产业价值的聚集会产生聚集经济，聚集经济会降低生产成本，提高生产效率，也就获得了聚集利益。

特色小镇价值链竞争力为企业提供了某种优势动力，从而进行社会生产。一方面，为城镇的建设和发展提供了充足的经济基础，如基建、公共设施、资金等；另一方面，给乡村生产要素转移到特色小镇及城市提供了巨大的引力效应和机会。依托外部经济、规模经济、范围经济的市场需

求，企业的经济活动为了获得更高的经济效益，会在一定的范围内进行集聚。企业的集聚为人员、生产要素的汇聚提供了吸引力和承载力，企业与人口的汇聚又会强化外部经济、范围经济、规模经济效用，从而吸引更多企业、人口、生产要素等从乡村、城市转移到特色小镇，并最终形成产业集群，促进产业集群体系化。

4. 提升特色小镇价值链竞争力为产业集群带来不断的要素与产业转移

城镇经济与乡村经济的比较经济利益随着时间而不断扩大，这种比较利益来源于特色小镇的外部经济、规模经济以及范围经济，这种比较利益会不断地把乡村人口、资金，发达国家和发达地区的资金等生产要素吸引到特色小镇来。

中国大城市经济高速发展的源泉、动力，在改革开放前来自于工农业产品的剪刀差，在改革开放后来自于大量农民工进城给城市带来的人口红利。大量农村土地被征收变为城市的国有土地，以极低的成本使城市经济获得巨大收益，是极端的乡村支持城市的结果。

特色小镇作为城乡二元体系的过渡区域，通过建立特色价值链竞争力，有效分化及优化城镇经济体系，为新型城镇化发展做出了贡献，促进了城镇经济进一步发展，吸引了特色生产要素转移到特色小镇。同时，依托外部共享经济、范围经济、企业集群的倾向，引导产业要素不断集聚与优化。

## 四、特色小镇价值链竞争力模型建构与绩效指标

### （一）特色小镇竞争力与集群竞争力的价值链融合模型

特色小镇竞争力与产业集群竞争力是相互作用、互相推进的价值系统。两者依托价值链相互融合，通过有效的体系搭建，建构起发展模型。这种模型是特色小镇价值链竞争力建构模型有效的指标工具，是特色小镇绩效考核的重要依据。

本章第一节的定性研究中，尝试对价值链竞争力进行管理控制。这里

侧重依托价值链将两种竞争力予以有效融合。融合模型建构如图 3－7 所示。

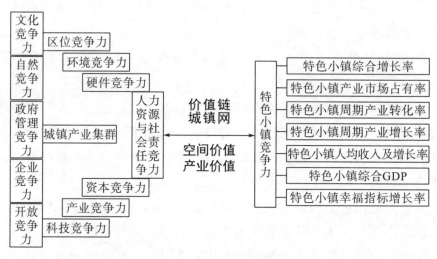

图 3-7　特色小镇竞争力与集群竞争力的价值链融合模型

特色小镇竞争力与集群竞争力的价值链融合模型中，除了依据价值链系统构造主体的竞争力体系与发展绩效指标外，还需要特别注意三个主要方向的竞争力优势构造。首先是合理产业方向主导下的有效优势构造，其次是人才竞争力构造，最后是产业及产业集群竞争力构造。

**1. 产业方向主导下的有效优势构造——产业要素选择与有效优势指标**

**区域产业分工一般有三种决定因素：第一种是生产成本；第二种是利润价值；第三种是综合因素，即价值链主导价值因素倾向。笔者建议在产业选择中，主要以第三种因素为核心，以价值本源为基础，突出资源禀赋、劳动力、土地、制度资本四个基本要素，综合考虑产业的有效优势构造。**

现有的产业选择方法，并未按照这种模式开展，对于主导产业的选择主要按照选择基准选取指标。主导产业选择基准包括产业对地区经济的重要程度、市场发展潜力、技术进步程度以及地区发展基础、区域要素等方面的指标。然后运用一些定量方法，对指标进行计算，得出分值高的产业

中国特色小镇 The Chinese Characteristic Town

部门，确认主导产业方向。这种主导产业择取模式取决于所使用的选择基准。

基于产业经济的重要因素，其基准要素包括两种：一是产业占国民经济比重，突出产业在地区经济中的重要性；二是产业对其产业体系的连带作用，一般采用区域产业纵横指标，多采用波特的五力模型，如产业的纵向联系，反映产业对上、下游产业的带动作用，产业的横向联系，反映该产业通过与相关行业建立的信息、配套、人才、服务等关系，以及对地区经济产业多样性和整体发展所产生的扩展带动作用。

针对科技进步型产业，不仅要对上述基准因素进行考量，还需要考量主导产业的发展质量，对地区的科技进步和产业机构的提升方面的推进作用。重点考量三个要素指标：一是主导产业有较高的劳动生产率，可以对区域经济的增长速度与质量产生主导性影响。二是较强的创新能力，可以获得新技术、新商业模式等的产业价值提升力。三是产业发展潜力，主要依托发展前景、政策导向、核心技术和发展理念等，衡量产业发展前景和持续发展能力。

除了上述主导产业选取因素外，特色小镇产业方向优势还需要注意以下选择基准作为辅助。

特色小镇主导产业选择基准，主要是区域分工、区域专业化、产业聚集和区域经济增长等理论框架，通常是套用国民经济主导产业选择的目的、原则、基准、指标体系和方法，用历史数据，建立指标体系定量计算而成。

在新型城镇化的背景下，土地资源、人口和劳动力、自然环境、制度体系都发生了巨大变化。

**作者观点**

特色小镇产业发展能力简要评估方法——特色小镇可以采用一个简要基准，根据腹地发展条件和发展能力，即用人均指标与同等条件的地区相比，或与其他城镇地区相比，来说明本地在某个行业产业方面的发展能力。

特色小镇的主导产业选择，不但要突出产业的独特性、融合性，还要体现不同地区、不同发展阶段，包括与周边地区的协同发展关系。

基于以上要素，可以建立起特色小镇价值链竞争力指标与特色小镇价值链竞争力基准。

**推动核心点：**

特色小镇价值链竞争力指标：①该特色小镇范围内的主要经济指标，尤其是人均指标、基础设施和公共服务、信息技术普及程度及其与其他乡镇之间的差距；②腹地范围内围绕主要产业的主要经济指标，可以选择可利用的资源（包括自然资源、劳动力、土地等）以及这些指标与同等乡镇的差距，用来说明本地经济发展基础和发展能力。

特色小镇价值链竞争力基准包括：潜力基准（除了基础和技术水平外，产业的增长潜力主要取决于市场需求弹性和产业的增长效率）、高端化基准、空间关联基准、融合发展基准、可持续发展基准、就业功能基准。

## 2. 人才竞争力优势的建立

特色小镇人才及劳动力体系的建立是非常重要的发展难题，这个难题的解决虽然受到硬件、企业、居住环境、自然环境等众多因素的影响，但建立长期吸引人才及人口的发展机制，将是特色小镇价值链竞争力构造的核心工作之一。

**推动核心点：**

以下列出几种吸引人才的发展机制：第一，特色小镇需要创造工作和居住环境，引导人才创业和发展；第二，通过户籍改革推动人口就地城镇化，吸引年轻劳动力，形成宜居、宜业的新型城镇地区。镇域经济想吸引外地人才在本地扎根并不现实，但可以尝试通过以下两种途径吸引本地人才：一是通过培训教育机构培养本地人才，二是通

过重建"乡愁"模式等方式吸引本地走出的人才返乡创业；通过重振
乡镇经济和创造良好发展环境，吸引人员重返小镇。

中国众多区域小镇具有丰富的文化资源和传统手工艺等资源，基本具备打造特色小镇的基础，但是普遍存在年轻劳动力不足、手工艺人才短缺等状况。对此，可以建设教育实训基地，专门培训特色小镇发展需要的技术人才。建议采取以下措施：一是对做出贡献的人才给予荣誉奖励，专门设置"专业人才奖"等鼓励办法。二是开展政策扶植、贷款扶持、专家及文化艺人品牌搭建等方式，促进产业良性发展。

3. 特色小镇产业及产业集群竞争力的构造

不同产业对成本与利润的敏感性有巨大差异。高端产业对自然资源、土地和劳动力占用较少而利润较高，注重产业系统及市场信息，一般倾向于落户综合性大城市；新兴产业以及对创新氛围和环境更敏感的产业一般会选择落户创新型城市；依赖行政和文化等资源的产业则倾向于落户行政和文化中心。

无论哪种因素主导，特色小镇的发展之路都依赖地区主导优势，这种主导优势可以是成本、利润、产业体系，也可以是创新。只有充分发挥主导优势即特色小镇特色，才能与其他区域的产业规模及优势相抗衡。

产业在空间上的分布规律，除了地区差异导致的分工不同外，还有一种就是产业聚集。随着产业集中，在获得外部收益时，通过产业之间的分工和协作进行横向和纵向延展，从而形成产业集群体系。

这里需要打破一个认知误区：产业集群是个空间问题，与产业形态不是同一概念。也就是说不止工业类特色小镇，文化、旅游、农业类特色小镇也需要产业集群，也需要构造产业集群及产业价值链竞争力。

（二）特色小镇价值链竞争力的模型建构

特色小镇价值链竞争力的模型建构，是在波特价值链及竞争力理论的基础上，对熊彼特等人的理论体系进行继承、批判及创新而建构出的特色小镇价值链竞争力模型。**特色小镇价值链竞争力的模型建构如图** 3—8 **所示。**

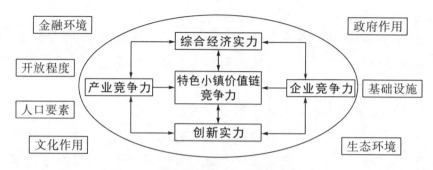

# 第一章

图 3-8　特色小镇价值链竞争力模型建构

该竞争力模型以四个基本要素（资源禀赋、劳动力、土地、制度资本）以及三个核心价值流（产业流、信息流、资本流）为价值来源主体，结合相关理论完成建构，主要包括两个核心：

（1）特色小镇价值链竞争力必须在一定的环境中加以培育，受企业竞争力、经济综合实力、基础设施、人才要素、创新实力、对外开放程度、金融环境、政府作用、生态环境等综合因素推动或制约。这些综合因素既蕴涵着特色小镇价值链竞争力提升的发展机会，也潜伏着特色小镇价值链竞争力的负面影响。因此，特色小镇价值链竞争力可视为综合因素的函数，具有主导及相互影响作用。

（2）产业竞争力、企业竞争力、综合经济实力、创新实力四者相互作用、相互影响，共同构成特色小镇价值链竞争力的基本内动力因素。

**作者观点**

> 特色小镇价值链竞争力实质上表现为产业价值链竞争力，而产业价值链竞争力则是通过企业价值链竞争力来得以支撑和维持，并与综合因素构建了空间价值链体系。因此，产业竞争力和企业竞争力是特色小镇价值链竞争力的核心。

综合经济实力是特色小镇价值链竞争力的基础，反映了特色小镇经济发展的水平和所在的阶段，也预示了特色小镇未来发展所具备的基本实力。

创新实力是特色小镇成长进步的灵魂，也是经济发展和生产率提高的基本驱动力。价值链创新能力的高低直接关系特色小镇能否在未来的激烈

中国特色小镇 The Chinese Characteristic Town

竞争中立于不败之地，并获得可持续性发展。

特色小镇价值链竞争力模型强调了价值链发展与竞争力构造的两大核心，也兼顾了特色小镇发展的现实水平和未来的可持续发展，较为全面地反映了特色小镇价值链竞争力的整体动力体系。

### （三）特色小镇价值链竞争力的模型建构的指标体系构想

依据特色小镇价值链竞争力模型，可以构建特色小镇的主要指标体系，用于绩效管理。指标体系重点采用特色小镇产业竞争力、综合经济实力、创新实力、对外开放程度、基础设施、人口（素质）要素、政府作用等七大要素建立第一层级指标，并在此层级上再进行二级细化，建立形成有效考核的测试指标。这里并没有采用所有认可要素作为指标体系，比如企业竞争力、生态环境、文化作用在这里都没被设为层级指标。需要设立特色小镇价值链竞争力核心目标，根据目标要求增加或减少指标体系，从而建立具有科学针对性的特色小镇价值链竞争力测试指标体系：

1. 特色小镇产业竞争力

**产业竞争力是特色小镇价值链竞争力最为基础性的核心内容**，主要指标包括：

①**产业结构的比重**：第二、三产值占 GDP 的比重，第二、三产业就业人员占总就业人员比重；

②**产业结构的效益**：特色小镇社会劳动生产率，特色小镇产业资金利润率，特色小镇产业企业固定资产产值率，特色小镇产业产品销售率。

2. 特色小镇综合经济实力

主要指标包括：

①**特色小镇经济总量**：GDP，人均 GDP；

②**特色小镇经济增长速度**：GDP 的增长率，财政收入的增长率；

③**特色小镇资本实力**：人均居民储蓄余额，固定资产投资率；

④**特色小镇居民收入**：人均可支配收入；

⑤**市场购买力**：社会消费品零售总额，人均社会消费品零售总额。

3. 创新实力

主要指标包括：

①**创新队伍**：特色小镇中从事科技等创新活动人员总数，每万人从事创新活动人员数；

②**创新投入**：科研等创新经费总额，每万人经费金额；

③**创新项目和成果**：国家指导性计划科研等创新项目总数，专利授权量；

④**创新价值转化**：技术市场及相关创新模式成交合同金额。

4. 对外开放程度

反映特色小镇参与国际市场的竞争能力，主要指标包括：

①**经济外向度**：外贸商品进出口总额，外贸依存度；

②**吸引外资能力**：人均实际利用外资，实际利用外资增长率；

③**国际旅游活动**：国际旅客数，人均旅游创汇金额。

5. 基础设施

基础设施是特色小镇经济发展的空间价值载体，也是参与区域价值竞争的基本前提与保证，主要指标包括：

①**能源**：人均年用电量；

②**信息**：人均电话、网络、物流等业务量；

③**交通**：人均铺装道路的面积；

④**环境**：人均建成区绿化面积；

⑤**住宅**：人均居住面积。

6. 人口（素质）要素

价值链竞争力的提升主要依靠高素质人才的推动，人口素质（要素）能力是特色小镇价值链竞争力不可缺少的要素之一，主要指标包括：

①**文化素质**：每万人普通高校在校学生数，专科以上受教育程度人口所占比例，文盲、半文盲人口占 15 岁以上人口比例；

②**特色小镇文化**：地域文化培养，文明的提升，道德观念的形成等，这些均属于"软文化指标"，难以通过定量数值加以衡量，可通过抽样方法综合评分；

③**健康素质**：每百人医生数、医院床位数，婴儿死亡率，人口平均寿命。

7. 政府作用

政府政策及管理是市场经济不可缺少的重要调控手段，反映了特色小镇政府分配资源的能力，关系特色小镇的运行效率和能力，从而影响运行质量，主要指标包括：

①政府的调控能力：单位 GDP 财政收入，单位 GDP 财政支出；

②政府的管理水平：政府的行政形象和管理效率，此项指标属于"软管理指标"，难以用明确定量数值加以衡量，可通过抽样调查的方法综合评估。

## 五、特色小镇健康发展，需要至少 10～15 年以上的培育周期

任何产业都有一定的发展周期，尤其对于特色小镇。无论之前存在怎样的发展基础，对于价值链的体系化构造都需要 10～15 年以上的培育周期。这与中国现阶段的国情及国际城镇化的发展趋势有直接的关联。

举个旅游业的例子，**从旅游业发展的规律来看，游客的目的一般分为三个层次。第一层次是观光层**，以观光游览为主。**第二层次是休闲层**，游客的目的是转换生活场景、放松心情，会按照现有生活水平进行消费。**第三层次是体验层**，游客的目的是通过深度体验与平日完全不同的生活场景和活动获得满足感，包括体育、文化、艺术、生命、科学等领域。对于体验层而言，创意内容占主导地位。

国际社会将三个层次对应至旅游业发展的四个阶段：人均 GDP 达到 **1000 美元，主要进行观光旅游，属于经济型，消费保守，旅游层次较低；人均 GDP 达到 2000 美元后，开始转向休闲旅游，旅游消费进入快速增长期；人均 GDP 达到 3000 美元，转向度假旅游，旅游消费与中等收入阶层消费能力匹配；人均 GDP 达到 5000 美元，开始进入成熟的度假经济阶段，旅游集娱乐、度假和体验于一体，向深度体验发展。**2017 年中国人均 GDP 超过 8800 美元，进入旅游业发展的高级阶段。这意味着中国未来的旅游形态与旅游方式将发生巨大的改变。

按照这个思路，回归到城镇化进程，《全国城镇体系规划（2006－2020 年）》及近期相关研究表明，2020 年中国总人口将达到 14.5 亿，未

来 10 年中国城镇化水平应以年均 0.9％的速度提高，到 2020 年全国的城镇化水平将达到 60％左右，城镇人口将达到 8.7 亿；到 2030 年城镇化率将达到 65％左右，基本实现城镇化。这就意味着我国还将转移 3 亿左右的农村人口。如果全部以小城镇作为承载体，每个小城镇以承载 5～10 万人计算，将增加 3000～6000 个小城镇。这意味着中国未来以特色小镇为代表的新型城镇化还将继续高速发展。

（一）国外主要国家小城镇培育核心理念及发展研究

为了有效推进对特色小镇可持续发展的研究，我们可以借鉴国外包括欧洲、美国、日本等发达地区和国家的城镇化发展路径，构想中国特色小镇可持续发展的价值链体系及网络构思（见表 3－4）。

表 3－4　美国、德国、英国、日本小城镇培育核心理念及发展研究

| 国家 | 发展阶段及周期 | 小城镇培育政策措施 | 发展状态 |
|---|---|---|---|
| 美国 | 1860－1920 年，美国人均耕地面积从 67 万 hm$^2$ 增长到 160 万 hm$^2$，幅度高达 2.4 倍，人口也随之增长 2.4 倍，人均粮食产量也从 800kg 增加到 1200kg。耕地面积和粮食产量的提高，为工业发展奠定了劳动力基础。 | 美国小城镇建设资金由联邦政府、地方政府和开发商共同承担，联邦政府负责投资建设连接城镇间的高速公路，而小城镇的供水厂、污水处理厂、垃圾处理厂等是由州和小城镇政府负责筹资建设。开发商则负责小城镇社区内的交通、水电、通信等生活配套设施的建设资金。 | 用了近 20 年培育小城镇。 |
| 德国 | 1945 年至今的 70 多年时间里，德国城镇化水平从 69％提高到 96％。 | 70％的人口分布在 2000 至 10000 人的小型城镇里。 | 小城镇发展类型极为丰富。 |
| 英国 | 1946－1954 年，目的是为了吸引大城市的过剩人口，主要特点是城镇规模较小，密度较低，功能区分清晰，较多考虑社会效益而较少考虑经济效益。<br>1955－1966 年，主要特点是城市规模扩大，城市功能分区趋向于综合功能分区格局。<br>1967－1976 年，这一时期新的小城镇大部分由在老城镇基础上开发的新的工业区和居住区形成，对于不适合单独扩展的小镇进行了成片合并。 | 第二次世界大战后，伦敦和英国东南部地区急剧增加的城市人口需要疏散；英国中部工业发达地区产业结构需要调整；政府根据当时的趋势估计，需要开发居住、就业条件并预留规划用地。 | 用了近 20 年培育小城镇（探索发展新旧融合的特色小镇发展模式）。 |

中国特色小镇 The Chinese Characteristic Town

| 国家 | 发展阶段及周期 | 小城镇培育政策措施 | 发展状态 |
|---|---|---|---|
| 日本 | 第一阶段（1973—1976年）：缩小城乡生活环境设施建设的差距；<br>第二阶段（1977—1981年）：建设具有地区特色的农村定居社会；<br>第三阶段（1982—1987年）：地区居民利用并参与管理各种设施；<br>第四阶段（1988—1992年）：建设自立而又具特色的区域；<br>第五阶段（1993年至今）：利用地区资源，挖掘农村的潜力，提高生活舒适性。 | 20世纪50年代后期至20世纪70年代中期是日本城市大发展时期，农村人口大量流向大城市，小城镇没有得到发展反而萎缩。20世纪70年代后期政府反过来开始进行农村的基础设施建设，至20世纪80年代中后期，全国村镇的基础设施水平已和城市基本持平，政府鼓励人们返乡工作。 | 用了15年培育小城镇。 |

分析发达国家的城镇化进程可知，小城镇完全可以成为人口产业承载的主体。以德国为例，人口8200多万，国土面积35.7万平方千米，城市化率达到97%，但是全国70%的人口居住在小城镇；城镇规模方面，德国共有2065座城镇，数量多且分布均匀，功能明确，其中，百万人口以上的大都市只有柏林、汉堡、慕尼黑、法兰克福4座；89个10万人口以上的行政区生活着2530万人，占德国总人口的30%；其余人口则多数分布在2000~10000人的小型城镇里。同样，美国城镇化率达到84%，但是50%以上人口却居住在50000人口以下的小城镇。

（二）城镇产业结构调整与周期性产业发展转化

根据国际城镇化的发展规律，当城镇化率超过50%，虽然大城市以及特大城市人口依然会增加，但新增人口会逐步向小城镇转移。这就意味着城镇化体系与产业机构的调整，大城市在新型城镇化过程中将侧重功能性的调整完善，发展重点将放在创新性产业研发和对周边区域发展的服务体系引领上。为防止低端产业价值链要素的进一步空间集聚，应该把一般性的产业、产业价值链中的低端部分以及部分发展空间让渡出来给中小城镇，尤其是特色小镇。

通过市场对资源的配置作用，优化调节产业集群效益，防止资源要素不断向大城市集聚，避免中小城镇走入前文所论述的发展困境及出现动力不足现象。

为此，以特色小镇为首的新型城镇化发展会将价值链竞争力的打造作为发展重点，突出五项重点工作：

一是要提升特色小镇的集聚功能，扩大产业价值链效益，强化集聚人口和产业的能力；

二是优化特色小镇空间价值布局，构造价值链网络竞争力，实现特色小镇与大城市的合理职能配置；

三是加强基础设施和生态系统建设，提升特色小镇发展品质；

四是解决特色小镇民生及政策难题，配套建设特色小镇中的公共基础设施，广泛吸纳农业人口就地就业、生活居住，并广泛地为周边农村地区服务；

五是要加强特色小镇特色价值链深度发展，重点是能够推进现代产业化发展，推动区域特色产业发展服务体系。

### （三）推动重点特色小镇发展需要 10~15 年的培育期

#### 1. 特色小镇发展分层次建设构想

若要构想打造产业优势明显、发展潜质巨大的国内外知名特色小镇，一定要有一套长期有效的培育扶持政策，提出"美丽乡村＋富足小城＋特色小镇"的分层次的发展目标。

**推动核心点：**

分层建设首先依托地域、产业等资源禀赋因素，根据地域产业特色，发展特色小镇价值链体系，并有效地将产业及空间进行分层。通过优先发展带动现代农业发展的建制镇，分层发展为农村特色产业服务的农业特色小镇，有一定产业基础、吸纳农民工能力强的工业特色小镇，以及承接大中城市产业转移的产业特色小镇；再有效改善周边农村地区人居环境的中心空间以及景观环境优美的区域，打造综合价值聚集的文旅及休闲居住型特色小镇。依托产业价值与空间价值，通过成长周期的价值构造，打造特色小镇价值链体系，实现特色小镇科学的分层次成长模式。

下面的案例，其特点是依托原有价值优势，通过功能承载，将特色小

中国特色小镇 The Chinese Characteristic Town

镇与大城市的城市功能区融合成为大城镇经济带，形成大城市与特色小镇的空间价值融合。

日本东京经过五次多中心建设，以"分散型网络结构"的空间模式，通过发展广域交通等基础设施，在远郊区增加业务核心城镇，对都市圈空间进行重组，促进了"多产多核"的形成。东京形成了东京产业经济带，包括多摩田园城市（距离东京都 30 千米）、八王子市（距离东京都 40 千米）、立川市（距离东京都 30 千米）、千叶新城（距离东京都 40 千米）、幕张（距离东京都 30 千米）等以居住、教育、商务金融、会展等为主要功能的特色集聚区。这与中国中心城市周边特色小镇的建设发展轨迹几乎完全相同。

2. 长期培育期过程中的特色小镇统筹规划创新构想

在对特色小镇的长期培育期过程中，需要在统筹规划、区域营销和品牌管理等方面进行创新，建立一套以特色小镇统筹规划为核心的系统性创新体系。

# 第二章

> **价值要点：**
>
> 在统筹规划时尤其要注意两点。第一，在特殊区域功能规划中寻找突破。第二，充分利用"多规合一"机会，推行"特色产业＋龙头企业＋村民参与＋党组织引导协调"的新发展机制。

传统规划体系注重用地约束，以用地需求来倒推人口增长、经济发展；通过空间优势和劣势分析，确认产业定位；依托产业定位，指导空间布局、城市风貌塑造等，是一种自上而下的规划模式。特色小镇规划不是单一的城镇规划或园区规划，而是各种元素进行高度关联的综合型规划。

因此，**在规划管理方面，可试验性地推行规划管理部门统一、规划编制队伍统一、规划编制程序统一的大部门管理制；在规划编制内容方面，需要综合考虑自然资源承载力、产业升级趋势、人口规模发展趋势、地区空间利用和保护等方面；在开发强度方面，要对土地容量、人口容量、环境容量进行限制；在功能方面，将保护作为第一位，发展作为第二位，要对环境建设与产业发展提出有针对性的具体实施方案；在未来发展方面，**

要考虑产业发展中经济与社会的协调性、居民作为劳动力和消费者对将来发展的适应性和可接受性、居民长期发展能力等因素，需要综合考虑城镇社会经济发展等各方面因素的影响。

3. 构造 10~15 年长期培育期政府主导政策方向

长期培育期的主导政策，需要主要防范房地产、基础建设等急功近利式的特色小镇发展模式，要将重点放在以下五个主导政策上：

**一是解决小城镇的产业引入机制**，从政府有关部门做起，制定发展规划，从项目引进着手，相关配套政策跟进，解决就业发展等问题；

**二是特色小镇的行政管理体制与户籍制度改革**，优先重点解决转移农业人口市民化的问题；

**三是探索特色小镇的二元结构混合用地制度**，特色小镇的发展方向，不可以走以往大城市土地扩张的发展路子；

**四是建立可转移的社会保障制度；**

**五是发行国家贴息的小城镇市政设施债券**，可以通过引导基金以及开发基金、创新融资等发展方式，促进特色小镇基础设施建设。

另外，还需要通过政府的政策抓手，激活特色小镇品牌效应，对重点镇、历史文化名镇等进行政策扶持，通过整合民间力量，合力打造精品特色小镇，共同打造特色小镇价值链的独特竞合力。

# 第四章

## 企业视角：企业价值链在特色小镇中的价值获取与提升

中国特色小镇
The Chinese
Characteristic Town

# 案例引入：企业产业价值链与特色小镇区域文化融合案例

## 让文化产业想象力无限拓展
### ——迪士尼产业成长的秘密

*"只要世界上还有想象力存在，迪士尼乐园就永远不会关门。"*

——华特·迪士尼

2016年6月16日上海迪士尼乐园开业在即，成功的营销和巨大的品牌影响力已经吸引了不少国人的关注。

曾经的中国首富，万达集团董事长王健林在参加《对话》栏目时表示："迪士尼实在不应该来大陆。""万达要让迪士尼在中国未来十年到二十年之内盈不了利。"此言一出，当即引起轰动。

华特迪士尼公司董事长兼首席执行官罗伯特·伊格尔（Robert Iger）接受CNN记者采访时，首次回应了王健林的挑战。他表示，对于王健林的言论，他感到了一些意外，"我们与万达有生意往来，我被王健林这种言论的态度以及内容逗乐了"。

罗伯特·伊格尔表示："相信迪士尼那些有名的动画人物和几十年在建造主题公园的经验能让迪士尼在上海立足。不管别人怎么想，不管这个市场竞争有多激烈，我们仍然相信投资这样的产品是有据可依的，并且会在以后的几年里为公司带来利润。"

审视迪士尼的全球电影产业和战略，中国市场无疑是很关键的因素。伊格尔表示了对中国市场的极大兴趣，他没有被这些困难吓倒。"我们对这个市场的雄心不会改变，并且我们也能找到解决方法来使我们在这个市场发展下去。"

仅仅过了一年多的时间，上海迪士尼乐园就实现了盈利。上海迪士尼度假区总经理郭伟诚（Philippe Gas）在2017年7月接受《财经》记者采访时称，上海迪士尼是第一个在开园后首个完整财年实现收支平衡的迪士尼乐园，也是全球最快盈利的迪士尼乐园，推动营收最重要的因素是客流，它可以带动其他各方面收入。伊格尔还专门为上海迪士尼乐园打造了一条标语："原汁原味迪士尼，别具一格中国风。"

那么，迪士尼的信心在哪里呢？实践证明的成功经验有哪些？我们又该如何解读迪士尼产业发展的原动力？

解读迪士尼的成功就是在解读文化产业的产业价值链、空间价值链与企业价值链之间的有效融合。

## （一）迪士尼是谁？

全球闻名的迪士尼，全称为 The Walt Disney Company，取名源自创始人 Walter Elias Disney——华特·迪士尼，是总部设在美国伯班克的大型跨国公司，主要业务包括娱乐节目制作、主题公园、玩具、图书、电子游戏和网络传媒。迪士尼衍生品包含迪士尼授权业务、直销市场、图书出版、游戏、零售等。皮克斯动画工作室（PIXAR Animation Studio）、惊奇漫画公司（Marvel Entertainment Inc）、试金石电影公司（Touchstone Pictures）、米拉麦克斯电影公司（Miramax）、博伟影视公司（Buena Vista Home Entertainment）、好莱坞电影公司（Hollywood Pictures）、ESPN 体育、美国广播公司（ABC）都是其旗下的公司（品牌）。迪士尼公司还在 2012 年 11 月收购了卢卡斯影业。迪士尼现在是全球最大的娱乐及媒体公司之一，也是全球最受尊敬的娱乐媒体公司，按照营业额在全球媒体公司中排名第二（仅次于美国时代华纳公司）。

迪士尼公司是独立的上市公司，在纽约证交所挂牌交易，被收录在 DowJones Composite，Dow Industrials，S&P 100，S&P 500，S&P 1500 Super Comp 等指数中。

1. 走过风雨，不断成长的迪士尼

1919 年，年仅 19 岁的穷画家兼动画制作者沃尔特·伊莱亚斯·迪士尼和他的好友伊沃克用一架旧电影摄像机首次摄制了一部仅两分钟的动画故事片，接下来又制作出了如《三只小猪》《白雪公主和七个小矮人》《阿拉丁》《罗宾汉》等一系列作品，形成了独特的迪士尼世界。1923 年，沃尔特和他的兄弟罗伊创立了迪士尼公司。1955 年，迪士尼公司把动画片所运用的幻彩、刺激、魔幻等表现手法与游乐园的功能相结合，推出了世界上第一个现代意义上的主题公园——洛杉矶迪士尼乐园。1971年迪士尼公司又在本土建成了占地130平方千米，由8个风格迥异的主题公园、6个高尔夫俱乐部和6个主题酒店组成的奥兰多迪士尼世界。1983年和1992年，迪士尼以出卖专利等方式，分别在日本东京、法国巴黎建成了两个大型迪士尼主题公园。至此，迪士尼成为世界上主题公园行业内的巨无霸级跨国公司。20世纪80年代，迪士尼曾一度被认为是一个虽然伟大但已经失去光彩的企业，然而自从1984年迈克尔·艾斯纳成为迪士尼的CEO以来，公司的发展纪录让人另眼相看，迪士尼公司创下了连续14年20%的年增长率和每年18.5%的资产回报率的成绩。迪士尼公司从艾斯纳1984年接手时的14亿美元资产发展成为1998年年收入180多亿美元的公司，到1999年，迪士尼公司的市场价值从原来的30亿美元激增到700亿美元。这样的超速发展是怎样实现的呢？

艾斯纳领队的迪士尼做了以下这些事：首先，"让动画片复活"，代表作有《小美人鱼》《阿拉丁》《狮子王》《玩具总动员》《花木兰》《昆虫的一生》等；第二，"更新和扩展主题公园"，如巴黎迪士尼乐园，开创时困难重重，现在已非常成功，美国本土的两个迪士尼也有了很大的发展，如佛罗里达迪士尼前几年新建"动物王国"、洛杉矶迪士尼建成"加州冒险"等；第三，"增加配套产品"，为主题公园配套的饭店增加了数千个房间和数百家专卖迪士尼产品的商店；第四，"增设迪士尼频道"，有线电视频道不但播放迪士尼自己制作的动画片，而且发挥"交叉促销"效用，异常成功地促销迪士尼的各种商品；第五，"兼并美国广播公司（ABC）"，耗资190亿美元，随后，ABC又衍生出拥有众多观众的ESPN电视频道；第六，"进入游船业"，迪士尼游船公司以独特的市场定位——家庭旅游——在拥挤的游船业市场夺得了自己的顾客；第七，成立迪士尼网上公司、ESPN网上公司，等等。

迪士尼在发展的路上也不是一帆风顺。1999年1月，迪士尼公司与Infoseek公司共同创办了门户网站Go.com，通过这个交互式的服务网站，人们可以进入因特网并获取迪士尼公司提供的信息、娱乐和消费品。2001年1月30日，迪士尼公司宣布将关闭旗下网站——美国第四大门户站点

Go. com，并裁员 400 人，种种迹象表明，迪士尼公司由传统媒体向网络媒体转型的计划一再受挫。2001 年 1 月迪士尼门户网站正式开通时的确是赶上了全球互联网的热潮，但是，作为一个后发的门户类型网站，Go. com 比起竞争对手，落后的时间几乎要用"年"来计算。时间的落后带来了市场占有、注册用户、浏览人次、网络销售等一系列持续性受挫。

更大的风雨也曾经历过，老沃尔特·迪士尼有一句名言：尝试一些似乎不可能的事是一种乐趣。迪士尼现在是全球第二大媒体娱乐公司，它已经是美国文化的一部分，当代美国人大多是在迪士尼卡通人物的陪伴下长大的，迪士尼是美国人生活的一部分，更是美国文化的一部分。迪士尼的兴起与发展源于美国文化，它的兴衰也必定和美国经济、美国文化共起落。

2. 迪士尼的五大产业部门

作为一个综合性娱乐巨头，迪士尼公司拥有众多子公司，并且业务涉及的方面也很广，迪士尼公司将这众多业务分为五大部分：影视娱乐、主题乐园度假区、消费品、媒体网络、迪士尼互动媒体，按照其营业额排列如下：

图 4-1　迪士尼产业部门

（1）迪士尼媒体网络（Media Networks）

该部门负责运营迪士尼的各种媒体网络资产，包括迪士尼 1996 年完成收购的 ABC 集团业务，具体包括电视节目的制作和电视台的运营。该部门同样负责广播的制作和广播台的运营，包括 Radio Disney 等。另一个频道 ESPN，也是由迪士尼控股。

（2）迪士尼主题乐园度假区（Parks and Resorts）

该部门负责全球迪士尼主题乐园的运营、设计和建造——除了全球 5 个迪士尼度假区、11 个主题乐园之外，还拥有两艘巨型游轮和迪士尼海上巡游线。

（3）迪士尼影视娱乐（Studio Entertainment）

整个华特迪士尼公司业务都是在这部分业务的基础上建立的。这部分业务的核心是世界著名的华特迪士尼动画长片和真人电影业务。该部门负责包括迪士尼、试金石、米拉麦克斯等多品牌电影的全球发行，同时负责音乐剧、冰上迪士尼等舞台剧的制作、发行以及迪士尼多品牌唱片的发行。

（4）迪士尼消费品（Consumer Products）

该部门开始于1929年，主要负责迪士尼周边消费品的授权。作为全球最大的品牌消费品授权商，迪士尼和全球广泛的授权商合作推出服饰、玩具、食品等各种消费品。另外，迪士尼全球出版部门也在该部门旗下，其中博伟游戏负责迪士尼互动软件的开发和发行。迪士尼直销业务包括直销网站和迪士尼专卖店等。

（5）迪士尼互动媒体（Interactive Media）

Starwave 公司合并 Infoseek 公司后，在1998年将其出售给迪士尼公司。新公司华特迪士尼互联网集团（华特迪士尼互联网）开发了门户网站 Go. com。2004年，迪士尼重新启动 Starwave 为 Starwave Mobile 制作手机游戏。在2008年6月5日，迪士尼互动工作室与华特迪士尼互联网集团合并为迪士尼互动媒体集团。其产品主要有 Virtual Magic Kingdom（VMK）（虚拟魔幻王国）、Disney's Toontown Online（卡通城在线）、Pirates Online（海盗在线）、Club Penguin（企鹅俱乐部）、Pirates of the Caribbean MMORPG（加勒比海盗）、ESPN. com、ABC. com、ABCNews. com、Movies. com、Go. com、FamilyFun. com。

## （二）一部电影看迪士尼的产业价值链的价值转化

迪士尼在产业链运营方面有一个经典案例，就是《冰雪奇缘》的成功。这部影片所带来的产业价值链的转化作用，非常值得特色小镇及关联企业思考。这部电影所产生的价值本身，远远超出影片的价值。影片形成的"乘数效应"，极大地促进了产业价值链的延展与深入。

迪士尼 CEO 罗伯特·伊格尔在2014财年财报开篇《致股东的一封信中》就特别提到了《冰雪奇缘》——"因为《冰雪奇缘》的空前成功，2014财年消费品部门可谓是创纪录的表现。这个我们用心创作的故事俘获了全世界的想象，全球对和电影人物有关的消费品的需求还在持续增长。在美国假日消费季，《冰雪奇缘》打破了好几个不同类型的消费品的销售记录。特许经营的力量也非常强大，艾莎（Elsa）娃娃在美国的零售收入就高达 2600 万美元。"

在《冰雪奇缘》全世界票房佳绩的推动下，迪士尼 2014 财年的服务类收入增长了 30 亿美元，达到 400.2 亿美元；《冰雪奇缘》还带动了授权（Merchandise Licensing）收入的增加。2014 财年，消费品收入增加了 8 亿美元，达到 86 亿美元，主要是因为《冰雪奇缘》的成功带动了世界范围内的家庭娱乐收入的增加，迪士尼主题公园和度假村游客容量提高，每位游客在食品饮料以及周边商品的平均消费量增长。同时，音乐发行收入的提高也受到《冰雪奇缘》电影原声带惊人销量的影响。

媒体网络：惊人的电视运营网络覆盖率

图 4-2 2012—2014 年迪士尼收入分布

确实，2013 年 11 月上映的《冰雪奇缘》在全球范围掀起了冰雪狂潮，在北美及国际市场收获了 12.7 亿美元的票房佳绩，一举拿下动画片影史票房冠军。除了惹眼的票房成绩，《冰雪奇缘》在下档一年多后还在其他各条战线上创造了相当可观的收入，为迪士尼 2014 年收入的增长立

中国特色小镇 The Chinese Characteristic Town

下了汗马功劳。

作为占比最高的收入板块，迪士尼媒体网络有自己强大的电视运营网络做基石。媒体网络部分的业务包括广播及有线电视网、电视内容制作运营、电视发行、国内电视台和广播网台。

有线电视网（CableNetworks）包括 ESPN、迪士尼频道以及 ABC 家庭（ABC Family），还有在印度运营的 UTV/Bindass 电视网。有线电视网一方面自主生产制作节目，另一方面也会购买第三方节目在迪士尼的电视网上进行放送。迪士尼的几个频道都是分年龄层的分众频道，受众从少儿到青少年再到青年人。

表4-1　迪士尼有线电视网状况

| ESPN（80％股权） | 订户数（百万） | 其他频道 | 订户数（百万） | Disney Channels（100％股权） | 订户数（百万） |
|---|---|---|---|---|---|
| ESPN | 95 | ABC 家庭（100％股权） | 94 | 迪士尼频道－国内 | 97 |
| ESPN2 | 95 | AAE 电视网（AETN，50％股权） | 97 | 迪士尼频道－国际 | 185 |
| ESPNU | 74 | 历史频道（History） | 97 | 迪士尼少儿－国内 | 74 |
| ESPNEWS | 73 | Lifetime 频道 | 96 | 迪士尼少儿－国际 | 108 |
| SEC Network | 63 | 电影网（LWN） | 82 | 迪士尼 XD－国内 | 80 |
| ESPN Classic | 27 | H2 | 70 | 迪士尼 XD－国际 | 115 |
| ESPN channels internationally | 115 | FYI | 65 | | |

数据引自迪士尼2014财年财报

广播（Broadcasting）包括国内广播网、电视节目制作以及发行运营，还有八座自有的电视站。迪士尼在 Hulu 还占了 33％的股份，有 Fusion50％的股份。

表4-2　迪士尼广播产业状况

| 电视台 | 市场 | 市场排名 |
|---|---|---|
| WABC | 纽约，纽约州 | 1 |
| KABC | 洛杉矶，加州 | 2 |

| 电视台 | 市场 | 市场排名 |
|---|---|---|
| WLS | 芝加哥，伊利诺伊州 | 3 |
| WPVI | 费城，宾夕法尼亚州 | 4 |
| KGO | 旧金山，加州 | 6 |
| KTRK | 休斯敦，得克萨斯州 | 10 |
| WTVD | 罗利·达勒姆（Raleigh－Durham，北卡） | 24 |
| KFSN | 弗雷斯诺（Fresno） | 55 |

数据引自迪士尼2014财年财报

媒体网络板块的收入来源为有线电视费、卫星及通信服务（多频道录像节目发行/MVPD）以及隶属于迪士尼国内广播电视网的电视台销售的商业广告，还有其他收入，例如电视节目的发行、销售。迪士尼在自己频道上播放的美剧《童话镇》里，也加入了《冰雪奇缘》中的两位主人公，继续发挥其在电影中的角色魅力，增加自制电视剧的收视率，以此吸引更多的广告收入。

1. 主题公园：冰雪元素的百变花样

迪士尼在全球当时共有8家主题公园，其中坐落于美国佛罗里达州、加州、夏威夷的主题公园，Disney Vacation Club和Disney Cruise Line and Adventures为迪士尼全资拥有，巴黎迪士尼公园（Disneyland Paris）则是控股51%，香港迪士尼公园（Disneyland Resort）持股48%，上海迪士尼公园（Disney Resort）持股43%。

迪士尼主题公园收入主要包括门票收入、食品饮料和其他零售商品的销售，酒店客房、游轮度假套票以及度假俱乐部房产的销售及租赁。《冰雪奇缘》的大热也使"冰雪奇缘"主题景点相继登陆迪士尼乐园。2014年在洛杉矶迪士尼乐园，加入了覆盖着冰雪的"冰雪奇缘"小屋，人们可以看到会说话的雪宝（Olof）；在传统的花车巡游中，《冰雪奇缘》的主人公们也被安排在第一位出场；2014年11月初起，每个夜晚，动画片的主人公艾莎（Elsa）将会使用她的魔力将迪士尼招牌——"灰姑娘城堡"变成冰雪宫殿。

这一系列的冰雪元素都大大增加了迪士尼乐园的入园率。2014财年

主题公园及度假村方面的收入增长了 7%，其中美国本土收入增长 8%，平均每位顾客的消费增长了 5%，游客容量增长了 2%。

2. 消费品：一条裙子卖出 4.5 亿美元

消费品板块虽然在迪士尼总收入中占比不高，却是衍生品开发的重头戏。消费品板块又可以细分为商品的授权经营、出版和零售。

商品授权经营涵盖了不同的商品类型，主要类型有玩具、服装、家居用品、家具用品、文具、饰品、健康美容、食品、鞋类及电子消费品等。

**在授权方面**，公司授予第三方使用迪士尼电影电视中的角色以及其他 IP 的权利，并按固定的比例从批发或者零售价格中收取版权费。同时，迪士尼也会以公司的经典角色、电影和电视节目为基础，设计生产具体产品，为零售商策划独特的主题性和周期性的促销活动。

**出版方面**，迪士尼出版世界（DPW）创作、发行、授权、出版儿童图书、杂志以及印刷或数字形式的学习产品，以公司品牌特许经营为基础的多国语言讲故事的 APP。DPW 还策划了迪士尼英语，在中国 9 个城市中建立 33 个英语学习中心，用迪士尼的相关内容营造出学习英语的环境和氛围。漫威出版社在北美以印刷和数字的形式创作出版漫画书，以及漫画小说形式的漫画书珍藏版。漫威出版社还授权把漫画书翻译成各个版本在欧洲和拉美地区印刷发行。

**零售方面**，公司通过以迪士尼命名的零售店，或者通过网店（DisneyStore.com 和 Marvel Store.com）在北美、西欧和日本等地，营销以迪士尼、漫威和卢卡斯电影为主题的周边产品。这些零售店一般坐落在大型购物商场或者其他商业综合体，拥有迪士尼各类商品的特许经营权，并且负责推广公司的其他业务。公司现在在北美有 210 个零售店，在欧洲有 73 个，在日本有 45 个。

有了庞大且完善的以上三方面作支撑，迪士尼的消费品收入主要来自授权公司电影电视中的角色及其他产权给第三方，允许他们用作商业用途；出版儿童书本、杂志、连环画等批发收入；在迪士尼自己的零售店中销售商品，网上销售商品收入等。

2014 财年授权和出版部分的收入增长 13%，零售及其他部分的收入增长 11%。《冰雪奇缘》对消费品板块的贡献最为显著。在形象授权方面，迪士尼授权中国的童趣出版有限公司出版了《冰雪奇缘》系列图书；2015年5月迪士尼（上海）有限公司授权北京"水立方"举办了以电影《冰雪奇缘》为主题的冰雕展体验日活动等。

就《冰雪奇缘》开发的消费衍生品，除了传统的化妆品、服装、玩偶、道具等系列产品之外，迪士尼还发布了16款全新的冰雪奇缘主题食品以及医疗保健品，包括新鲜的水果和葡萄、果汁、酸奶、家用OK绷甚至是牙线。女主角艾莎公主（Elsa）娃娃在美国售出了2600万美元。电影中主人公安娜和艾莎所穿的"公主裙"一共在全美售出300万条，该裙每条售价149.95美元——通过出售裙子，迪士尼就获得了约4.5亿美元的收入，而《冰雪奇缘》的北美票房也只有4亿多美元。

3. 互动娱乐：影游互动，共掘金矿

互动娱乐通过互动媒体平台，创作发行迪士尼品牌娱乐和生活方式等内容。互动娱乐的主要经营活动包括多平台游戏制作，面向世界发行的单机游戏、手机游戏和虚拟游戏，游戏和移动设备的授权内容，公司其他业务的网站管理和设计，以及迪士尼品牌在线服务的设计。

2014年财报，迪士尼的游戏收入从8.12亿美元增长到10.56亿美元，增长了2.44亿美元，主要是因为单机游戏的销售收入增长了24%，社交网络游戏及手机游戏的销售收入增长了10%。迪士尼互动娱乐部分的收入主要来自把多平台游戏卖给零售商和发行者的收入，小额交易和订阅费，授权迪士尼的内容给第三方游戏发行者、手机供应商，在线广告、赞助商广告收入。

《冰雪奇缘》大获成功之后，迪士尼随即就在智能手机、平板以及社交网络等平台开发相关游戏《冰雪奇缘：缤纷乐》（*Frozen Free Fall*）。此外，迪士尼旗下的游戏还包括迪士尼与皮克斯联手打造的《迪士尼：无限》（*Disney Infinity*）、漫威的《复仇者联盟》（*Marvel Avengers Alliance*）以及虚拟游戏《企鹅俱乐部》（*Disney's Club Penguin*）等。

4. 影视娱乐：动力强劲的火车头

如果把迪士尼的衍生品开发比作一列飞驰的火车，那么带动这列火车快速前进的无疑是火车头——影视产品本身。影视娱乐部门不单单是通过制作电影来赚取票房收入，还负责电影下档之后，录像带及付费电视等一系列的发行。

　　迪士尼影视娱乐部门要负责制作并购买真人表演及动画电影，专门的录像制品（direct－to－videocontent）、音乐唱片及真人舞台演出。迪士尼的发行主要依赖华特·迪士尼影业（Walt Disney Pictures）、皮克斯（Pixar）、漫威（Marvel）、试金石（Touchstone）以及卢卡斯影业（Lucasfilm）这些品牌。该板块收入包括票房收入，家庭娱乐、电视市场的发行收入，唱片发行收入、舞台演出门票收入以及实景娱乐新项目的授权收入。

　　细分来看，**迪士尼影视娱乐部门主要是五个部分：影院市场**（Theatrical Market）、**家庭娱乐市场**（Home Entertainment Market）、**电视市场**（Television Market）、**音乐集团**（Disney Music Group）**以及电影制作集团**（Disney Theatrical Group）。

　　**影院市场**（Theatrical Market）：迪士尼生产与发行真人表演电影以及长片动画电影，包括国内外影院市场、迪士尼影视发行、营销迪士尼电影。在 2015 财年期间，迪士尼预计会在国内发行 11 部迪士尼制作的影视片。截止到 2014 年 9 月 27 日，迪士尼累计发行了 997 部真人表演的故事长片以及 97 部动画故事长片。

　　**家庭娱乐市场**（Home Entertainment Market）：国内及全球家庭娱乐发行通常会在影院发行的 3～6 个月之后。家庭娱乐发行一般会以 DVD、蓝光以及电子格式发行。产品通常会卖给零售商，如沃尔玛、百思买，以及租赁渠道，如 Netflix。租赁的发行渠道一般会在家庭娱乐发行之后的 28 天后才开通。

　　**电视市场**（Television Market）：在家庭娱乐市场发行开始后不超过 1 个月的时间里，将影片授权给电视与租赁提供商，以电子形式传送给消费者——特定的租赁期（譬如 24 小时）。到 2015 年年末，迪七尼所发行（影院）的影片，Starz 均独家享有美国国内 Pay 1、Pay 2 以及 Pay 3 的电视发行权，Netflix 则将会获得至 2018 年底的所有迪士尼影院发行影片的独家国内付费电视发行权，包括 Pay 1 以及 Pay 2 窗口。

　　**音乐集团**（Disney Music Group）：迪士尼音乐集团包括迪士尼唱片（Walt Disney Records）、好莱坞唱片（Hollywood Records）、迪士尼音乐

发行（Disney Music Publishing）等。迪士尼音乐集团把迪士尼出品的影视原声唱片等授权给其他公司，用以数字发行、公开场合的表演等。《冰雪奇缘》的原声大碟的销量就打破了此前由《狮子王》在 1994 年创下的动画片原声大碟销量，以美国公告牌专辑榜非连续 11 周冠军的成绩，成为历史上获得最多冠军位置的动画片原声大碟。

**电影制作集团**（Disney Theatrical Group）：负责策划、制作、授权现场娱乐活动，已经制作授权《美女与野兽》《狮子王》等经典影片。迪士尼电影制作集团把公司的 IP 授权给 Feld Entertainment，开发《冰雪奇缘》的相关演出。在 2014 年 11 月，连续整整 1 周，在纽约布鲁克林的巴克莱中心上演一场名为 Disney On Ice：Frozen（冰上迪士尼：冰雪奇缘）的演出，吸引了大量观众。

迪士尼强大成熟的产业链，为其电影衍生品的开发提供了巨大的可能性。从利用人物形象的影响力吸引人们到公园游玩的门票收入，到片中主角的玩具、服装等衍生品，以及相关游戏的开发等，都完美地利用了电影的成功，把无形的影响力化为有形的财富。迪士尼的《冰雪奇缘》不仅收获了票房上的成功，在衍生品方面亦是创造了巨额收入，其核心在于迪士尼不仅牢牢拥有影片版权，而且有近乎完备和多元的版权开发、授权平台。

迪士尼构建出的独有的赢利模式——"轮次收入模式"，形成了独特的价值链体系，只要创造出自己独有的 IP，便可坐享其完整的授权产业链带来的一轮又一轮的收入。迪士尼强大的 IP 创造和开掘能力，构成迪士尼产业链的动力核心，形成了强大的"品牌乘数型企业"。

（三）迪士尼产业价值运营分析

迪士尼是一个独特的"品牌乘数型企业"，即用迪士尼品牌做乘数，在后面乘上各种经营手段以获得最大利润。迪士尼产业价值链的各部分通过彼此之间的相互影响与平衡来保证价值链总体价值的稳定增长。迪士尼在快乐文化背后附加上了完整的商业文化，将艺术彻头彻尾地商业化。

1. 盈利模式分析

迪士尼的"轮次收入"商业盈利模式：第一轮收入体现在迪士尼的电

影和动画大片的票房上；第二轮收入来源于这些已公映的电影和网络发行等所获得的利润；第三轮收入依靠主题公园增添新的电影人物或动画角色吸引游客，并使其乐于为童话般的完美体验支付消费；第四轮收入得益于特许经营和品牌授权的关联商品。此外，迪士尼一直在不断收购强势媒体，借助电视媒体的力量扩大迪士尼商品的知名度和影响力，环环紧扣，构造起边境的产业价值链与品牌价值链。

今天的迪士尼公司形成了五大事业部，这五大事业部实质上也对应着产业价值链的不同环节。

迪士尼影视娱乐是迪士尼产业链的动力核心，包括迪士尼电影集团、迪士尼家庭娱乐公司、迪士尼音乐集团和迪士尼戏剧制作集团。它不仅仅是迪士尼自产影视娱乐产品的内容平台，也是电影、音乐制作发行等整个流程强大的整合力量，其他公司的作品，也可以通过迪士尼影视娱乐得到成功运作。

迪士尼媒体网络是迪士尼影视娱乐的推广渠道，包括迪士尼国际电视集团、迪士尼—ABC 国际电视集团、"迪士尼在线"广播以及 ESPN 迪士尼互动媒体集团等。迪士尼涉足电视的起因是想借用电视等媒体推销迪士尼影片和迪士尼乐园，不过经过长期的发展之后，电视台、电台本身的效益开始凸显，目前迪士尼媒体网络已经成为迪士尼巨额收入的重要来源之一。

迪士尼主题乐园度假区与迪士尼消费品处于整条价值链的下游。迪士尼在全球拥有 8 个度假区、11 个主题乐园，还有两艘巨型邮轮——迪士尼海上巡航线，还有 ESPN Zone 主题餐馆、NHL 冰球队"巨鸭队"。作为全球最大的品牌消费品授权商，迪士尼在全球授权推出包括服装、家居装饰、玩具、食品、文具、出版、电子产品等 7 大类消费品。

迪士尼互动媒体则是迪士尼进入互联网的主要力量。成立这一事业部，一方面试图增加新的营销渠道，另一方面要把迪士尼影视娱乐的内容延伸到互联网上，打造网络社区、网络游戏，希望以此形成推动下游产业链环节发展的新力量。

立足于完整的产业价值链与空间价值链，迪士尼以"娱乐循环"的概念，构建出一套独有的赢利模式——"轮次收入模式"，也称作"利润乘数模式"。在这一模式运转之下，迪士尼以动画及电影为源头产品，将影视娱乐、主题公园、消费产品等不同产业环节演变成一条环环相扣的财富生产链。如图4—3所示。

★重要盈利点

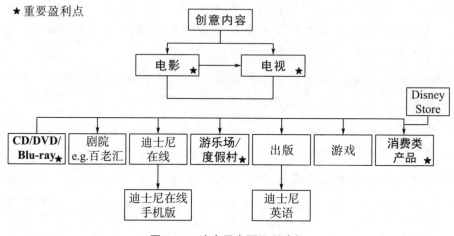

图4—3　迪士尼主要盈利路径

2. 迪士尼衍生品产业

从20世纪20年代的一把米老鼠图案水壶开始，衍生品逐渐成为迪士尼的主要盈利来源。据相关数据，早在十几年前，迪士尼授权的商品每年在中国的交易额已达4亿多美元。目前，中国各领域授权商有80余家，商品分布领域十分广泛。

美国加州迪士尼冒险乐园旁边有一条世界知名的购物街——迪士尼市镇（Downtown Disney）。这里的商店销售着不同主题的旅游商品，包括相册、纪念品、服装、玩偶等，这些商品均属于迪士尼公司，谢绝讲价，包装统一为蓝色背景的米老鼠图案塑料袋。迪士尼拥有自己的配货中心和巨大的商品储存仓库，源源不断地为这些购物商店"输血"。

以迪士尼市镇为代表的购物街只是迪士尼度假区的一部分。主题公园是度假区的核心部分，但是周边配套的购物街、酒店、俱乐部、水公园和各类运动场所等，同样不可或缺。迪士尼主题公园的产品开发策略是将主题公园建成一个完整的休闲旅游度假地，相互配套，互为客源。

在美国佛罗里达迪士尼世界的四个主题公园中，共有18座主题酒店、俱乐部、温泉和别墅，约有2.3万个床位，2个18洞高尔夫球场，1个

450 公顷天然湖，9 个网球场和一些有娱乐设施的露营地。

在迪士尼乐园，你通常只能喝到一种可乐饮料，就是可口可乐。这是迪士尼公司给可口可乐公司的"特权"，可口可乐公司在分享迪士尼乐园销售利润的同时，还要向迪士尼公司支付一笔不菲的特许经营费。

众所周知，迪士尼是全球最大的品牌消费授权商，迪士尼消费品部（简称 DCP）专门通过专利、特许经营等形式，负责迪士尼公司消费品的品牌开发、营销和授权业务。这意味着，只需将"小熊维尼"等形象出售，迪士尼公司就可以直接盈利了。除此之外，厂商赞助也是迪士尼的吸金武器，丰田、LG 等国际大公司都曾赞助过迪士尼乐园中的项目，他们在获得项目冠名权的同时，也会支付一笔费用给迪士尼公司。

3. 迪士尼衍生品的运营之道

迪士尼从不把创作出的动画形象看成一次性消费品，而是作为可长久消费的金矿去深度挖掘。迪士尼对衍生消费品有着系统性的规划和前瞻性的视角，在电影创作之初就已经开始规划相应的衍生品，迪士尼授权运营的 7 大类消费品，都深度延展着影视作品的价值源头，并形成紧密的关联性，保证影视角色形象能顺利地渗透到这些品类之中，这无疑是迪士尼价值链成功延伸的先决条件。迪士尼的内部有一种被称作 Gong Show 的活动，是迪士尼团队创新的重要组成部分。每周一次，所有的员工都会聚集到会议室，每个人都要提出建议，会议所涉及的范围和部门均不限。美人鱼可以放到哪里去？可以做成毛绒玩具，可以开发出一种饮料，可以做成……很多独一无二的创意，就在这样七嘴八舌的讨论中诞生。接下来，有人去和玩具商谈合作，有人去与饮料厂协商，有人去与服装厂洽谈……

衍生产品具有一定的生命周期，这也是迪士尼为何要在电影还在制作初期就介入生产的原因。在美国，迪士尼一部电影的排期可能早在前一年就初步确定，公司可以按照电影上映的日期进行倒推，在电影未上映之前就做大量宣传工作，并将商品上架进行同步销售。

通常消费品会在电影正式上映前的 6 周就开始投放市场，迪士尼最希望看到的就是当电影上映时，商品已经卖光。一部电影连同配角，往往有几十个到上百个人物，这些人物当然不可能全部都制作成商品，而是由电影部和消费品部协商后，确定其中的核心角色来制定衍生商品。比如《赛车总动员》内从主角麦昆到"路人"角色多达 217 个，最终消费品部确定其中 10 个左右重要且有个性的角色进行商品生产制作。

目前迪士尼在全球有 3000 多家授权商，销售超过 10 万种与迪士尼卡通形象有关的产品，在世界各地销售，在中国内地也拥有了 100 多家授权经营商。品牌授权已成为迪士尼利润的重要来源。

迪士尼的经营模式很难被复制，无论是经典的动漫形象，还是原创能力、播放条件等，但我们可以借鉴迪士尼创意产业在品牌塑造上的长期规划和投入，以及品牌塑造与维护的思路，这是特色小镇价值链及相关企业价值链构造的精髓所在。

### （四）迪士尼在互联网时代的颠覆式创新

深度探究迪士尼的价值链体系，可以发现迪士尼拥有很强的互联网思维，这才是这家公司得以基业长青的关键所在。目前迪士尼已形成了"IP＋媒介＋内容＋主题公园＋科技"的生态圈。

#### 1. 媒介才是内容和科技的交汇点

据年度财报显示，迪士尼 2015 年总收入约合人民币 3457.6 亿，这一收入水平超过了 2015 财年中国三大互联网巨头腾讯、阿里和百度（BAT）总收入之和。其主要收入来源并非来自备受关注的主题公园，主营业务中电影及网络业务营收占 44％，迪尼斯乐园度假村占 30.8％，电影娱乐占 14％。尽管迪士尼公司是一家拥有完整文娱产业链的公司，但最赚钱的不仅是迪士尼 IP 产品本身，而是一个 O2O 的媒介生态。迪士尼的新思维：**媒介才是内容和科技的交汇点！**

首先看看迪士尼都在干什么。迪士尼最为中国电影业及娱乐业所羡慕的恐怕就是其完备的**产业价值链布局——媒体网络**（Media Networks）、**主题公园及度假村**（Parks and Resorts）、**影视娱乐**（Studio Entertainment）、**消费品**（Consumer Product）**以及互动娱乐五大业务板块，为迪士尼的 IP 构建了可以流转、增值的生态版图。**

1996 年迪士尼以 190 亿美元收购了 ABC 以及其附属的电视网、ESPN **体育频道**等业务，目前这些业务仍然占迪士尼总收入的四成以上。

2005 年开始，迪士尼先后收购了苹果公司创始人乔布斯旗下的**皮克**

**斯工作室和漫威动画、卢卡斯影业**等，这些收购而来的公司目前贡献了迪士尼大部分的电影票房。近年来迪士尼动画片中大部分广受欢迎的新卡通形象都是由这些收购来的公司所创造的。

过去的十年间，迪士尼花费了 150 亿美元夺回曾一度被其牢牢占据的儿童市场。收购的皮克斯（Pixar）、漫威（Marvel）以及卢卡斯影业（Lucasfilm）让该公司拥有了各种当下流行的娱乐热点和父母们热衷的怀旧内容，也控制了主流娱乐节目的特许经营权。

与此同时，迪士尼近两年一直在尝试新渠道，投资视频网站 Hulu，与索尼 Playstation Vue 一起开设新付费频道，在英国推出自己的流媒体 APP Disney Life，并和阿里巴巴一起开发了互联网电视机顶盒"迪士尼视界"。

迪士尼和科技的关联，一直与乔布斯，也与硅谷相关联。迪士尼近年来一直邀请硅谷人士担任其独立董事，如推特的联合创始人杰克·多西（Jack Dorsey），思科（Cisco）前 CTO 朱迪思·埃斯特林（Judith Estrin）。早在多年前，脸书的 COO 桑德伯格（Sheryl Sandderg）和黑莓的 CEO 程守宗（John Chen）都是迪士尼董事会成员。更早之前，迪士尼收购动画制作公司皮克斯时，乔布斯是当时迪士尼最大的个人股东，皮克斯的加入，令迪士尼拥有了世界上最先进的 3D 动画制作系统，现在这套系统还在被不断更新发展。

迪士尼 CEO 罗伯特·伊格尔称，**迪士尼的战略重点是，利用最新的技术和平台来接触更多的人群，提升与消费者的关系，通过全新的视角提升消费者价值。**

迪士尼同时以独特的价值链战略思维进入硅谷，收购社交网站和移动游戏市场。2007 年，迪士尼斥资 3.5 亿美元收购儿童社交游戏网站企鹅俱乐部（Club Penguin），2010 年收购了 iPhone 游戏创业公司 Tapulous。

在 Tapulous 的基础上，迪士尼成立了移动部门，办公室设在加州。此后，迪士尼互动部门并入家庭游戏业务。在 2010 年，迪士尼又斥资 5.632 亿美元收购社交游戏开发商 Playdom。

迪士尼的科技敏锐程度十分强大，关注了 VR 技术：2015 年 9 月 22 日，迪士尼投资虚拟现实公司 Jaunt VR。迪士尼还和诺基亚达成合作，开始尝试使用 OZO 拍摄高分辨率的 VR 镜头，意图推动 VR 虚拟现实内容的发展。最新的消息，诺基亚的 OZO 已经进驻星战新电影片场，未来将带来更多形态的内容创想。

由此，可以看到一个"IP＋媒介＋内容＋主题公园＋科技"的迪士尼生态圈。

2. 流量思维：公园即体验入口，人即流量

据媒体报道，美国本土以及东京、巴黎、香港等地的 8 家迪士尼乐园也并非都能盈利。据香港迪士尼财报显示已经连续 7 年亏损，巴黎迪士尼 17 年经营中仅 2 年盈利。另一方面，美国本土的洛杉矶、奥兰多以及日本东京的迪士尼公园都大赚特赚，利润达到 10 亿美元。以东京迪士尼为例，其 2015 年的收入构成中门票仅占不到四成，而商品经营、餐饮住宿两方面各自贡献了约 30％ 的收入。

尽管如此，主题公园并不是迪士尼公司的主要收入来源。换句话说，迪士尼乐园相当于线下体验，其线上媒体及电影娱乐占收入的 58％ 以上。迪士尼乐园的不赚钱模式，就等同于**互联网免费模式，甚至是补贴模式**。比如上海迪士尼乐园开园后，若以相对保守的第一年 1000 万人次客流量计算，上海迪士尼第一年的收入将以 50 亿起步。

有意思的是，东方航空成为第一家与华特迪士尼公司签约全球合作框架的公共运输类公司。根据以往经验，每年迪士尼乐园的游客一般控制在 1300 万～1500 万人左右，其中航空运输带来的客流一般占到全球乐园游客人数的 20％～30％，预计将为上海迪士尼乐园带来 300 万到 400 万游客的增量。东方航空董波表示，东方航空预计将承接 200 万左右的游客，若以平均客票 1000 元/张推算，将至少为东航带来 20 亿元的营收增量，这也是迪士尼的流量思维。

3. IP 思维：内容即入口，媒介即延伸、行动

**迪士尼核心是"IP＋内容＋媒介"的产业价值链生态系统。**

迪士尼电影的收入除了票房，更多的是体现在媒介延伸上。《冰雪奇缘》《疯狂动物城》就是典型案例。

据媒体报道，《冰雪奇缘》的"公主裙"不到一年时间在全美大卖 **300 万条，收入约 4.5 亿美元，超过总票房收入的 1/3**。迪士尼精心构建

"冰雪"衍生品帝国，来应对更多的消费与体验需求。"冰雪奇缘"主题景点也登陆迪士尼乐园，成为吸引人流的景点。

另一部电影《疯狂动物城》正在热映时，其周边产品"朱迪"手机壳、胡萝卜录音笔就开始热销，甚至脱销。电影里出现过的胡萝卜录音笔，在美国亚马逊官网定价 21.81 美元。这个录音笔内置了 14 段不同的兔警官朱迪台词，还能够录制最长一分钟的音频，很受欢迎。

这就是典型的"IP＋内容＋媒介"的产业生态，故事内容、视觉化表现变成流量入口；媒介即延伸、行动，电影内容即营销，其衍生消费品热卖是自然之事。2015 年 12 月 15 日，迪士尼宣布与阿里巴巴合作推出迪士尼视界，正是互联网思维推动的结果。

4. 科技思维：是想象力，也是驱动力

电影自诞生的那一天起，就与科技相关，迪士尼也不例外。迪士尼是一个"娱乐王国"，同时也是一个科技帝国。

迪士尼创始人华特·迪士尼说："只要世界上还有想象力存在，迪士尼乐园就永远不会关门。"其实，想象力与科技密切相关。比如上海迪士尼就运用了许多先进科技，有些甚至走在当今世界的最前沿。迪士尼不光有童话，还有"黑科技"。比如《劳动报》披露，土质安全就是一个最具代表性的例子。例如现在的迪士尼乐园所在地，原先是大面积的农田、民宅、厂房和 160 多条河流。按照美方的要求，这个区域内的农田、建筑遗址的土壤和河流中的水，都要进行包括重金属指标在内的总共 30 多个指标的严格检测，稍有问题都必须清除运出并进行无害化处理。用一些专家的形象化说法是：清理后的迪士尼乐园的土质，能做到小朋友万一误食也不会出问题的程度。另外，全球首发游乐项目"创极速光轮"、采用"裸眼 3d"技术的"探险岛"、由华特迪士尼幻想工程所开发的创新型动态驾乘系统、"翱翔·飞越地平线"还开创性地使用了一种顶尖摄像系统，其分辨率已达到全球的最高水平。其他黑科技还有黑光漆、可雕塑环氧树脂、磁悬浮，等等。

所以，可以说迪士尼不仅擅长兜售梦想，也擅长运用超级科技。将黑科技应用到玩具制造，直接把星球大战搬进现实生活。网上有很多人对 Playmation 穿戴式玩具、AR 涂色书、VertiGo 机器人、BB－8 机器人、

EM－Sense 智能手表等黑科技玩具印象深刻。近期，迪士尼申请了名为 "Near Instantaneous Object Printing Using a Photo－Curing Liquid"（液体光敏树脂的近瞬时打印技术）的专利，这项技术极大地缩短了 3D 打印的耗时。

迪士尼还开始了对 VR 领域的研究，将来会把 VR 技术运用在游乐园内场景、电影视觉效果、娱乐体验等领域。

总之，迪士尼的颠覆性创新思维，让人们看到迪士尼价值链的不断延展与提升，形成了 "IP＋媒介＋内容＋主题公园＋科技" 的生态圈。IP 是原点，用于满足用户核心需求，媒介即延伸，行动、内容即传播，主题公园即体验，科技即驱动力。

最后，将迪士尼的愿景、使命和价值观抄录如下，让中国企业、政府以及特色小镇建造者借此思考价值链的价值系统：

迪士尼公司愿景：**成为全球的超级娱乐公司。**

迪士尼公司使命：**使人们过得快活。**

迪士尼公司价值观——**极为注重一致性和细节刻画；通过创造性、梦幻和大胆的想象，不断取得进步；严格控制、努力保持迪士尼的 "魔力" 形象。**

（案例根据互联网资料及相关学术资料，经作者调整修改完成）

# 本章思维建构

　　本章通过企业视角，重点研究企业进驻特色小镇的考量因素及风险的规避，企业在特色小镇中的价值获取，以及企业进驻特色小镇的合作模式等问题。针对特色小镇价值链，企业需要从自身的价值获取视角审视特色小镇，并从特色小镇发展过程中获取价值并提升价值。本章分为两节，第一节主要阐述企业进驻特色小镇的动机、主要考量因素、实现路径、价值协同模型与价值获取模式，重点阐述企业对于特色小镇价值增值的控制模式，以及价值链与特色小镇价值有效融合等内容。

　　第二节阐述了企业进驻特色小镇的投融资合作模式，突出考量产业流、信息流与资本流的有效融合，侧重论述投融资的资本来源与基本融资结构；并以企业视角，对特色小镇的投融资模式进行设计，构想特色小镇的投融资规划，对特色小镇项目的运作操作模式进行了重点论述。

　　关于本章概念体系及"企业视角：企业价值链在特色小镇中的价值获取与提升"的思维建构如图4—4所示：

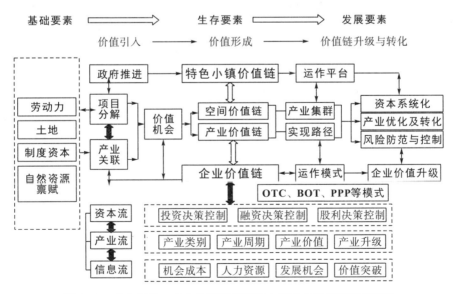

图4—4　企业视角：企业价值链在特色小镇中的价值获取与提升

此外，本章以价值生成的基本概念及企业价值链为基础，结合企业对外投资理论以及第一章提到的相关理论，重点论述企业进驻特色小镇侧重考量产业、资源、制度三大价值核心，并对企业的价值实现路径，价值获取、价值增值控制、价值链融合等问题，构造新的思考范式。

# 第一节　企业进驻特色小镇的考量因素与价值获取

特色小镇经过近几年的发展逐渐走入"冷静"阶段。现阶段，有些人热情依然，有些人隔岸观火，但更多的人已黯然离场。小镇还能开发吗？为什么地产企业的开发热情高于产业类企业？是什么原因导致特色小镇政府诚意邀请产业类（包括制造类、科技类等）企业，却收效甚微？企业进驻特色小镇，该从何种角度入手？进入特色小镇的企业又如何获取价值？

本节就以这些问题为核心，挖掘企业在特色小镇的价值获取。

## 一、企业进驻特色小镇的核心视角

企业进入特色小镇的原因，一直是困扰众多企业与特色小镇政府的根本性问题，产业类企业对这个问题更是困惑。国内对于特色小镇的研究多集中在政策与资本使用模式的研究层面，从企业角度出发的研究成果与相关文献则相对较少。

笔者认为研究企业进驻特色小镇的动机及价值获取有非常重要的实践意义。研究中既需要借鉴国际特色小镇中企业参与特色小镇发展的相关经验，又需要转变过度关注成本导向、风险回避、资源利用的常规理论思维。**需要从价值链视角，重点研究企业进驻特色小镇的动机**，注重研究其**进驻模式的选择以及对特色小镇价值的获取**。企业一旦选定特色小镇的进驻模式，在一年内甚至几年内就不能轻易变动，因为每种模式都代表特定的资源使用模式、风险承担和合作控制程度。一旦改变，将带来高昂的转换成本，不但会导致特色小镇推进乏力，而且还会增加巨大的机会成本，企业可能会因此丧失优越的发展机会。

### （一）进驻特色小镇的动机

**推动核心点：**

企业进驻特色小镇，一般有两种模式：一是项目合作，主要包括基础建设需求、地产开发需求、公共设施合作需求等；二是产业合作，对特色小镇的主要发展产业进行产业聚合。两者都有进驻特色小镇的机会，只是两种模式中企业的类别和需求目标并不相同。

项目合作会吸引包括建筑工程类、水电工程类、地产类企业，这些企业在资金风险可控的情况下，相对比较热衷参与特色小镇的项目合作，这与产业的属性和目标需求有直接关系。相比产业合作，项目类合作内容简单，流动性强，跨区域合作难度较小，资本回收目标清晰且价值较高，这也是地产类企业比产业类企业更热衷投资特色小镇的原因之一。

产业合作在特色小镇推进过程中则显得困难重重。这类企业主要由不同规模的产业类企业及产业链关联企业聚合而成，其对于进驻特色小镇存在巨大的担忧，集中表现为对进驻特色小镇缺乏理论支撑，缺乏价值获取能力，更缺乏实践经验。

**作者观点**

企业进驻特色小镇过程中存在被动进驻与主动进驻两种状况，无论何种进驻状况，都需要以价值链理论（包括价值链升级、转换）、对外直接投资理论两个主要理论为基础，涉及企业进驻特色小镇的动机、行为、绩效等。核心是资源禀赋、土地、劳动力与制度资本四个基本要素所形成的价值链体系（突出产业流、信息流、资本流），即突出产业、资源、制度三大价值观念，构造企业进驻特色小镇的战略构思。

企业进驻特色小镇的目的就是获取价值，即对外投资理论中的两个动机：资产利用和资产寻求。因此，可以重点从交易成本、战略动机（包括学习、成长、资源占有等）以及政策制度等三个不同视角切入。

国际上很多企业进入小城镇的目的都是基于价值获取，比如国际市场上优秀产业类企业向一些位于欠发达地区或者新兴经济体的城镇进行产业投资，且投资额度不断攀升，其主要原因就是依托资产利用获取有效的价值资产。这种价值资产包括所有权资产，也包括互补性资产，或与拥有互补性资产的异地企业进行有效战略合作，从而进行价值链整合。比如"关系网络"——网络体系由区域供应商和客户组成，通过建立品牌、获得人力优势、创新产业技术、形成广泛的分销网络，从而提升投资企业的价值获取能力。

另一方面，就是资产寻求，侧重利用企业本身的资源、能力与优势对特色小镇等区域进行投资，以获得更多价值。有一个核心引导因素叫**战略动机，即对投资动机的战略决策**。战略动机会对外部因素，比如政府政策因素，在一定程度上做出顺从的响应，以获得企业发展的机会。同时，作为一种战略决策，企业进驻特色小镇，需要考虑企业内部的体系压力，包括由制度流程、企业文化、管理风格等形成的内部管理体系，甚至以往的对外投资经历和经验教训、进驻特色小镇的合作偏好等，这些因素所构成的内部战略需求，对企业进驻特色小镇有着巨大影响。

企业进驻特色小镇，需要获取各种类别的价值形态，包括利用企业自身的价值优势，与特色小镇的产业要素、空间要素相结合，将企业的特定优势有效地转移到特色小镇；也包括获得本身缺乏且难以通过市场交易而取得的战略性资产——政策资源、管理能力、区域市场以及投资目的地拥有的其他稀缺资源等。战略资产目标能否实现，很大程度上取决于特色小镇对企业需求的满足程度。

1. 企业进驻特色小镇的三大考量要素

企业参与特色小镇的发展，最关注的应该是"企业进驻特色小镇的重要考量因素"与"企业在特色小镇的价值获取"两个核心问题。

企业（甚至地产企业）不愿意参与特色小镇的发展主要有八个原因：一是发展路径不清晰；二是资金压力过大；三是整体开发周期太长；四是资金回笼速度慢；五是开发内容太多，过于复杂；六是对特色小镇市场发展潜质没底气；七是担忧后期运营；八是无法挖掘主要盈利点。这都反映了特色小镇发展的价值引力不足的问题，更反映出企业进驻特色小镇缺乏有效的考量工具与价值链运营思考。

**价值要点：**

企业进驻特色小镇投资，无论是"主动投资"还是"被动投资"，其核心目标是"价值获取"与"价值转型"，并以此带动特色小镇"价值转型"与"价值增长"。企业必须考量投资回报比、市场、未来发展、当地环境、发展周期等因素，并以此为基础，重点整合产业价值、资源价值和制度价值三大核心要素，并从产业价值链特征、企业价值链特性、区域资源与制度差异等几个方面重点考量，对是否进驻特色小镇市场，以及进驻模式进行评估。基于产业流、信息流、资本流的企业价值链对应的三大考量因素，对于企业进驻特色小镇都不可或缺，任何因素的缺失都要谨慎评估，防止重大进驻风险。

特色小镇的"产业价值"考量，重点参考产业经济学相关理论，需要注意企业进驻特色小镇的价值模式与产业关系，突出产业价值的结构影响因素，比如需要考量进入障碍、市场中竞争者与合作者的数量、市场中竞争者与合作者的规模等因素，这都影响企业进驻特色小镇的行为，并对企业进驻特色小镇价值控制模式的选择起到决定性作用。有研究显示：产业的变化有助于推进企业进入新市场合作模式和绩效的考量。

特色小镇的"资源价值"考量，可重点参考资源基础论等相关理论，注意企业进驻特色小镇的决定性因素，注意外部资源与企业自身所拥有的资源与能力的有效匹配。企业积累独特、优势的资源是形成企业竞争优势的主要途径。优势资源包括公司的特殊能力、整合资源能力等，例如专利设计、流程，以及公司的组织学习能力等。企业进驻特色小镇除了产业价值因素的考量外，还需企业独特能力与特色小镇价值要素相匹配。实际上，具有独特资源的企业之所以能从有效业务单元（包括地域资源价值和产业资源价值）中获得高额回报，其价值主要来源于规模经济和范围经济。

特色小镇的"制度价值"考量，可重点参考制度理论与当地政府对于特色小镇的扶持政策，对于中国的政府管理体系尤其要重点考察。无论产

中国特色小镇 The Chinese Characteristic Town

业类、文旅类还是农业类的特色小镇，进驻企业都会面临管制维度（Regulative Dimension）、规范维度（Normative Dimension）和认知维度（Cognitive Dimension）三种类型的制度环境因素的影响，这对企业是否进驻与进驻方式的选择有巨大的影响。下一部分还将重点论述这个问题。

## 作者观点

> 企业进驻特色小镇必须基于企业自身的价值链，重点考量产业价值、资源价值和制度价值三大核心要素，建立符合自身发展需求并与特色小镇价值相匹配的价值模型。在特色小镇的发展浪潮中，企业要学会规避风险，寻求机遇。

众多企业进驻特色小镇都以交易成本最小化作为重要的考量目标，突出的考量要素是投资回报比，重点关注外部要素，而企业价值链的价值创造过程却被忽略。其实，以企业价值链为核心重构企业在选择中的主体地位、企业的资源禀赋和资源配置能力，才是企业主动参与特色小镇发展的战略动机，才能规避成本核心的缺陷，构造价值效率优化导向的发展构想。

**价值要点：**

企业价值链在特色小镇中的有效使用是基于产业价值、资源价值和制度价值三大核心要素，应突出企业进驻特色小镇的综合资源、战略动机、价值控制变量、制度资本四个关键因素，并以此作为企业在特色小镇价值生成的基本要素，形成相互关联的"产业价值链"与"空间价值链"，从而提升价值、降低风险。

战略动机、企业资源强度、特色小镇资源引力、价值控制变量、政府制度政策都影响企业进驻特色小镇的选择、进驻模式的选择以及价值获取模式的选择。对企业进驻特色小镇的各影响因素中，战略动机的影响最大，其次是企业资源强度、交易成本，合约风险也有非常显著的影响，不可以忽略。

企业自身的资源决定了对特色小镇的产业投入以及价值增值控制程度

的决策；战略动机、价值控制变量通过与特色小镇及相关企业的资源交换，共同影响产业价值的发展程度。基于价值链的价值挖掘，是为了在特色小镇投资中保持和增强企业的竞争优势，并通过创新的视角，将资源的可转移性与战略利用动机、资源的强度与战略开发动机等因素紧密结合，从而促进产业价值与空间价值，构造特色小镇企业进驻模式与价值管理模式。

2. 企业进驻特色小镇需突出政府制度价值考量

特色小镇建设是中国城镇化转型过程中一个重要的阶段。因此，它既有原有中国城镇化发展的印记，也有新型城镇化发展的期许。在发展过程中，政府推动的作用不可回避。由于中国政府的体制特点，其针对特色小镇的制度环境，对于进驻企业的经营行为主要会产生以下四个方面的影响：

（1）特色小镇政府对于稀缺资源的控制

中国正处于经济转型的关键时期，各级政府掌握着大量企业赖以生存和发展的稀缺资源，也正是因此，国有企业和城镇辖属企业成了这些优质资源的承接者。虽然随着市场化政策的推进，政府对企业的作用已经削弱，但在市场化程度、资源管理等方面与市场导向依然存在一定差距。作为城镇化发展的新生事物——特色小镇，受到政府结构的影响尤其明显。因此，参与特色小镇建设的企业，绝大多数是地方性主导企业或大型国企，其开放程度受到极大局限。

特色小镇政府在许多层面上会对企业进行干预。因此，处理好企业与政府的关系就成为企业经营运作中非常重要的环节。对于这个关键环节需要做好两方面的风险预估：一方面是特色小镇政府的政治和司法体制，以及体制下的人际关系处理；另一方面是特色小镇政府对企业发展所需的重要资源的控制，如对关键资源（如土地等）的控制，行政审批的手续，对企业经营范围的规制，产业政策等。越是经济不发达的特色小镇，政府对资源的控制就越明显。而当地政府引入企业资源的意向越明确，其前期政策松动的状况越明显。

（2）特色小镇政府对于企业决策和经营的干预

中国经济改革的一个重要目标就是下放经济决策权给企业，以提高产

权效率。改革可以有效增加企业的经营自主权。政府对企业决策的干预虽然有所降低，但在实践过程中会发现，不同规模和性质的企业受政府干预的程度和范围存在明显差异。

现有众多国有企业在公司治理模式中保留了部分计划经济体制下的行政结构，其经营决策主要基于国家和政府的偏好。私营企业的发展要求明晰的产权结构和健全的市场法规。此外，私营企业的组织结构充分体现了市场效率原则，这也与政府部门的发展需求存在一定冲突。因此，很多特色小镇的上级政府为响应国家关于特色小镇的发展号召，积极主导地方辖属企业及国有企业"拉郎配"，最大限度地放开政策，释放优势资源，让国有企业及地方直属企业进入与自己产业不相关的产业，进行被动产业投资。这导致一些国有企业及地方辖属企业为了迎合和满足地方政府官员的政绩需求，不得不经常投资新项目、新工程。

（3）国家政策与地方政策的不连续性

中国的改革是一种长期的渐进式改革，特色小镇就是渐进式改革的产物。特色小镇主要采用"摸着石头过河"的方式，由于缺乏历史经验，由于要应对区域发展的复杂性，国家颁布的主要政策及法规往往具有较大的波动性和不连续性，地方政策也存在巨大的差异，这种现象在特色小镇的建设过程中表现得尤其明显。

基于以上情况，一些企业通过人情关系和各种非正式协议与政府部门建立广泛的互惠网络，以减少政策环境不稳定而造成的负面影响，同时最大化套取区域资源。在推进特色小镇建设的过程中，会采用多种合作模式，以减少政策不连续性所带来的风险。在特色小镇发展实践中，企业多采用介于市场和政府之间的关联治理结构，即混合所有制组织，比如成立SPV公司（特殊目的公司）、PPP，甚至特殊利益输送等方式，通过地方政府的保护主义措施大大节约交易费用，提升企业价值，以弥补市场制度的缺陷，降低环境的不确定性，增加组织的效率和持续性。

（4）特色小镇政策实施的范围

在不稳定的特色小镇发展环境中，特色小镇政府官员可以为进驻企业提供重要的"政治资源"，或者说是"制度资本"。因此，与政府保持良好的关系，将会是特色小镇进驻企业非常重要的竞争优势；相反，缺乏政治敏感性的企业在中国不太可能做大。

因此，企业进驻特色小镇，要有目标明确的战略动机。企业可以充分利用与政府的广泛接触，进入特色小镇开发建设及相关产业领域，并通过产业及项目的经营、运作，建立与特色小镇政府及上级政府相互关联的利益联盟，从而减少来自政府的风险与不确定性，并且可以降低与政府的沟通成本。

（二）企业进驻特色小镇的价值目标选择与实施

虽然企业进驻特色小镇只有项目合作与产业合作两种方式，但企业进驻的目的却大有不同，分为主动进驻与被动进驻。

就主动进驻而言，存在两种情况：一种是想借助政策因素，以最小成本在特色小镇"摸一把"，然后离场；另一种则是结合企业自身的战略需求，主动进驻特色小镇，并形成企业新的价值优势。

就被动进驻而言，也存在两种情况：一种是与特色小镇政府或上级政府存在明确的价值关联，被政府强行要求进驻特色小镇；另一种是因产业转移以及原有地方政府的产业驱逐，被迫选择特色小镇。

1. 企业进驻特色小镇的价值目标

虽然企业进驻特色小镇都源于一定的政策性导向因素，但是进驻企业都有着价值获取或者价值优化的企业目标。这与特色小镇的"特色"价值有直接的关系，比如技术进步、日益激烈的企业竞争、新市场的价值空间、灵活多变的企业资产获取或者政治资源获取方式等，只有存在此类因素才能促使企业进驻特色小镇。

**推动核心点：**

企业进驻特色小镇是由企业特定的优势所推动的，也是由区域的资源和优势所拉动的。从企业发展角度来看，进驻特色小镇的目的要么是企业的战略转移，要么是企业的成长扩张。特色小镇所承载的功能则是帮助企业由小及大、由弱及强、由低级至高级的发展、壮大的过程。这种扩张过程包括资本扩张、产业扩张、空间扩张等形式。

特色小镇作为空间载体与产业载体会有效承接企业及产业集群的扩

张。企业在发展过程中，会寻找更合适的生产场所、市场区域，战略性的发展空间也随之在特色小镇建立起来。在实践过程中，尤其注意召集优质待转型的企业。通过新区域的转化实现产业转型及价值升级。这些企业的产业转移，除了源于原有区域的地价飞涨、用电紧张、工资上扬等方面的"推力"外，特色小镇也可以利用经济资源与产业发展差距所提供的成本节约与市场拓展机会形成有效的企业"拉力"。

## 一个案例——富士康公司的产业转移

富士康公司离开深圳，很多人感觉非常惋惜，因为富士康公司的离开会导致深圳 40 万个产业岗位丢失。但富士康公司离开深圳也是一种必然，只是时间的问题。这与城市的发展结构、城市管理体制等因素息息相关，也是特色小镇等新兴发展区域接收产业转移的必然趋势。

进入 21 世纪之后，国际、国内经济形势剧变，富士康公司等类型企业面临日益沉重的生存压力。摆在这些企业面前的只有两条出路———转型升级或者区域转移，否则就得走向倒闭。根据迄今的调查，多数面临转型升级压力的企业都逐步走向区域转移。

富士康也面临转型或迁出的选择，这是基于内外交迫的压力：①成本压力：利润微薄；②竞争压力：生存困难；③政府施压：优惠政策难以为继，包括深圳土地成本急剧上升以及其他优惠政策（水电优惠、税收政策优惠）的丧失。

转型升级与区域转移两者之间存在相互替代的关系。在现行的城市发展框架以及官员晋升激励体制下，政府一般不鼓励企业升级，却积极促成企业的迁入/迁出。就在地方政府的一推一拉影响之下，企业纷纷放弃升级，转向迁移。

与深圳的表现不同的是，内地政府各显其能地招揽富士康公司前去投资。迁入地区与迁出地区地方政府对富士康公司态度的强烈反差，其原因之一就是内地地方政府（包括特色小镇政府）的**逆向寻租，其目的是迅速刺激 GDP 增长，并带动财税增长。最主要的是富士康公司及其上下游配套企业的到来，不仅为劳动就业带来量的利好，还将提高就业质量，对企**

业召集起到示范效应……富士康公司的到来可以为城镇带来明显的经济效益，会给相关的物流产业、交通、地产等产业带来巨大的变化。

河南黄江镇的发展就得益于富士康公司的到来——GDP、出口额、就业率、税收等都大幅增加，同时还撬动了相对较弱的IT产业。黄江镇党委书记、人大主席杨礼权说："富士康是一个大公司，投入也比较大，先后投入一两亿美元。它来了以后，对电子工业的推动也是比较大，因为这么大的公司它不光是生产，它还有比较强的研发团队，特别是它的产品量也比较大，我们希望它的加入能够对我们其他企业的推进有很大的帮助。"

富士康公司也在产业转移中获得了巨大的实惠。在劳动力价格方面，在厂房用地、税收减免、配套设施的建设等方面都获得了巨大的收益。在残酷的产业竞争中，企业只有获得最大产业价值，才能产生有效的成长价值。

## 关于富士康公司离开深圳进驻河南郑州的延展知识
## 大城市发展潜质与特色小镇的机会——城镇人口流入流出的机会价值

有学者认为，决定一个城市人口聚集规模的关键是城市经济规模同该城市与本国其他地区的人均收入差距。借鉴世界经济合作与发展组织（Organization for Economic Cooperation Development，OECD）的计算方法，将区域收入差距，用区域经济份额与区域人口份额的比值来表示。当该比值趋近于0时，表示该区域人均收入远低于全国平均水平，人口很可能呈现净迁出状态；当该比值等于1时，表示该区域人均收入等于全国人均收入，人口没有净迁出；当该比值大于1时，表示该区域人均收入高于全国人均收入，人口呈现净迁入趋势。通过这个指标，可以看出一个大城市地区将来的人口迁入或者迁出趋势。

从全球情况来看，高收入国家50万人口以上城市功能区的"经济—人口比值"的中位数为1.01，平均值为1.07。在500万人以上的城市功能区中，"经济—人口比值"的中位数为1.67，最小为0.93，均值在1.27。当前北京、上海的"经济—人口比值"高达1.9以上。这个指标说明这些城市的人口数将继续增长。人口增长和城市逐步进入郊区化的状态相叠加，使得人口向郊区迁移成为可能。其他要素如产业、资金等随之向外扩散，这些都为小城镇发展提供了机会。如果将特色小镇比作承接大城市向外扩展的领头羊，那么这种趋势就是特色小镇在大城市郊区和产业承接地区发展的大好时机。

综上所述，企业进驻特色小镇的主要影响因素是产业价值、资源价值和制度价值。有学者**对企业进驻新区域的非制度性影响的重要性进行测试，发现资源利用、产业资源、合约风险、市场资源是四个主要影响因素。这与企业的价值获取与价值目标实施相对应，分别为：资源利用—战略动机，产业资源—企业资源，合约成本—交易成本，市场资源—企业资源。**

2. 企业进驻特色小镇的价值目标实施——战略动机、协同发展

（1）企业进驻特色小镇的战略动机

企业进驻特色小镇，需要有一个重要的价值目标，就是战略动机。战略动机是指在日益增强的经济一体化与联盟合作的环境中，考虑进驻模式时应加入战略。企业进入区域外市场的战略动机会影响其对进驻模式及战略实施步骤的选择。

**价值要点：**

企业进驻特色小镇首先强调战略动机，主要是企业主动整合价值资源，而不是简单的特色小镇资源因素的使用。企业进驻特色小镇的战略动机考量，主要是有效匹配特色小镇内的各类价值资源，包括产业价值资源、空间价值资源、劳动力价值资源、环境价值资源等。

将不同的战略动机与价值资源的不同维度相联系。从维持及发展企业竞争与合作的优势入手，进行与价值资源利用和价值资源可转移性相匹配的价值链优化与升级，从而增强企业进入特色小镇的竞合优势，达到企业优质资源获取以及可持续发展的目的。

（2）企业进驻特色小镇的协同发展三角战略模型

基于企业的战略动机，可以针对特色小镇构造具有协同发展效应的三

角战略模型（以 Madhok 于 2002 年提出的模型为基础），如图 4－5 所示。
**该战略突出了交易价值、资源价值和治理结构价值三个方面，反映特色小镇协同战略是否匹配。**

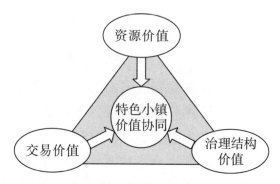

图 4－5　特色小镇三方价值战略协同模型

**推动核心点：**

战略协同模型中的交易价值，是指特色小镇协同各方在交易环节中的成本价值，包括资产对等价值、契约执行价值、监督成本等要点内容。

资源价值指特色小镇基于资源禀赋、劳动力、企业资源等要素产生的关联价值，包括资源的属性、资源的保护、资源的使用等。

治理结构价值指根据资源价值和交易价值确定企业、企业间、企业与政府间的具体管理模式，包括企业的边界问题，企业内部与外部的管理形式等方面。治理结构价值是联系资源价值与交易价值的桥梁。

特色小镇中的企业价值协同强调资源价值、交易价值、治理结构价值三者之间的匹配。三者之中资源价值是模型的主导和驱动因素。三种价值协同是基于特定资源价值如产业价值、环境价值、空间价值等价值依赖，由拥有资源价值的特定企业将其应用到特定交易价值中去，而如何获取价值、协同价值则取决于治理结构的价值体系。

3. 企业进驻特色小镇的价值思考模型

结合上述要点论述，可以以产业价值、资源价值和制度价值三大核心要素为基础，有效建构起企业进入特色小镇的思考路径，如图 4－6 所示。

中国特色小镇 The Chinese Characteristic Town

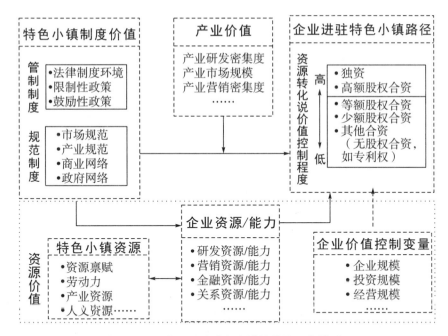

图 4-6　企业进驻特色小镇的价值思考模型

**价值要点：**

在企业进驻特色小镇的价值思考模型中，突出企业价值链在整体思考模型中的中心位置，并突出产业价值、资源价值和制度价值三大价值要素对于进驻的价值影响，从而确认企业进入特色小镇的主要模式。进驻模式的选取，会受到企业规模、投资规模、新区域经营经验、特色小镇发展阶段等因素的影响。

企业进入特色小镇的合作模式，侧重点主要为企业对特色小镇资产投资的资源承诺和控制权决策。控制程度分为两个层次：基本层次和高级层次，主要以股权结构为衡量标准。关于企业的资本投入方式及合作模式等问题则在下一节重点论述。

## 二、企业进驻特色小镇的价值获取

企业进驻特色小镇不仅要考量是否可以进驻，更要考虑建立企业进驻特色小镇的价值思考模型。在此基础上，企业还需要针对进驻后的价值获取、产业转化以及产业可持续发展做好相关的战略准备。毕竟不是所有企业都适合进驻特色小镇，特色小镇对于企业而言也不是快速赚钱的工具，反而很有可能会成为众多企业的发展陷阱。

### （一）企业进驻特色小镇需要以企业价值链为基础，建立持续性发展战略

企业一旦决定进驻特色小镇，除了选择有效的合作模式与发展模式外，最主要的是3～5年内不能轻易退出及随意调整发展模式，因为每一种战略决策以及发展模式都代表了特定的资源价值需求、风险承担和价值链控制程度。一旦调整与改变，将带来高昂的转换成本。当然，错误的特色小镇进驻模式会带来巨大的机会成本，企业可能会丧失优越的发展机会，甚至丧失成长良机，陷入投资风险，并使企业的发展绩效和后续存活受到重大的影响。

为此，企业进驻特色小镇一方面要科学，另一方面要谨慎，更重要的是要有明确的战略判断。要对企业的发展策略、组织结构的设计以及产业发展做好有效的融合。要对特色小镇投资决策中的战略、环境、政策、交易因素等外界因素做好考量。要做好未来发展计划与风险评估体系。

虽然企业在特色小镇的价值获取，是一个动态的价值转化过程，但是可以通过企业价值链的各环节挖掘可持续发展的价值优势。

**推动核心点：**

基于企业价值链，针对特色小镇的动态发展构成，将企业的价值获取和企业战略协调结合起来综合考虑，从企业的资源价值持续获取和价值有效配置角度研究企业在特色小镇中长期的资源获取，这样企业既可以有效获取短期价值，又可以兼顾长期价值。

## 一个案例——佛罗里达州的奥兰多迪士尼乐园小镇

美国佛罗里达州的奥兰多迪士尼乐园小镇，是一个通过项目运作成功的小城镇发展典范。第一，迪士尼以自身价值优势，结合奥兰多的土地及人口等相关优势，整合企业资源与区域资源，构造了奥兰多迪士尼乐园，极大地提升了奥兰多的形象，同时优化提升了迪士尼的整体资产与渠道资源。第二，迪士尼大型主题公园融合了产业价值体系，通过奥兰多迪士尼乐园做到了多业融合，并以小镇为基础，为消费者提供全面的消费需求，优化了产业价值链体系。第三，通过迪士尼大型主题公园的建设改善了地区的基础设施建设，做到了资源的转化，提升了小镇的空间价值链体系。第四，迪士尼大型主题公园小镇的各种活动改变了区位条件，改善了企业的经济外部性和商业环境，创造了开放性的经济扩展模式。第五，政府对于迪士尼大型主题公园的大力支持与协助，表现在税收、协助推广、服务跟踪等方面。虽然短期内损失了局部利益，但是获得了协同发展，也促进了区域经济及产业的综合发展。

通过长期的发展，佛罗里达州的奥兰多迪士尼乐园小镇，以企业自身资源价值优势与区域的资源价值优势相匹配，结合"产业价值"和"制度价值"，创造了企业、政府、区域人口、产业体系长期协同发展的共赢局面。

迪士尼公司在推动佛罗里达州的奥兰多迪士尼乐园小镇中起到了绝对的主导作用。实际上，企业在推进这个项目时，进行了很细致的产业价值定位、市场研究。为了保证好项目的绝对优势，企业做了详细的项目投资战略规划，构想了明确的投资金额、投资周期、盈利模式及风险规避的方式，也在开园后得到了明确的回报。迄今为止，佛罗里达州的奥兰多迪士尼乐园小镇还是迪士尼公司持续盈利的项目之一，这得益于公司前期对"产业价值"与"资源价值"（企业资源与区域资源等综合资源）的充分考量。另外，良好的政企合作关系，也促使企业在推进中最大限度地得到了政府与民众的支持，有效激活了潜在的"制度价值"，促使政府帮助企业做好产业支持、资源整合、政策配套、服务优化等工作。

在佛罗里达州的奥兰多迪士尼乐园小镇的案例中，除了企业对战略动机的考察，还突出了企业对于资源的有效控制能力与自身特有的资源价值，这是企业获取价值的基础，也是价值转化的关键，更是企业在特色小镇等区域投资与可持续发展的核心。

**作者观点**

完成了资源价值、产业价值、制度价值的有效匹配，就可以通过企业价值链使价值相互融合转化。在推动企业可持续价值转化过程中，要重点考量两点：企业价值创造潜力、企业特定的资源价值。这两点决定了企业的资源强度与企业的资源可转移性。

1. 企业价值创造潜力

特色小镇中的企业是资源要素相互联系和资源转换的基本单元。每个企业都有独特的价值，这种独特的价值来自企业所拥有的资源，以及与资源相匹配的价值发展模式。而且这种独特性会在较长时间内存在，因为企业的资源相对难以被复制。

**企业的发展核心是创造企业价值潜力，而不仅仅是机会主义所产生的价值。**企业进驻特色小镇就是创造特色小镇的价值链网络，将制造、分销等领域的价值带入特色小镇，并追求更高的价值效率。企业价值创造潜质的核心是企业资源的强度，即利用企业价值链与相关资源重构环境的能力。包括企业基于企业价值构造的有效战略，选择进入特色小镇的模式，建立价值增值体系，形成潜在的价值创造。

2. 企业特定的资源价值

企业特定的资源价值既含有战略动机的寻求，又含有战略管理的构想。其主要指企业将会在企业资源和外部机会匹配的情况下形成特有的竞争优势。企业独特的资源和配置，使资源整合成为竞争优势的来源和绩效的主要驱动力。资源的数量、质量和类型决定了企业经营的范围和经营的方式。

企业的特定资源价值可以是有形的，也可以是无形的，存在于企业价值链中的某一个或某几个环节。企业价值链的提升与转换，持续为企业创

造特有、不能完美模仿、不能完全替代的潜在资源价值，并成为可以转换以及提升的企业价值，未来也会成为特色小镇的特有价值。这些价值包括专有技术、专业化设备、公司信誉、产业经验、广为人知的商标、良好口碑的品牌、地理经验或营销技能等。

（二）企业进驻特色小镇的价值获取建构模型

**推动核心点：**

企业进驻特色小镇的价值获取，主要源自两种资源：产业资源与市场资源。因此，基于企业价值链的价值获取就需要在产业活动与市场活动中获得价值，包括产业活动中的供应链管理、产业计划与控制、生产组织能力管理以及一些辅助性价值活动。相应地，特色小镇价值链市场活动中的价值也需要有效挖掘，包括区域产业市场、产业发展空间等，以及企业对于特色小镇中的市场价值获取，包括产品开发、定价、渠道管理、市场关联、销售市场信息管理、营销规划与执行、品牌管理、原材料及配件管理（主要基于供应链管理市场体系）等。

在企业一般价值链的管理基础上，还需要结合企业资源价值与特色小镇资源价值，构造可以加以利用的存量资产，包括有形或者无形资产。同时，注重企业治理结构价值，包括资源分配的能力与知识的累积，以及难以模仿、特有的企业资源价值。

企业进驻特色小镇的价值链管理需要充分运用有形与无形两类存量资产，首先要关注有形资产价值，主要为土地、厂房等建筑物、设备及财务资产。包括拥有的现金、可变现资产及举债能力、市场占有率、拥有的渠道等。同时，关注无形资产价值，主要包括生产技术、知识产权、市场信息系统、品牌、商誉、上下游供应链体系、配销体系、关系资源、高忠诚度的顾客群体等。实际上，众多企业进驻特色小镇的目标就是获取无形资产带动下的价值链网络，并以此构造战略性价值增值。

企业治理结构价值是价值协同的重要桥梁，也是企业进入特色小镇获

**取价值增值不可或缺的重要组成部分**。企业治理结构价值主要是通过资源使用或执行某些任务、从事某项活动所创造的价值，包括业务治理价值、组织治理价值两大核心价值。业务治理价值是由顾客与市场价值、开发新市场及开创新事业所形成的价值、研发新产品所形成的价值、高效率与弹性的生产作业所产生的价值等所生成；组织治理价值主要由内部的协调、整合、控制、激励及创新等要素生成。企业治理结构价值还包括企业对于产业价值链的掌握，对于竞争对手及合作对手的动态掌握能力、竞合能力，以及本地化经营实践能力所产生的价值。

1. 企业进驻特色小镇的价值获取的思维路径构造

综合前文所述，可以有针对性地提出企业进入特色小镇的价值获取思维模型。资源价值、产业价值、制度价值共同决定了企业进驻特色小镇的整体构思；而资源、价值控制变量、战略动机共同影响价值增值的控制程度，进而对价值绩效，即价值链的增值、升级、转型产生直接影响，并且可以调节资源与价值增值控制程度之间的关系。价值绩效受到"制度资本"与"环境因素"的影响，形成了资源价值、交易价值（价值实现）、治理价值所形成的价值协同。思维路径如图4-7所示。

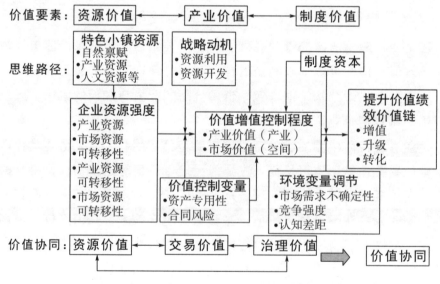

图4-7 企业进驻特色小镇的价值获取的思维路径

（1）战略动机与价值增值控制管理

**企业通过战略动机的资源梳理，直接调节价值增值控制程度。其核心就是对企业与特色小镇的资源利用，即利用现有资源进行扩张，包括资源利用与资源开发两种模式。** 资源利用指企业利用当地廉价的劳动力、自然资源、市场等获取价值。资源开发主要是寻求战略资产，或是互补性战略资产，通过合作、分享控制权等模式，从整体上获取价值。

战略动机对于资源以及价值链的管理有调节作用，可以有效保护现有资源价值和保持企业竞争优势。为此，企业会主动通过战略动机进行价值链控制。当企业具有不同的战略动机时，即使是同样的资源，对于价值的获取方式以及获取程度也会大不相同。

（2）企业资源与价值增值控制管理

企业资源包括企业所拥有的有形、无形的资源，对于特色小镇的投资也是在优化这两种重要资源。越是拥有优秀资源的企业就越善于利用其企业资源，越具有市场价值的转化能力，越容易建立特色小镇竞合的优势资源，比如产业资源、营销资源、财务资源等，这些构成了企业资源的强度因素。

企业资源的可转化因素包括产业资源与市场资源的可转化因素。比如云栖小镇、梦想小镇都是阿里系企业相关产业资源与市场资源的转化。市场资源主要指产业体系运作、销售能力、顾客服务与产业后勤支持、顾客导向等方面的优势表现。

企业资源强度与企业资源可转化性越强，对价值增值的控制程度越高，越容易控制产业价值与市场价值（空间价值）的发展方向。

（3）价值控制变量与所有权进驻模式选择

价值控制变量包括市场价值寻求、资本价值寻求、交易转化价值等。交易转化价值即通过交换所实现的价值，主要包括合同风险与交易成本两个重要的控制因素。同时，以技术的独特性等构造的资产专用性也是价值控制变量的重要因素。

投资企业进驻特色小镇的合同风险越高，越倾向于通过更多的管理控制来减少风险，同时会追求更高的价值增值。资产专用性越高，企业越容易对投资区域要求更高的价值回报，尤其在现有的特色小镇投资中，市场因素、资产投资因素、交易成本因素都会直接影响价值增值控制的目标，这些价值变量对于特色小镇的市场和产业活动的价值控制程度产生直接影响。

结合以上要素，举一个例子：雅戈尔公司到重庆投资建厂，主要是看中了西部潜在的市场优势。广阔的市场需求，让雅戈尔这样的企业在西部投资建分厂，变"产地销"为"销地产"。一些大型企业通过在西部建分厂，将全套成熟的产品、技术、管理"复制"到西部，进行必要的调整和改良后，随即进行大规模生产，实现了"销地产"的低成本扩张。

（4）价值增值控制程度与绩效提升的环境变量调节

价值绩效的提升受到资源价值、产业价值、制度价值三大要素的主导，环境变量对价值绩效的提升有直接的调节作用。进驻特色小镇的企业对于这一点并未特别关注，但其作用却十分明显。

环境变量对价值增值控制程度与绩效提升起到调节变量的作用，即对产业价值与市场价值有着直接的外部影响。环境变量有多种影响因素，特别受到以下三个因素影响：市场需求不确定性、竞争强度、认知差距。

**市场需求不确定性**主要指特色小镇等区域对企业所提供的产品与服务需求的不确定程度。这种需求的不确定性越强，企业越需要控制销售渠道和定价，增加对市场的控制力，提高绩效，从而提升价值增值。

**竞争强度**主要指企业在特色小镇等区域所处产业的竞争态势，通常产业密集度越高，竞争越激烈，企业的利润率则越低。

**认知差距**主要指企业进驻的特色小镇等区域与企业原来所在区域的地域文化、风俗习惯、价值观、企业文化、企业经营事务等方面的认知差异程度。

2. 企业进驻特色小镇对于价值链的控制管理

（1）企业对价值链控制管理的实践意义

企业进驻特色小镇，并对特色小镇价值链进行控制管理，具有非常重要的实践意义，主要包括以下几点：

①**符合企业进驻特色小镇的发展需要，更符合企业的战略投资与成长需求。**

中国企业的发展正面临资源局限、成长受阻等多重压力，基于价值链的战略思维，研究企业对特色小镇价值链的控制管理，为企业进驻特色小镇的安全与发展等提供了理论支撑与操作指导。

市场进驻模式的选择受到资源、战略动机、价值控制变量等因素的影响。企业除了注意成本效率以外，还需要充分考虑价值管理层面，通过平衡成本与价值控制为企业带来新的竞争优势，并在此基础上构造细致、长期的企业发展战略。

②企业需要充分利用战略动机和产业资源的强度，形成有效的战略决策顺序，先后顺序一般为：**动机优先，兼顾资源，保障价值**。

企业进驻特色小镇投资，如果首要动机是资源利用，就会将特色小镇资源价值与企业价值相匹配，创造更高的资本价值，以形成更有效的价值提升与保障体系。这个体系主要包括产业价值、市场价值（空间价值）。为此，企业会通过价值控制变量尝试控制各类风险，比如政策风险与合约风险，以提升价值链的价值获取。依托特色小镇降低各类成本，确保企业在特色小镇的产业与营销投资中获得应得的收益。

③**进行价值链控制管理时，企业的资源是决策的基础。战略动机、价值控制变量等因素对价值管理的影响，更多地应从资源的匹配角度去考量。**

基于价值视角，对企业进驻特色小镇的价值增值进行管理，是增强企业竞争优势的有效思维路径。因此，决策的基础是企业的资源状况，以及企业资源与特色小镇资源的匹配情况。

对于企业管理者而言，对产业价值与市场价值的有效控制，对企业在特色小镇市场中的价值增值管理具有极强的实践价值。只有通过对特色小镇的价值管理，才能掌握成本与收益，才能做出企业的战略决策。从某个角度讲，这是企业与特色小镇的动态博弈：企业资源越强大，对于特色小镇的价值控制越有效，越容易获得价值控制权，但不一定最有效地产生价值增值。只有当企业与特色小镇的资源越匹配时，越容易产生良好的价值增长效果。

④**针对不同的特色小镇环境，需选用不同的价值增长控制策略，才能获得较好的价值增长绩效。**

企业在特色小镇中取得价值绩效，除了产业价值、资源价值和制度价值三大核心要素的影响外，关键还要看企业所处的环境。

当企业进驻与原所在地差别很大的特色小镇时，就需要对产业价值与市场价值进行控制，需要通过机构合作或培养当地核心骨干，以及合理处理当地的政企关系来提升企业的价值绩效。

当企业进入市场需求不确定性较高的特色小镇时，多采用合作发展的模式，通过对产业活动、市场活动协同发展，实现产业营销本土化，以应对快速的市场变化，开发出适合本地发展的产业产品。当企业进入市场需求不确定性较低的特色小镇时，可以加强对产业活动、市场活动的控制，通过统一的产业战略、市场战略，共享先进的营销经验等方式，提升价值绩效。

同理，企业面临高竞争强度的环境时，可以增强产业控制、市场控制，通过对产品技术、制造技术、工艺技术等进行严格控制与保密，保持技术的独特性、领先性，并通过对原材料、零部件的定价与采购权的掌握，提升企业在特色小镇中的价值绩效。

（2）企业对于价值增值控制管理的组合控制模型

企业对于价值增值的控制主要包括对两个关键价值要素的控制，即对产业价值链与空间价值链的控制。战略动机、企业资源、交易成本等因素都会对其产生直接影响。本书综合相关要素，构建起产业价值控制与市场价值控制的组合控制模型，以帮助企业及政府有效提升相关的价值绩效，如图 4-8 所示。

在运用价值增值组合控制模型时，需要注意以下要点：

①**战略动机所形成的战略利用与战略开发。战略动机是引发企业进行特色小镇投资的内在驱动力。**内在驱动力包括成本、资源基础、战略资源、核心生产要素和资产扩充等驱动因素。战略动机就是发挥现有优势，意图利用特色小镇的廉价劳动力、丰富的资源、土地等要素，进行资产利用和资产寻求，从而获取技术及管理资源、区域市场、销售渠道等，并以此挖掘、开拓、主导市场，建立下游网络关系，配置资源，以提升企业价值绩效。

**企业通过合资、直接投资、战略合作等模式，并通过对特色小镇的战略开发获得所需要的产业资产、品牌资产、渠道资产等，以实现企业内部**

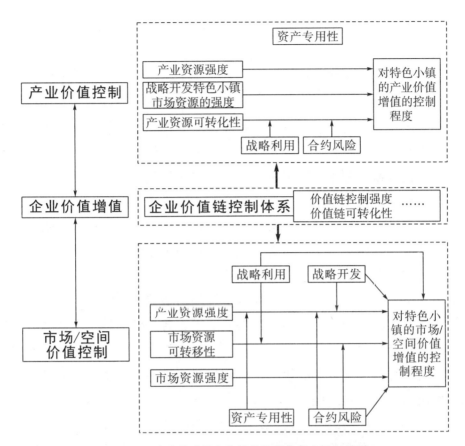

图 4-8　企业进驻特色小镇价值增值组合控制模型

资源和能力的价值增值。**从而提升企业的核心产业及空间价值优势，在进一步的市场竞争中积累必要的战略性资产。**

在推动特色小镇战略利用与战略开发的过程中，企业需要注重外部资产的系列化管理，通过合资、合作等方式，对特色小镇的产业活动、市场活动尽可能加强控制，以增强企业的价值资本与核心竞争优势。

②**企业需要重点控制资源强度与资源的可转移性。**企业自身的独特资源对特色小镇的价值增值控制模式有直接价值关联；企业的产业资源、产业资源的可转移性对特色小镇产业价值控制程度有直接价值关联；企业的市场资源、产业资源、市场资源的可转移性对特色小镇市场价值的控制程度有直接价值关联。

企业的产业资源和产业资源的可转移性越强，对特色小镇的产业价值管控就越强，这是企业维护自身产业优势的表现。同理，企业的市场资源及其可转移性越强，对特色小镇的市场价值的控制就越强，这是企业为了维护自身市场竞争优势的表现。这些主要通过价值网络组建、保护、品牌维护等系列化管控手段实现。

企业为了保护竞争优势，并实现价值增值，就会不断对产业价值与市场价值进行优势侧重型管控。越是优秀的企业，越会将发展重点放在如何利用产业资源与市场资源上，以创造更大的价值增值。

③**价值控制变量中交易成本的两个关键控制要素——资产专用性与合约风险**。价值控制变量中的交易成本由两个要素决定——资产专用性与合约风险。资产专用性是由技术独特性、设备独有性等不可替代的价值构造的。资产专用性越大，企业越有可能加强对特色小镇的产业价值及增值的控制；资产专用性越高，企业越容易受制于资产专用性因素，为保护企业的竞争优势，投资企业更倾向于采用更多的价值管控手段。

合约风险是企业对于价值增值控制的重要考量因素。合约交易成本越高，企业越有可能加强对特色小镇市场价值的控制。因为当合约风险越高时，企业越容易泄露专利等优势，合作伙伴失信的可能越大，为保护企业的竞争优势，投资企业倾向于采取更多的市场价值管控手段。

④**控制模型的动态管控说明**。企业价值链存在技术开发、产品制造、市场营销三大重要环节，越是领先型企业越注意把握两头。一个端头把握技术创新、技术标准的制定、新产品的开发和升级；另一端头把握产品销售渠道，突出对品牌管理、市场营销、售后服务等产品形象与营销终端等环节的控制。

企业在推进特色小镇价值落地时，会突出企业在特色小镇中价值的主导控制能力。具有较大市场价值的领先企业，在价值链转型过程中会加强对销售渠道的控制。为加快区域扩张步骤，企业会放弃制造环节，突出市场环节与研发环节，侧重产业共享与价值协同。这会导致企业市场价值的可转移性更强。企业为了保护竞争优势，对特色小镇的市场控制会越来越强。

同样，企业产业资源越强，对特色小镇的产业价值的控制就越强。产业资源领先的企业会将重点放在如何利用产业资源上，很有可能会放松对产品制造甚至市场价值的控制。随着产业资源的转移性增强，为了维护企业的竞争优势，企业会增强对特色小镇产业价值的控制。

# 企业进驻特色小镇的企业价值获取案例——杭州梦想小镇

梦想小镇位于杭州和余杭未来科技城，前期规划用地 29.6 万平方米，总面积 19 万平方米，居住人口 2700 余人。梦想小镇从 2014 年 10 月 19 日开工，到 2015 年 3 月 28 日正式开镇，计划通过三年的努力，使小镇集聚互联网创业者 10000 名、创业项目 2000 个、基金及投资机构 300 家、资产管理规模达到 1000 亿元。

梦想小镇是企业、政府、创业者等利益相关者多赢的特色小镇项目。核心引导企业为阿里巴巴集团，形成了以阿里巴巴总部所在地和金融资源集群发展的产业生态链。

梦想小镇有效整合产业价值、资源价值和制度价值三大核心要素，通过对产业价值链特征、企业价值链特性、区域资源与制度差异等几个方面的考量，在资源强度与资源的可转化性上做了大量的深化工作，构造了多维立体的"产业价值链"与"空间价值链"。阿里巴巴及相关企业构造的价值链网络战略动机清晰，发展差异化和可持续性明显，具有深度的可持续发展潜质。以下就梦想小镇的发展计划、发展优势、镇企合作模式及相关产业深化做说明。

**梦想小镇发展计划：梦想小镇的特色产业定位是"互联网＋创业创新孵化基地"，包括互联网创业村和天使村。互联网创业村重点鼓励和支持"泛大学生"群体创办集研发、生产、经营和技术（工程）服务为一体的电子商务、软件设计、信息服务、云计算等互联网相关领域产品的企业；天使村重点培养和发展科技金融、互联网金融，集聚天使投资基金、股权投资机构、财富管理机构，着力构建覆盖企业发展初创期、成长期、成熟期等不同发展阶段的金融服务体系。**

为了方便创业者，梦想小镇设置了创业服务中心，很多项目都可以在"云"上办理，可以在线进行工商注册、项目申报、申请人才房等活动，可以在线建立及使用财务、法务、人力资源、行政管理等中介资源服务平台，甚至可以在线寻找天使投资，进行股权众筹、供应链融资等市场化运作的金融活动。

为了支持创业者，获得梦想小镇入住权的创业项目在小镇将享受最长三年的免租办公场地、最高 100 万元的风险池贷款、30 万商业贷款贴息等多项优惠政策。梦想小镇**从体系构想及操作执行上最大限度地提升与优化产业价值、资源价值**。

　　梦想小镇有三个发展目标：一是成为"众创空间"的新样板。二是成为信息经济的新发动机，推动"互联网创业村"和"天使村"融合发展，实现线上与线下互动、科技与资本共舞、孵化与投资结合，使梦想小镇成为互联网创业的新空间、信息经济的新增长点。三是成为特色小镇的新范式，**在可持续发展的目标上最大限度地优化战略发展价值**。

　　梦想小镇中政企合作的具体做法有三点：一是推进商事制度改革，对互联网创业项目放开住所要求，放宽冠名限制，推行"五证合一"，开通企业自助查询终端；二是为入驻的创业企业提供办公场所的租金补助及物业、中介服务、能耗等补贴，并先后设立各种引导性基金，如五千万天使梦想基金、一亿元天使引导基金、两亿元创业引导基金、两亿元创业贷款风险池、二十亿元信息产业基金，引导民间资本向科技资本、产业资本转化；三是采用"有核无边"的发展思路，与国内外重点创新平台、高校、研发机构及各类产业园区建立起长效合作机制，重点关注技术、人才及产业的发展动向与潜在的合作机会，**最大限度地优化"制度价值"**。

　　梦想小镇的空间价值链优化与价值提升表现在以下几个方面：

　　①**土地利用**：梦想小镇在土地利用上，通过功能置换、多主体开发、权属整合，实现了区域的新活力；在交通连通性方面，在保留传统街区宜居尺度和自由布局基础上，将镇域街道与城市交通体系衔接，增加了区域的微循环能力和空间可伸缩性；在景观方面，通过制定分类建筑对策，采用拆除、修缮、新建、功能置换等方式，实现了老建筑与新建筑的有机融合，体现新旧交替的空间层次性；在环境建设方面，通过保留乡愁元素，增加公共空间和街巷的呼吸空间；在配套服务方面，通过提升原有公共服务设施和增加符合现代生活服务设施，提升存量空间的生活舒适性。

　　②**搭建平台**：在梦想小镇的创新创业平台上，每年有三百多场不同的创业交流活动，实现了资、智融合的常态化。对于初创者，梦想小镇通过给予创客们租金减免、资源补贴、配套人才公寓等政策优惠，为创业者提

供轻松的创业环境，创立了"种子仓—苗圃—孵化器—加速器—产业园"的接力式孵化服务模式，同时淘汰孵化期间不理想的项目，为创业者建立跟踪机制，鼓励创业团队吸取经验教训，重新挖掘创新项目。

同时，在小镇外围，通过对土地等资源进行整合，为创业项目的发展壮大预留了后续发展空间；还通过中国（杭州）财富管理论坛、中国青年互联网创业大赛、中国互联网品牌盛典、中国研究生电子设计大赛等大型活动，搭建吸引外界资源的平台。

3. 企业在特色小镇中价值绩效管理的几个要点

根据上述论述及案例说明，对于价值绩效管理需要注意以下三个要点：

①**企业在特色小镇开展价值绩效管理时一定要基于产业价值、资源价值和制度价值三大核心要素，并以战略动机为核心，决定绩效管理模式。**

企业进行特色小镇投资时，不论是外在环境的影响，还是企业内在发展需求的影响，都应以"资源价值"管理为基础，通过对原材料产地、市场拓展、资本扩张等战略利用动机的价值挖掘，采用有针对性的价值增长控制模式，从而保证企业在特色小镇的资源价值转化为企业价值增长。

在对企业进驻特色小镇的价值因素考量中，按照重要程度依次对战略动机、资源强度、制度资本、价值控制四个变量进行评估与梳理，形成"动机驱动、兼顾资源、风险回避"的价值增值控制管理模式。企业在进驻特色小镇的过程中，需要主动采取管控措施，注重企业中长远利益，同时注重理性思考，认真审视自身价值链优势、劣势与特色小镇资源价值，并注意制度资本对企业的价值影响。价值控制变量的影响因素中，要特别注意交易成本的影响，重视资产专用性与合约风险等因素的影响。

②**企业自身的资源状况决定了对特色小镇市场价值与产业价值管控的决策基础，在对产业价值、市场价值的绩效控制管理中，不仅要考虑战略动机、价值控制变量、资源强度等重要因素，还需要注意与企业、政府等组织形成资源交互、价值协同的关系网络，从而促进价值链的绩效控制。**

在相关因素的互动影响中，战略利用与产业资源可以进行转移交互，战略开发与市场价值可以进行价值交互，可以对特色小镇的产业价值与市场价值起到决定性的管控作用。

企业寻求特色小镇的资源动机，主要基于对廉价劳动力的需要，基于寻找新市场，寻求低成本以及技术、产业互补的战略资源。企业通过政府招商政策及特色小镇政策优惠，将企业自身优势运用到特色小镇相关的产业系统。为了维护自己的产业价值优势，企业产业资源的可转移性越强，企业越会加强对产业价值绩效的管控，尤其会重点控制新技术、销售渠道等战略资产。

**对于后进驻特色小镇的企业，或者跟随性企业及中小企业，主要是利用与其他企业的合作，形成产业价值链网络，更新改造自身技术，获得新的战略销售渠道等，其发展核心是市场资源获取或产业价值更新。** 这些企业会放弃一部分价值增值控制权，以获得企业需要的战略资产，并促使企业通过资源的获取得到长期发展。因此，这类企业会主动与实力雄厚的企业或组织进行合作，接受对方的各类条件，希望从中得以提升学习、吸收能力以及价值转化能力。

战略利用与产业资源可转移性的交互、战略开发与市场资源的交互，对产业价值增值控制程度影响最大，企业产业资源的情况对特色小镇产业价值的控制程度起到决定性作用。

**③企业自身的资源价值、战略动机、交易成本等共同影响对特色小镇的市场价值（空间价值）增值的控制程度。**

资源价值、战略动机、价值控制变量都显著影响价值增值程度。在价值链转型的过程中，首先应加强对产业技术与销售渠道的控制。市场价值的可转移性越强，品牌共享的程度可能越高。除了市场价值，企业资源价值也影响特色小镇的市场价值（空间价值）的增值管理。企业资源的可转移性越强，越不需要借助外部资源来建立自身的产业价值优势。

为了维护企业的产业优势，企业会加强对当地市场所需的原材料、原料或战略性零部件的采购控制，加强对特色小镇的市场价值的控制。企业会充分利用品牌或商标的价值优势、采购渠道、销售渠道，拓展或控制新市场，从而加强对特色小镇的市场价值的控制。产业向下游企业、中小型配套、跟随性企业共同进驻特色小镇，其目标是寻求新技术、新销售渠道等战略资产，为获得互补性资产，如战略销售渠道，会让渡价值，会损失产业或市场的一部分价值利益控制权。

# 第二节  企业与特色小镇投融资模式

特色小镇价值链是由产业流、信息流与资本流三个主要价值流构成。资本流作为特色小镇重要的支持系统，无论对于政府，还是对于企业都是非常重要也是非常棘手的核心工作。本部分通过对资本流的价值梳理，挖掘特色小镇的资本来源与资本操作模式。

以企业为核心的资本操作，既可以优化政府职能，又可以提升资本运用效率。本节主要由两个部分组成，第一部分是介绍特色小镇的主要融资模式，第二部分是介绍企业与政府的投融资合作模式。

本节内容以本书第一章特色小镇实践理论中第三节关于资本流的相关知识为基础，通过对资本与金融的后台支持研究，以资本流价值疏导为核心，建立有效的资本来源渠道与投融资合作模式，以实现资本在特色小镇实操上的灵活运用。

第四章

**价值要点：**

企业在推进特色小镇融资渠道与政府合作模式时，首先，要深入了解合作对象。这里要注意三个要点：第一，要清楚政府的作用与合作关系。第二，注意相关投融资方的资本来源以及资本投入需求。第三，注意关联企业的资本使用与深度合作。其次，企业要有投融资规划。对于特色小镇的融资而言，关注的焦点不应该是投入资金越多越好，而应该是构建合理的投融资体系。

**推动核心点：**

特色小镇一般按照"概念及产业定位——要点构想、推动计划、产业扶持以及规划设计——投融资规划——产业推进及集群推进——配套设计及推动——多产业推进扶持——工程及相关项目移交等"的流程进行

> 特色小镇的价值链体系规划。

特色小镇可以根据建设要点以及合作发展模式的不同而有一定的区别。**但特色小镇的管理者，尤其是领袖企业，一定要有针对性地提出特色小镇价值链推进的投融资规划。这种规划既要有短期规划，更要有长期规划，还需要有退出机制等方面的设计。**

充分调动所有资本力量，借助资本力量建立产业关联推动模式。实际上，**特色小镇投融资合作一般不是完全的整体合作**，虽然很多时候会通过PPP、BOT 等模式做特色小镇 SPV（特殊目的公司）设计，但在执行落实时，通常需要通过不同项目之间进行转化与执行。这里需要注意两个方面：首先需要注意通过项目目标关联及产业价值链推进资本的价值体系。可以通过不同资源调动优势资本，可以充分运用政府资源、产业资本以及金融资本等多种资本形态，包括政策扶持资金，比如国家扶持资金、专项基金以及贴息贷款（尽管很难申请）、地方政府扶持资金及专项基金。其次需要注意融资模式是为融资目的而服务，实际操作中需要充分利用融合渠道，通过单项或多项合作模式设计投融资合作模式，有可能的条件下可以进行模式上的创新，不能仅仅看中短期利益，还要注重中长期利益。特色小镇发展需要长时间的扶持。在资本管理上可以做大量尝试，比如夹层基金、债转股等多种模式优化企业在特色小镇内的产业发展风险。

**注意有效使用投融资的杠杆作用与应用关联式创新。**在使用杠杆时，需要控制杠杆比例，防范特色小镇的资本风险。

**推动核心点：**

特色小镇操作资本杠杆，是指一般在公共建设及基础建设阶段，利用资本市场及主体项目，通过融资融券、分级基金等模式，在风险可控的情况下进行股权及债权模式的杠杆操作，以拓展资本来源及提升资本使用率，也可以通过基金及合作模式创新解决投融资问题。

举个例子，木渎小镇使用了夹层基金，政府出劣后资金五千万，万达

出夹层资金一亿五千万，社会资本跟进三个亿。有五个亿资金的保障，信达公司作为基金管理公司把控小镇建设的速度和质量。政府的劣后，促使民营资本在风险比较低的情况下愿意跟进。

另外，特色小镇中的所有产业项目，都可以通过优化资金合作来提高资金使用率，降低资金风险。比如，可以通过债转股来优化夹层基金降低特色小镇投融资风险。又比如，利用特色小镇项目收益债，提高资本的使用率。运营状况好的特色小镇有很多的经营性收入，金融机构可以把它未来的经营收入开展项目收益债融资。举个例子，特色小镇拟测算出年度能够有一个亿的收入，可以把特色小镇未来十年约十个亿的收入打包，融资五个亿。通过这样的融资模式建设特色小镇，从而实现建设成本等的迅速回收，使特色小镇能够得到积极的发展。

## 一、特色小镇的投融资资本来源与基本融资结构

**特色小镇的资金来源，主要来自三个方面：金融机构资金、政府资金及社会资金。**特色小镇的资金来源构造如图4—9所示。

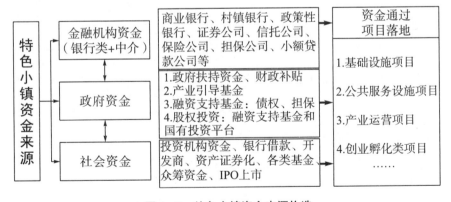

图4—9　特色小镇资金来源构造

**作者观点**

三类资金在实际操作中均是通过特色小镇项目转化落地，而且绝大多数情况是混合股权及债权模式操作，需要一定的资本调控与资本构造能力。在特色小镇项目的操作推进中，投资主要是

通过政府与企业共同构造投资平台，设计多种融资模式，引入不同结构的外部资金。

企业在使用资金时，需要掌握各资金的引入难度，以及资金的使用目的。比如政府性资金的引入就具有一定难度，其使用目标相对比较明确。举个例子，国家发改委针对特色小镇推出了专项基金，这是一项政策性基金。国家专项基金是国家发改委通过国开行、农发行定向发行的长期债券。这类专项基金是一种长期的贴息贷款，年利率是 1.2%，每个季度一千亿，重点用于基础建设及公共配套建设。国家专项基金的申请名额已经排满，很难分配给企业。很多时候，这些资金是以杠杆方式撬动数倍甚至十倍以上的特色小镇的相关发展资本。对社会型资本及金融机构资本的使用，需要搭建资本平台，构造良性的资本使用体系。特别需要注意投融资规划，突出资本的使用体系及回报方式，注重分层次使用不同的资本形态，注重短期资本与长期资本的结合使用，注重培育新型经济发展形态。

**特色小镇的融资结构构建是特色小镇投融资的核心**，结构体系如图 4—10 所示。

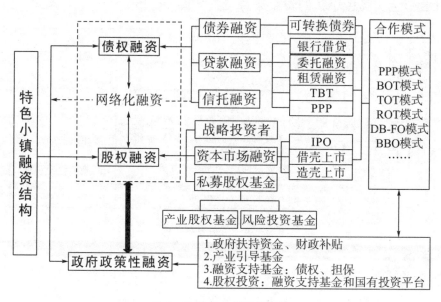

图 4—10 特色小镇融资结构

**价值要点：**

　　企业融资模式实际上只有两种：股权融资模式与债券融资模式。

　　政府的政策性融资也是通过两种模式进行。与社会融资不同，政府政策性融资在特色小镇的发展建设中，作用较为特殊，主要起着导向性作用，目标性、公益性以及引导性表现较为突出。很多时候，特色小镇的发起需要通过政府政策性融资得以实现。**企业在参与特色小镇操作时，要注意放大政府资金的作用，包括杠杆作用以及其他价值效用。**

　　使用特色小镇融资结构，核心是设计股权、债权融资模式，或者两者融资组合模式。实际操作中，特色小镇融资结构的体系设计多为组合融资，既有股权融资，也有债券融资，也会依托项目及平台创新融资，最终形成结构性融资。

　　结构性融资操作，需要考量企业的融资计划及能力，以及政府在融资中的引导作用，包括政府举债及政府通过股权合作的推动方式等。在融资结构中尤其需要注意中短期融资与长期融资的结合问题，注意开发周期与资本回收的时间问题。

**作者观点**

　　特色小镇投融资问题解决的关键在于特色小镇自身的产业设计及发展回报机制的设计。也就是说，特色小镇融资模式及融资结构是表象，特色小镇价值链的价值内涵才是根本。

**推动核心点：**

　　在融资过程中，投资方一般需要对特色小镇的三个方面进行考量：资本平衡结构、资本要素效益以及资本安全。还需充分考量资本短期投入与长期回报的矛盾，资本的社会效益与经济效益问题，资本针对特色小镇开发中的安全问题以及不确定问题。这些问题将伴随特色小镇融资的全过程。

在特色小镇的融资过程中，企业需要对股权与债券进行有效搭配，并认真面对与解决以下九个基本问题，作为投融资规划的基础：投资对象的选择问题；合作伙伴的选择问题；融资渠道的选择问题；交易结构的设计问题；信用提升问题；资金的监管问题；运营团队的管理问题；风险管理问题；资本回收与退出问题。

操作执行中，企业开展特色小镇融资有两种趋势：一种是基于融资难度，多采用项目制合作方式。从特色小镇单一项目开始，逐步延展至特色小镇的其他项目。另一种是基于风险规避及可操作性考虑，企业操作特色小镇项目多采用资产负债表外融资。以项目为主体，以未来收益和项目资产作为偿还贷款的资金来源和安全保障，融资计划与融资成本由项目未来现金流和资产价值决定。该融资方式具有融资风险分散、融资比例大及降低资产负债风险的特点，同时追索权有限，但担保设计需要体系化设计，因而这种模式融资成本较高，是融资推进中的一大难点。

## 二、企业视角：特色小镇投融资模式设计

**推动核心点：**

项目融资包括股权融资与债券融资。特色小镇的短期操作多采用债券融资，而对于长期推进以及后续融资机制的设计，股权融资占有非常重要的地位。项目融资包括无追索权的项目融资与有限追索权的项目融资。特色小镇的融资合作方式，需要针对特色小镇各项目的需求分别进行设计，这些项目包括基础建设、健康医疗、农业投资、产业培育等类型。特色小镇也需要针对不同的发展阶段，采用不同的融资模式，包括开发银行贷款、政府贴息、财政资金、各类基金、PPP、ABS等类型。针对这些融资模式，企业需要从投资决策控制、融资决策控制、股利决策控制三个阶段对融资体系及融资模式进行财务控制。财务控制需要注意区分基础配套及公共项目等几种不同目的的融资合作模式。合作模式包括BOT、PPP、BT、TOT、ROT、DB—FO、BBO等。

**推动核心点：**

企业与政府合作推进特色小镇，主要通过设立 SPV 来确定双方对应的权利义务关系，从而确定风险分配方案，进行可行性研究、技术设计等前期工作。SPV 公司负责特色小镇及相关项目在整个成长发展过程中的建设及运营，并协调推进，对项目负责。SPV 公司需根据特色小镇项目的预期收益、资产以及政策扶持安排融资计划。根据融资主体、项目母公司或实际控制人、项目现状、增信措施、风控措施、财务状况、资产情况、拥有资质等情况，SPV 公司综合判断特色小镇开发的资金融入通道，测算融资成本。融资规模、融资成本以及融资结构的设计都与特色小镇项目的未来收益和资产价值直接关联。可用的融资方式包括政策性（商业性）银行（财团）贷款、PPP 融资、债券、信托、融资租赁、证券资管、基金（专项、产业基金等）管理等。

PPP 融资、基金运营、债券，为现阶段特色小镇推进发展中使用较多的模式，而资本证券化（ABS）、融资租赁、信托等模式也逐渐开始得到使用。本部分就针对这几种融资模式做重点说明。在特色小镇融资体系中，这些模式根据项目的实际情况有时需要结合使用，而不应过度依赖某种单一的融资模式。

### （一）投融资模式——基金

基金是现有特色小镇推进中最常见的模式，无论政府还是企业都喜欢使用这种模式。特色小镇基金的建立与使用，需要设立基金的层次与体系。同时在使用基金时还要注意杠杆操作，这对企业与政府都很重要。基金的使用可以融入债券以及夹层融资等模式，这样可以最大限度地激活基金在特色小镇推进过程中的结构效应。这里重点介绍**产业投资基金**、**城市发展基金**以及 **PPP 基金**三种基金模式。

## 1. 产业投资基金

产业投资基金是基金针对产业投资的一种重要模式，主要包括产业风险投资基金和产业私募股权投资基金两种模式。一般是对具有高增长潜力的未上市企业进行股权或准股权投资，以期待所投资企业发育成熟后通过股权转让实现资本增值。**针对企业及项目所处的阶段不同，产业投资基金分为种子期或早期基金、成长期基金、重组基金等。产业投资基金包括城市产业基金与 PPP 产业基金。**

产业投资基金具有三个特点：**第一，产业投资基金具有产业政策导向性。第二，产业投资基金更多时候由政府财政、金融资本和实业资本参与。第三，产业投资基金针对不同产业存在资金规模差异。**

产业投资基金具有四个特有的优势：**第一，政府通过基金，利用市场扶持企业发展。**一般情况下，政府采取财政补贴、奖励、贴息税收优惠等形式促进企业发展，但这种模式对于市场竞争并不能起到积极的推动作用，甚至会有反作用，会形成地方企业保护或者行业企业保护。通过产业投资基金市场化运作方式，以股权投资及增值服务的方式扶持企业发展，对于充分发挥市场在资源配置中的作用，则有着积极的主导作用。**第二，可以起到积极的财政资金杠杆效应。**政府通常以母基金方式参与产业投资基金，并设立多个子基金。以此引导金融资本和社会资本参与，促进资金放大效应及综合引导效应。**第三，通过产业主导，基金促进资本市场的关联效用。**通过"主导产业＋基金"模式，撬动社会资本投资，将政府的"专业资金"转变为"市场化投资"与"市场化运营"，从而支持实体经济的发展，推动产业经济升级或转型。**第四，实现融资平台化，并帮助企业进行产业转型与产业升级。**产业投资基金设计用于激活融资平台，产业投资基金作为发起人构建劣后 LP，吸引金融机构及社会投资进一步推进如 PPP 等类型的合作模式。对于特色小镇的前期资本运营，可以突出城市发展基金的平台价值，以此促进产业投资基金的募集和投后管理。

## 2. 城市发展基金

城市发展基金是一种主要用于城镇化建设的基金。城市发展基金具有以下特点：**牵头方为地方政府，通常由财政部门负责，当地最大的地方政府融资平台公司负责具体执行和提供增信。投资方向为地方基础设施建设**

**项目，通常为公益性项目**，如市政建设、公共道路、公共卫生、保障性安居工程等。还款来源主要为财政性资金。投资方式主要为固定收益，通常由地方政府融资平台提供回购。这与政府举债的功能与概念并不相同，但具有一定的关联。城市发展基金运营路径如图4—11所示：

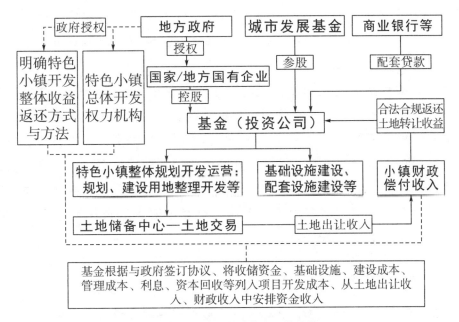

**图4-11 城市发展基金运营结构**

3. PPP基金

2015年5月22日，财政部、国家发改委、人民银行联合发布了《关于在公共服务领域推广政府和社会资本合作模式的指导意见》（国办发［2015］42号），"中国PPP融资支持基金"（也称"PPP引导基金"）首次被明确提出，并且被定性为社会资本，可以参与PPP项目股权投资。

PPP基金是指基于稳定现金流的结构化投融资模式。PPP基金一般可分为PPP引导基金和PPP项目基金，其中PPP项目基金又分为单一项目基金和产业项目基金等。其中PPP**引导基金由政府发起，PPP项目基金多由社会资本发起。**

PPP融资支持基金是国家层面的PPP融资支持基金。PPP**基金在股权、债权、夹层融资领域均有广泛应用，包括为政府方配资，为相关社会资本进行配资，单独作为社会资本方为项目公司提供债权融资等。**

第四章

PPP 引导基金是指由政府财政部门出资并吸引金融资本、产业资本等社会资本联合出资设立，按照市场化方式运作，扶持特定阶段、行业、区域的引导性投资基金。各地 PPP 引导基金的设立方式不同，大致可分为以下三类：第一，只设立 PPP 母基金，而不另设 PPP 子基金。第二，既设 PPP 母基金，也设 PPP 子基金，子基金资金来源多元化。第三，既设 PPP 母基金，也设 PPP 子基金，子基金出资全部出自母基金。一般情况下，第二类设立方式较为多见。

PPP 项目基金设立的目的是解决实际项目中的融资问题，基金性质为非政策性基金，但会对收益回报提出一定要求，优先资金多数来自金融机构和机构投资者，但劣后资金由社会资本的项目融资方承担，项目公司对项目成败负担全部风险。投资方式分为股权与债权投资，投资方以项目方的回购实现资金的退出。PPP 基金与 PPP 合作模式两者不可分割，如同母子关系，一个突出资本的引入，一个突出资本的合作关系。PPP 模式将在后续文章中做详细论述。

（二）投融资模式二——发债

发行债券，对于特色小镇是一种非常有效的融资模式，多采用产品包的方式实现项目债券融资。特色小镇直接发债的情况并不多见，企业多通过项目概念等模式发行公司债，以规避政策因素的影响。企业发债需要符合现行债券规则，满足发行条件的特色小镇项目公司可以在银行间交易市场发行永（可）续票据、中期票据、短期融资债券等债券融资，可以在交易商协会注册后发行项目收益票据，也可以经国家发改委核准发行企业债和项目收益债，还可以在证券交易所公开或非公开发行公司债。特色小镇债券融资模式的操作路径如图 4—12 所示。

中国特色小镇 The Chinese Characteristic Town

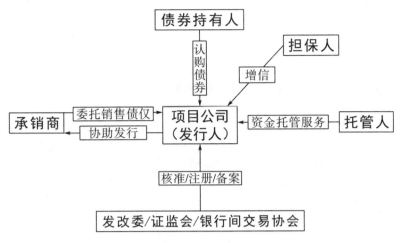

图 4-12　特色小镇债券融资模式

## （三）投融资模式三——PPP 模式

PPP 模式（Public－Private－Partnership），即公私合作模式，包括广义的 PPP 模式与狭义的 PPP 模式。但就模式设计而言，"公私合伙模式"，都是 PPP 模式。包括政府与企业之间的各类合作模式，如建造、运营、移交（BOT），民间主动融资（PFI），建造、拥有、运营、移交（BOOT），建造、移交（BT），建设、移交、运营（BTO），重构、运营、移交（ROT），设计建造（DB），设计、建造、融资及经营（DB－FO），建造、拥有、运营（BOO），购买、建造及营运（BBO）等合作模式都是 PPP 模式，甚至运营与维护合同（O & M），移交、运营、移交（TOT）等非融资合作模式也是 PPP 模式，只是融资模式及合作内容不太相同。在后面的章节中还将详细论述各类融资及非融资合作模式。

PPP 模式作为社会广泛认可的新型项目融资模式，具有消除费用超支，助力政府职能转换，促进投资主体多元化，发挥政府与企业之间的各自优势，为公众提供高质量的社会服务等五个主要优势，对地方政府债务治理也有积极作用。

政府与企业及相对应的社会资本签署 PPP 合作协议，按出资比例组建 SPV，并制定公司章程，政府指定实施机构授予 SPV 特许经营权，SPV 公司负责提供特色小镇建设运营一体化服务方案，特色小镇建成后，

通过政府购买一体化服务的方式逐步移交政府，最终社会资本退出。PPP
模式的操作路线如图4-13所示。

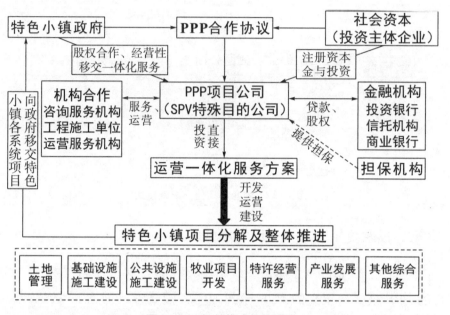

图 4-13　PPP 模式结构设计

PPP融资模式现已成为特色小镇推进过程中最主要的合作模式。但
在实际操作中，由于角色目标及发展需求的不同，以及资源的控制度不
同，导致PPP模式存在众多运营缺陷，具体表现如下：私人机构的融资
成本相对较高；特许经营制度可能导致垄断；长期合同缺乏足够的灵活
性；复杂的交易模式设计可能降低效益；投入收益比的目标差距导致合作
冲突不断等。

因此，在PPP项目合作模式设计时，就应注意之前章节所谈到的对
角色冲突的预防，同时注意竞合关系的形成，突出建立目标一致的运行
机制。

企业针对PPP模式的结构设计核心是明确PPP项目运作机制及投资
回报预期。整体设计包括三个要素：

首先，明确项目合作主体。重点需要明确四大主体，分别为政府授权
的下属机构或下属公司，各类投资主体，金融机构或其他投资人，咨询设
计、工程施工、招商运营等产业服务机构。

中国特色小镇 The Chinese Characteristic Town

其次，明确职责分工。政府部门给予整体方向指导、行政便利支持和专项资金补贴等；合作成立的SPV公司作为PPP项目实施方，负责与政府签订PPP项目合同，进行土地整理、基础设施建设、公共设施建设、物业项目开发等项目开发运营活动。PPP项目多为基础设施与公共设施，这决定了PPP项目需要在社会资本收益和公共利益之间寻求平衡，收益率不能太高。所以，社会资本方一开始就要降低收益预期。另外，还需要明确项目收益及资金补偿来源，主要包括开发建设成本补偿和特许经营收益等。

最后，明确特色小镇的项目开发周期，注意中长期PPP项目运作与中短期项目的资本结构及来源。对于中长期，尤其长达10～30年的运营期，要靠后期运营的收益来弥补前期投资，以防止过度开发中的资本风险。

### （四）投融资模式四——融资租赁

融资租赁是近期特色小镇发展的重要方向。融资租赁又称设备租赁、现代租赁，实质是转移与资产所有权有关的全部或绝大部风险和报酬的租赁。融资租赁集金融、贸易、服务于一体，具有独特的金融功能，是国际上仅次于银行信贷的第二大融资方式，融资租赁模式结构设计如图4—14所示。

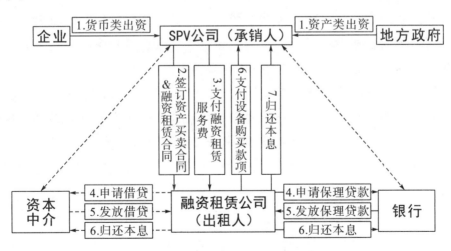

图4—14　融资租赁模式结构设计

融资租赁有三种主要方式：**直接融资租赁**，可以大幅度缓解建设期的资金压力；**设备融资租赁**，可以解决购置高成本大型设备的融资难题；**售后回租**，即购买有可预见的稳定收益设施资产并回租，这样可以盘活存量资产，改善整体财务状况。

（五）投融资模式五——资产证券化（ABS）

资产证券化融资模式是以项目所属资产为支撑的证券化融资方式，是以项目所拥有的资产为基础，以项目资产可带来的预期收益为保证，通过在资本市场发行债券来募集资金的一种项目融资方式。它是以特定基础资产或资产组合所产生的现金流为偿付支持，通过结构化方式进行信用增级，在此基础上发行资产支持证券的业务活动。

在现有操作中，资产证券化多在退出机制中使用，但所属权问题极大地束缚了资产证券化的推进进程。为了改良这种现象，一般在一段时间内，只要能持续产生稳定现金流的资产就能够进行证券化。可以进行**证券化的资产类别包括金融机构信贷资产、企业债权资产、企业收益权资产、不动产资产四大类**。

**信贷资产证券化**：由人民银行、银监会主管，在银行间市场发行，基础资产为银行业金融机构的信贷资产，目前已有比较完善的法规支持，主要依据为《信贷资产证券化试点管理办法》。

**企业资产证券化**：由证监会主管，在交易所市场发行，基础资产为企业所拥有的收益权及债权资产，主要依据为《证券公司资产证券化业务管理规定》，目前处于试点期向常规化管理转型。

资产证券化融资模式具有以下几个特点：**资产证券化融资模式的最大优势是通过在国际市场上发行债券来筹集资金，债券利率一般较低，从而降低了筹资成本**。这种模式是通过证券市场发行债券筹集资金。资产证券化融资模式隔断了项目原始权益人自身的风险，使其清偿债券本息的资金仅与项目资产的未来现金收入有关。资产证券化融资模式是通过 SPV 发行债券筹集资金，这种负债不反映在原始权益人自身的资产负债表上。资产证券化作为证券化项目融资方式，由于采取了利用 SPV 增加信用等级的措施，从而能够进入国际证券市场。

在资产证券化过程中，可以采用多种证券化组合。比如商用、农用、

医用房产抵押贷款证券化，设备租赁费证券化，基础设施收费证券化，中小企业贷款支持证券化，知识产权证券化，等等。

在实际操作中，一般有六个运作阶段，十个左右机构参与，八个主要步骤推进，并设计有针对性的专项资产管理计划。资产证券化结构设计路径如图 4—15 所示。

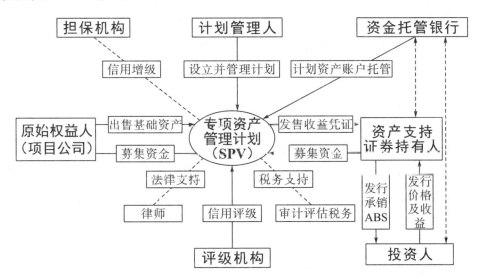

图 4—15　资产证券化结构设计

资产证券化融资模式通常有六个运作阶段：第一阶段，组建项目融资目的公司——信托投资公司或信用担保公司；第二阶段，寻求资信评估机构授予融资目的公司尽可能高的信用等级；第三阶段，项目主体方（筹资者）转让项目未来收益权，通过签订合同，项目主办人在特许期内将项目筹资、建设、经营、债务偿还等全权转让给项目融资目的公司；第四阶段，项目融资目的公司发行债券筹集项目建设资金；第五阶段，项目融资目的公司组织项目建设，项目经营并用项目收益偿还债务本息；第六阶段，特许期满，项目融资目的公司按合同规定无偿转让项目资产，项目主体方获得项目所有权。

资产证券化业务大致需要十个左右机构参与，包括律师、审计/会计/税务、资产评估机构、信用评级机构、承销商/财务顾问、托管银行、交易管理人、服务机构、支付机构、信用增级机构等。

资产证券化操作的关键，是按照八个主要步骤构造有效的专项资产管理计划：①组建一个特殊目的公司（SPV）；②特殊目的公司选择能进行资产证券化融资的对象；③将政府项目所包含的有效资产进行资产评估；④引入中介对项目进行产品设计；⑤以合同、协议等方式将政府项目未来现金收入的权利转让给特殊目的公司；⑥特殊目的公司直接在资本市场发行债券募集资金或者由特殊目的公司信用担保，由其他机构组织发行，并将募集到的资金用于项目建设；⑦特殊目的公司通过项目资产现金流清偿债权的债券本息；⑧对项目资产整合设计发行的融资产品进行风险分析与风险对抗。

## （六）投融资模式六——收益信托

收益信托是通过信托财产管理，运用过程中产生的各种信托收入，包括贷款利息收入、股权投资收入、股权投资分红、股权转让差价收入以及其他收入等。特色小镇的收益信托类似于股票的融资模式，由信托公司接受委托人的委托，向社会发行信托计划，募集信托资金，统一投资于特定的项目，以项目的运营收益、政府补贴、收费等形成委托人收益。收益信托融资结构模式设计如图4-16所示。

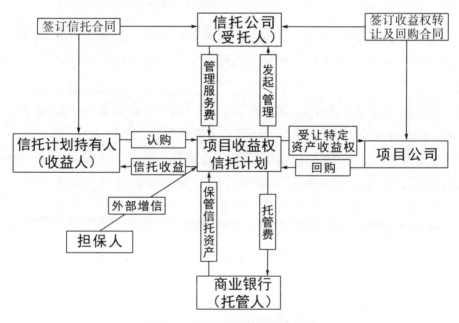

**图4-16　收益信托融资结构设计**

## 三、特色小镇的投融资规划构想与项目运作模式操作要点

### （一）特色小镇的投融资规划构想

特色小镇的投融资规划，需要对各发展阶段有针对性地进行投融资规划，从科学系统的视角，解决特色小镇资本流运作方面的问题。

**作者观点**

　　特色小镇投融资规划既要解决资本紧缺问题，又要具备桥梁沟通的作用，更需要发挥风险控制和控制的作用。设计投融资规划，需要注意投融资规划目标以及投融资规划体系的两个关键构造。

1. 特色小城镇投融资规划的目标设定需要重点放在四个方面，突出三个结合

**四个方面：产业体系及产业发展规划、区域空间价值规划（建筑及配套产业）、土地资源使用、区域财政及政策使用。**

三个结合：分级开发与重点开发时序相结合，建设发展阶段与投融资时序相结合，长期投资收益与短期投融资效益相结合。

2. 搭建投融资规划体系，就是搭建其系统功能关联，包括**项目体系、市场与政府需求、产业体系、建设运营**四个方面

**项目体系**：项目结构化融资模式设计，需要明确资本投入规模与投入时间节点，保障资金来源及后续资本安全补充及备用；发掘项目盈利点，明确投资收益来源，保证收益稳健性。

**市场与政府需求**：有效区分市场型（经营性）项目和政府主导型（准经营性和公益性）项目；有效引入不同类别的社会资本，推进政府主导型项目的市场化进程；整合市场资源，为特色小镇与市场产业融合提供智力、技术支持。

**产业体系**：构造特色小镇差异定位和领域细分，逐步完善产业体系；

通过特色小镇产业拉动力，逐步形成产业体系与产业集群；通过政策引力，吸引高端要素集聚，培育产业发展人才；以核心产业为中心，逐步通过配套建设，为产业发展提供便捷完善的基础设施和公共服务；通过软文化环境的营造，构造有效的治理体系与可持续发展动力。

建设运营：以特色小镇可持续发展目标为导向，深入策划体系，构建顶层设计思维，通过有效时序建设与渐进式思维，提升特色小镇建设运营体系；以特色产业构造为核心，以空间价值融合为重点，深化价值链价值系统，延伸、扩展、升级、改革产业价值链；有效构建评估体系，通过绩效管理，促进调整及优化运营计划。

3. 特色小镇投融资规划步骤

结合各区域特色小镇的不同特色，进行特色小镇的投融资规划设计，如图4-17所示。

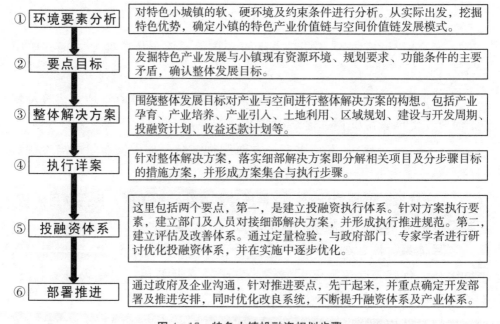

图4-17　特色小镇投融资规划步骤

（二）特色小镇相关项目运作模式操作要点

企业对于特色小镇的推进，主要是通过项目进行落地。建立有效的项目合作模式，不仅要注意融资体系的建立，更需要针对项目特质建立有效

中国特色小镇 The Chinese Characteristic Town

的合作及运营模式。特色小镇相关项目运作模式的建立，需要融合社会资本，根据特色小镇下属项目特点的不同，建立不同合作及运用模式。在操作中，会突出 BOT、BT、TOT、TBT 和 PPP 等几种重要的合作模式。当然，根据项目需求，有的模式可以进行灵活的转化，比如 BT 模式就是 BOT 模式的简化。同时，BOT 模式也可以转化为很多类似的合作模式，比如 BOOT（Build－Own－Operate－Transfer）模式、BTO（Build－Transfer－Own）模式、BOO（Build－Own－Operate）模式、ROT（Renovate－Operate－Transfer）模式、POT（Purchase－Operate－Transfer）模式、BOOST（Build－Own－Operate－Subsidy－Transfer）模式、BLT（Build－Lease－Transfer）模式等。

很多人认为以上的合作模式都是不同形式的 PPP 合作模式，从 PPP 广义的定义看，这种说法没有错误。笔者也支持这种说法。

**推动核心点：**

特色小镇运作模式的关键是转化思维，目的是转变政府推进项目的模式与方法，以相对较好的合作模式推进特色小镇价值链的生成。运作模式的重点是改良特色小镇发展的参与主体。主要包括四个方面：第一是引导机构，包括政府及其下属的机关、事业单位、国有企业。第二是社会资本，包括国有企业、民营企业和外资投资企业。这些投资机构、社会资本可以是单独的投资人，也可以是联合体的投资人。第三，参与主体的项目公司，项目公司处在中间位置，作用非常关键。第四，金融机构参与方，包括银行、保险、信托、基金等。

四个核心主体一般会借助三种社会资本参与特色小镇建设：第一种合作方式是项目的投资方与政府直接合作，然后由政府回购后退出股权；第二种合作方式是与其他社会资本构成联合体，共同参与投资项目公司，通过项目合同约定范围，参与投资运作，并且通过股权转让等方式，在约定期限届满时退出股权，实现收益。第三种合作方式是作为资本方直接进行项目资金投入，这方面的资金投入有项目贷款、信托贷款、制度基金，资产证券化等。

特色小镇的合作模式及投资模式需要根据资本需求与政府项目的特质来决定。有些项目可以采用相对简单的投融资模式，可以考虑直接投资方式，使用 BT、BOT、TOT 等模式进行合作，这类合作模式主要用于城市道路、污水处理、供水供气、供暖、保障房、医疗等特色小镇分解型项目的合作中。但在特色小镇整体运营、综合开发等方面就要设计 PPP 模式及 PPP 主导的运营体系，一般会通过设立 SPV 公司，有时可以通过相关基金建立多个项目的相关运营公司。只要掌握各种融资的特点与融合方式，就可以进行特色小镇各类项目合作的设计，并可以通过创新，改良、更新、优化合作模式。

特色小镇基础项目的合作运营模式设计，可以融合广义 PPP 项目思维，利用 BOT、BT、TOT、TBT 等模式对特色小镇项目进行融合与转化。通过优良的项目运作模式设计，促进特色小镇发展。

1. BOT（Build－Operate－Transfer）模式，即建造—经营—移交模式

BOT 模式是政府推进项目较为常见的模式之一，特点是将基础设施的经营权通过有效期限的抵押以获得项目融资，或者说是基础设施项目民营化。

特色小镇项目 BOT 模式操作流程分为四个阶段。特色小镇项目 BOT 模式操作流程如图 4－18 所示。

| 招标、投标评标 | 设计、融资建设 | 运营 | 移交 |
|---|---|---|---|
| **主体**：政府部门<br>**流程**：资格预审、功盖招标、投标、评标<br><br>经专家组评审认定，确定中标人，并授予特许经营权。 | **主体**：中标人<br>**流程**：设计、融资、建设<br><br>组建项目公司，负责项目的设计、融资、采购、安装调度以及一系列建设活动。 | **主体**：中标人<br>**流程**：运营<br><br>建成后按协议向政府提供服务。 | **主体**：中标人<br>**流程**：移交<br><br>在特许经营协议期满后，中标人无偿将项目经营权和所有权移交给政府。 |

图 4－18　特色小镇项目 BOT 模式操作流程

中国特色小镇　The Chinese Characteristic Town

BOT 模式，首先由项目发起人通过投标从委托人手中获取对某个项目的特许权，随后组成项目公司进行项目融资，组织项目建设，管理项目运营，并在特许期内通过对项目的开发运营以及当地政府给予的其他优惠回收资金、还贷，并取得合理的利润。特许期结束后，应将项目无偿地移交给当地政府。

**BOT 模式设计时，需要充分了解主要参与人**，包括当地政府、BOT 项目公司、投资人、银行或财团、设计及监督公司、建设与经营等关联公司。**当地政府是 BOT 项目的控制主体**，决定是否设立此项目，是否采用 BOT 方式，并有权在项目进行过程中对必要的环节进行监督。**BOT 项目公司是 BOT 项目的执行主体**，负责筹资、分包、建设、验收、经营管理以及还债和偿付利息等工作。**投资人是 BOT 项目的风险承担主体**，具有资本承担有限责任。银行或财团通常是 BOT 项目的主要出资人。特色小镇项目 BOT 运营模式的实现路径如图 4—19 所示。

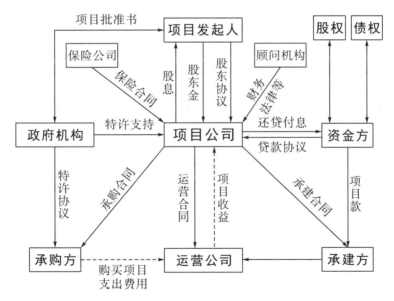

**图 4—19　特色小镇项目 BOT 运营模式**

在具体操作时，要抓住 BOT 模式的特点，从而优化与创新特色小镇项目的合作模式。BOT 模式具有市场机制和地方政府干预相结合的混合经济特色。一方面，BOT 模式能够保持市场机制发挥作用。BOT 合作模式的项目大部分经济行为都在市场上进行，地方政府以招标方式确定项目公司的做法本身也包含了竞争机制。在整体推进过程中，要符合市场经济人的功能。另一方面，BOT 模式为地方政府干预提供了有效途径，地方政府自始至终都拥有对该项目的控制权。地方政府在项目推进过程中起着决定性作用，并具有极强的监督检查权利。

2. 以 BOT 模式为基础的相关演化模式

以 BOT 模式为基础，在执行过程中可以演化出众多融资合作模式。由于项目种类、投融资回报方式、项目财产权利形态等众多因素，致使合作模式发生了变化，但整体操作思路并没有什么不同，这里介绍其中七种相关合作模式。

（1）BOOT 模式

这种模式与 BOT 模式在内容和形式上十分相似，仅在财产权属关系上强调项目设施建成后归项目公司所有。这里主要牵涉资本归属权的问题，实施阶段存在一定争议，争议的核心是所有权和经营权是否分离。

（2）BTO 模式

这种模式是先建设、转让后再经营。与 BOT 模式的不同之处在于"经营（Operate）"和"转让（Transfer）"发生了次序上的变化，即在项目设施建成后由政府先行偿还所投入的全部建设费用，取得项目设施所有权，然后按照事先的约定由项目公司租赁经营一定年限。这种模式多运用在对社会的优质资源进行优化管理，以减少政府资金，尤其是人员投入。

（3）BOO 模式

这是针对特色小镇项目"建造—所有—经营"设计的合作模式。这一模式中项目公司实际上成为建设、经营某个特定基础设施而不转让项目设施财产权的项目所有方。其在项目财产所有权上与一般公司相同，但在经营权的取得、经营方式上与 BOT 模式有相似之处，即项目主办人在获得政府特许授权、在事先约定经营方式的基础上，从事基础设施项目投资建设和经营。这种模式多出现在相对开放的香港等地区。

（4）ROT 模式

ROT 分别指"重整—经营—转让"。该模式中，重整是指在获得政府特许授予专营权的基础上，优化过时、陈旧的项目设施，并对设备进行改造更新，在此基础上由投资者经营若干年后再转让给政府。这是 BOT 模式的同类合作模式，适用于已经建成，但已陈旧过时的基础设施改造项目，差别在于"建设"变为"重整"。这种模式比较适用于历史文化类特色小镇发展模式。

（5）POT 模式

POT 分别指"购买—经营—转让"。购买，即政府出售已建成的、基本完好的基础设施并授予特许专营权，由投资者购买基础设施项目的股权和特许专营权。这种模式属于创新型模式，核心是企业经营基础设施。该模式的优点是可以帮助政府快速回笼资金，减少后续人员及资本投入。

（6）BOOST 模式

BOOST 分别指"建设—拥有—经营—补贴—转让"。该模式常用于特色小镇项目建成后，在授权期限内，既直接拥有项目资产又经营管理项目，但由于存在相当高的风险，或非经营管理原因导致经济效益不佳，须由政府提供一定补贴，授权期满后将项目的资产转让给政府。

（7）BLT 模式

BLT 分别指"建设—租赁—转让"。指的是项目建成后将项目以一定的租金出租给政府，由政府经营，授权期满后，将项目资产转让给政府。这一方式与融资租赁非常相似，仅是客体由一般的大宗设备换成了基础设施而已。

从以上七种与 BOT 模式相关的模式来看，**BOT 模式等同类型合作模式的核心在于项目公司对特定基础设施项目特许专营权的获得，以及特许专营权具体内容的确定。而建设（重整、购买）、转让则可以视项目的不同情况而有所差异。**这样既能解决政府财政资金不足以及项目发展需求问题，又能保证项目公司在经营期间的获益权和国家对基础设施的最终所有权。政府通过授予项目特许权，赋予私营机构在一定期限内建设、运营并获取项目收益的权利，期限届满时项目设施移交给政府。同时，作为项目发起人的私营机构除投入自有资金外，项目建设所需资金大部分来自银行贷款等融资渠道，借款人还款来源限于项目收益，并以项目设施及其收益设定浮动抵押，进行债务担保。

### 3. BOT 模式简化——BT（Build－Transfer）模式

BT 分别指"建造—转让"。地方政府通过特许协议，引入国内外资金或民间资金进行专属于政府的基础设施建设，基础设施建设完工后，该项目设施的有关权利按协议由政府赎回。在中国，这种模式以前使用非常广泛，但容易造成利益输送，所以现在管控相对比较严格。特色小镇项目BT 运营模式的操作如图 4－20 所示。

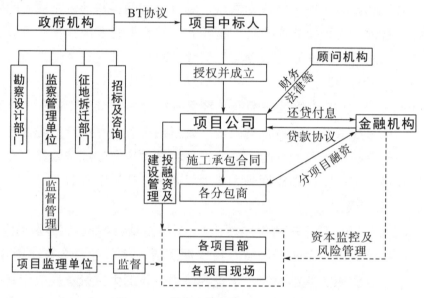

图 4－20　特色小镇项目 BT 运营模式

### 4. TOT 模式

TOT 模式分别指"转让—经营—转让"。该融资模式是一种通过出售现有资产，以获得增量资金进行新建项目融资的新型融资合作方式。在这种模式下，企业首先用所属资本购买某项资产的全部或部分产权与经营权，然后，购买者对项目进行开发和建设，在约定时间内通过对项目经营收回全部投资并取得合理回报，特许期结束后，将所得到的部分产权或经营权无偿移交给原所有人。特色小镇项目 TOT 运营模式的具体操作如图4－21 所示。

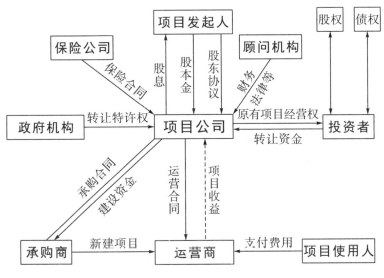

**图 4-21　特色小镇项目 TOT 运营模式**

5. TBT 模式

TBT 分别指"转让－建造－转让"。TBT 模式就是将 TOT 模式与 BOT 模式合作组合起来，以 BOT 模式为主的一种合作运营模式。在 TBT 模式中，TOT 模式实施辅助，采用 TOT 模式主要是为了促成 BOT 目标实现。TBT 模式的实施过程如下：地方政府通过招标将已经运营一段时间的项目和未来若干年的经营权无偿转让给投资人，投资人负责组建项目公司去建设和经营待建项目，项目建成开始经营后，地方政府从 BOT 项目公司获得与项目经营权等值的收益，按照 TOT 和 BOT 协议，投资人相继将项目经营权归还给政府。特色小镇项目 TBT 运营模式的操作如图 4-22 所示：

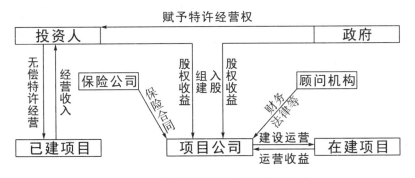

**图 4-22　特色小镇项目 TBT 运营模式**

政府将一个已建项目和一个待建项目打包处理，获得一个逐年增加的协议收入，而这个收入来自待建项目，最终政府收回待建项目的所有权益。TBT 模式有两大优点：其一，从地方政府的角度讲，TOT 模式盘活了固定资产，以存量换增量，可将未来收入一次性提取。政府可将 TOT 模式融得的部分资金入股 BOT 项目公司，以少量国有资本带动大量民间资本，极大地弥补了 BOT 模式中政府在一定时期对项目没有控制权的推动缺陷。其二，从投资者角度来讲，企业更愿意有政府背书，而政府用一定比例投资，并作为劣后资金，更容易吸引社会资本，也会更好地协调各方关系，推动项目的顺利发展。这不仅减少了投资人的风险，使投资者对项目更有信心，对促成 BOT 项目的融资也更为有利，有效解决了短期融资问题。

虽然 TBT 模式具有 BOT、TOT 两种模式的优势，但由于发展时间较短，而且投资规模大、周期长、风险大，在实际操作中，会出现定价权等问题。一方面，在执行中，会因为多种因素导致不同的利益角逐，很容易发生角色冲突。如果政府利益定价较低，容易造成利益输送。虽然可以通过账面价值、重置成本、现行市价、收益现值等方法反映经营权的真实价值，但实际推动中更多的是预期价值，仅是对预期收益做估算评估。同时，法律环境、行政环境等因素也会对估价造成极大的影响。另一方面，TBT 运营模式是以 BOT 模式为目标，建设 BOT 项目为最终目的。需要有效解决已建成的关联项目匹配与推进计划等问题，包括已建项目的规模、净现金流等，同时需要有层次地推进关联计划，以达到平衡发展。

6. 基于上述 PPP 模式的特色小镇融合性发展

从广义的 PPP 模式来看，上述模式都是 PPP 模式，而且每种 PPP 模式都可以通过相关利益方与相关因素对特色小镇的发展造成直接影响，需要对其进行融合与转化。融资渠道是融合及转化过程的关键之一。充分发挥 PPP 模式的优势，就必须通过资本的作用激活各部门职能，并不断优化投融资模式。

首先，需要充分利用特色小镇融资渠道。融资渠道包括政府资金、政策性资金、社会资本、开发性金融、商业金融等五种主要渠道。通过多个投资平台的参与，为特色小镇发展提供强有力的资金支持，从而激活小镇特色产业的发展。主要通过三个主要作用进行推动：第一，发挥政府资金的"杠杆作用"与"推力作用"。政府资金主要来源包括土地出让收入、税收收入、非税收入、政府专项资金。通过这些资金，突出特色小镇专项发展目标，包括转移农业人口、提升小城镇公共服务水平和以提高承载能力为目的的基础设施、公共服务设施建设，为特色小镇特色产业发展提供平台支撑。第二，充分发挥社会资本"主体作用"。以政府资金为基础，激活社会资本积极参与公共服务领域 PPP 项目。在特色小镇建设中，引入社会资本，提高特色小镇的建设效率，使企业通过产业发展及基础建设创造价值链增值。第三，充分发挥商业金融"促进作用"与开发性金融的"补充作用"。商业金融一方面需要融入投资开发的相关模式，另一方面需要支持特色小镇产业体系中的企业与个人的资金需求，构造多种资金支持模式。而开发型金融则需要承担长期的融资功能，满足基础产业及设施建设、特色产业投资等资金需求。开放性资金的运用，一方面通过有效约定，提升资金使用效用，另一方面要建立完善的风险控制机制与信用体系。从特色小镇的发展规划入手，培育和建设市场信用，引导各类资金和资源投入特色小镇发展。

**其次，是以模式构造为基础，充分发挥 PPP 投融资融合模式，做好组织职能、发展模式两个方面的工作：**

一方面，充分发挥特色小镇 PPP 模式的关联组织职能。这里包括**四个组织要素**。**第一，PPP 项目公司（SPV 特殊目的公司）**。这是 PPP 项目的具体实施者，由政府和社会资本联合组成，主要负责项目融资（融资金额、目标、结构）、建设、运营及维护、财务管理等全过程的运作。**第二，政府部门**。通过给予某些特许经营权及相关政策扶持措施来吸引社会资本并促进项目顺利进行。职能主要体现在：招投标、特许经营权授予、部分政府付费、政府补贴、融资支持基金（股权、债权、担保等形式的支持）、质量监管、价格监督等方面。**第三，社会资本的相关企业**。与政府一起合作成立 PPP 项目公司，可以是单一企业，也可以是企业联合体。包括国有控股、民营企业、混合所有制企业。**第四，金融机构**。主要提供资金支持和信用担保，也可由社会资本参与投资。金融机构主要是国际及地方金融机构、商业银行、信托投资机构。

另一方面，不断优化与创新特色小镇合作发展模式，构造以特色产业为中心的新型城镇化发展模式。可以将特色小镇项目分解为土地整理、资源整合、产业开发、基础设施建设等项目。同时融合产业、文化、宜居、环境等各种要素，通过 PPP 模式引入社会资本，引入产业关联企业及产业机构、专业的城市投资建设运营商，通过专业化手段，突破当地人才、资金、能力不足的瓶颈，进行优质资源整合，促进特色小镇跨越式发展。

实现特色小镇的跨越式发展需要构造三个要素：第一，在融资方面，通过与政府合作成立 PPP 公司作为主体投融资，构造专业化的运营机构。第二，充分发挥政府部门和企业各自优势，在产业发展以及基础设施建设方面，取长补短，优势互补。通过形成互利的长期目标，构造特色小镇高品质的服务及产业价值。第三，在项目经营方面，特色小镇的商业性项目和经营性项目都需要赋予充分的经营空间，充分发挥产业与资本各类公司优秀的产业运营经验、高效的经营管理能力、突出的市场化运作能力，推动特色小镇特色产业及相关服务类产业蓬勃发展。

# 第五章

# 特色小镇的深化变革：特色小镇
# 价值链升级的未来成长构想

# 案例引入：特色小镇转型发展案例

## "中国好莱坞"的成长思考
### ——横店与它的企业"纠葛"

从杭州沿沪昆高速一路南行，不到 3 个小时就会到达一个小镇，人口不多，只有 8.9 万人。

20 年之前，这还是一片贫瘠之地。而如今却年"入账"500 多亿元，每天常驻十几个剧组，国内 70% 的电视剧、60% 的电影都在这里完成外景拍摄，它就是横店。

横店镇被誉为"东方好莱坞""中国磁都"和"中国箔王"，位于中国浙江中部的东阳市，与中国小商品城义乌相距 36 千米。距省会城市杭州160 千米，距金华 90 千米，处于江、浙、沪、闽、赣四小时交通旅游经济圈内。

横店镇的发展实际上是中国小城镇发展的缩影。它是中国城镇化发展的代表，更是中国特色小镇建设发展的范例。横店镇在徐文荣的带领下走出了一条具有横店特色的发展之路。作为横店集团的创始人，徐文荣与他的团队所创造的社团经济，被经济理论界概括为"横店式共有制""市场型公有制"，被称之为"中国农民实现小康之路"。虽然现在横店面临产业升级及转型的问题，也碰到众多发展瓶颈，但其特色小镇的成长模式值得参考借鉴。

自 1996 年以来，徐文荣带领的横店集团累计投入 40 多亿元兴建横店影视城，现已建成广州街/香港街、秦王宫、清明上河图、明清宫苑、梦幻谷、屏岩洞府、大智禅寺、明清民居博览城、华夏文化园、红军长征博览城、圆明新园等近 20 个跨越千年时空，汇聚南北地域特色的影视拍摄基地，成为年接待 500 万游客（2007 年数据）的国家 AAAAA 级景区和全球规模最大的影视拍摄基地，是中国首个"国家级影视产业实验区"，被美国《好莱坞报道》杂志称为"东方好莱坞"。

横店每一个景点都按照 1∶1 的比例仿制真实场景，宏大的基地规模、丰富的拍摄场景吸引了谢晋、陈凯歌、张艺谋、王家卫、徐克等大批名导和巩俐、李连杰、赵文卓、陈道明、金喜善、藤原纪香等国内外影视明星在横店影视城取景拍摄。自《鸦片战争》在横店影视城拍摄以来，已有《荆轲刺秦王》《英雄》《汉武大帝》《无极》《满城尽带黄金甲》《黄石的孩子》《投名状》《功夫之王》《木乃伊3》等 500 多部、18000 余集影视剧在横店影视城拍摄完成（截至 2007 年）。每天都有很多剧组在影视城拍戏，因此很适合年轻人去游览，既能看到美丽的风景，又可以看到许多知名演艺人员，可谓一饱眼福，实属难得。

除了影视城之外，横店也是磁性材料基地。

## （一）横店影视产业价值链的"三级跳"：多产业价值系统开发

20 世纪 90 年代，浙江横店集团创始人徐文荣就说过：我有一个梦，就是把横店的农村变成城市，农民变成市民。如今这个梦想在逐步实现，而实现的根本原因，在于他们**抓准了产业格局调整的趋势，根据产业需要不断进行服务升级。其实这就是特色小镇的成长构思。**

横店人多地少，耕地更少，发展高科技工业容纳不了更多的劳动力，选择影视城这条路有其必然性的一面。横店位于浙江中部，长三角的经济发达，影视产业符合人们的消费习惯，这是地利。人和方面，影视城的兴起成为浙江省经济结构调整的一面旗帜，政府大力支持；第三产业吸纳大量的劳动力，周围的村民也支持。

### 第一跳：工业向服务业转型

在农村承包制推出之后，横店开始大力发展乡镇企业，在乡镇企业遍地开花的情况下，横店又进军高科技的磁材料领域。在获得利润后，他们又开始考虑向第三产业转型，开始了农村向城市的转型。

发展的过程中，也有曲折。徐文荣说，当时他们在影视产业上并没有找到合适的产品、合适的人，整整 6 年多时间他一直用工业利润弥补着影视产业的亏损，直到 2001 年运用灵活的管理机制并带领横店影视不断创新，才有了今天的浙江横店集团。

横店影视旅游的发展始于 1996 年建设"19 世纪南粤广州街"影视拍摄基地，这一拍摄基地是浙江横店集团为支持导演谢晋拍摄"香港回归"献礼巨片《鸦片战争》而无偿投资兴建的。当时的初衷是为加强爱国主义教育和增加横店社区的游乐场所，让当地人开阔眼界，丰富业余生活。

然而，此举却引起了意想不到的效果：一是各级政府的高度重视；二是得到了媒体的充分关注，国内外媒体为此发表了 400 多则消息报道，极大地扩大了浙江横店集团的知名度；三是影片拍摄对于大量群众演员的需求，为横店社区提供了大量的新的就业机会；四是拍片所需的系列配套，使横店出现了道具、戏服等专业加工的新的服务行业；五是影片拍摄吸引了周边地区的游客，带动了横店旅游和餐饮、住宿等社会服务行业的兴起……上述因素，坚定了浙江横店集团投资发展以影视旅游为主的第三产业的决心。

此后，1998 年，浙江横店集团又为导演陈凯歌拍摄《荆轲刺秦王》电影无偿投资兴建了秦王宫，接着，清明上河图、明清宫苑、梦幻谷、大智禅寺、明清民居博览城等影视拍摄基地一一拔地而起。

**第二跳：多方开发服务业体系**

浙江横店影视城先后投资兴建有广州街、香港街、秦王宫、清明上河图、明清宫苑、梦幻谷等多个跨越上千年历史，汇聚南北地域特色的影视拍摄基地（景点），同时拥有贵宾楼、国贸大厦、影星酒店等从一星到五星级酒店 10 多家，还有影视管理服务公司、制景公司、营销公司、旅游商品公司、产品管理开发中心等子公司，直接从事影视和旅游服务的员工达 4400 人。

历经短短的 17 年，横店影视城现已成为全球规模较大的影视拍摄基地，被美国好莱坞杂志称为"中国好莱坞"。17 年来，共有 1200 余部影视剧在此拍摄。从 2004 年起，横店的殊荣就接踵而至，先后被国家新闻出版广电总局确立为中国国家级首个影视产业实验区、中国十大影视拍摄基地、浙江省文化产业示范基地、国家 AAAAA 级旅游景区……到 2012 年，横店影视城纳税 5157 万元，在全省旅游企业中名列前茅。

横店影视城形成了"影视为表、旅游为里、文化为魂"的发展和经营战略，大力发展以旅游业、影视业为主体的第三产业。2007 年，公司共接待游客达 478 万人次，为浙中地区接待游客最多的景区；到 2012 年，横店影视城已接待中外游客 1177 万人次，共有 150 个影视剧组在横店影视城拍摄。

其子公司横店影视城也实现了两次根本性的转变：一是从影视拍摄基地向影视产业基地的转变。目前，横店影视产业实验区已吸引包括华谊兄弟、光线传媒、保利博纳、香港唐人电影等在内的国内外 487 家知名影视机构入驻，逐步走出了基地免费拍摄、产业价值链主导效益的模式。二是从影视拍摄基地向影视旅游主题公园的转变，2001 年，集影视元素、科技元素、快乐互动元素于一体的"暴雨山洪""怒海争风""梦回秦汉"等大量影视旅游产品集中推出，开发自有的"秀"产品。

**第三跳：精细营销的战术制胜**

横店影视城以"统分结合"和"一城一策"作为市场营销的指导思想，及时调整营销策略。"一城一策"就是因地制宜，针对客源市场的需求推出相应的旅游产品和价格政策；"统分结合"就是发挥各景区与公司两方面的积极性，以营销业绩与效益挂钩的方式，激发各子单位的活力……通过几年的运作，横店影视城的营销半径也从原来的 100 千米扩大到目前的 2000 多千米，即营销区域从金华拓展至以华东 6 省 1 市为主，以华南、西南地区和海外市场为辅。横店影视城还成立了 45 个市场部，直接布局到全国各客源市场。

横店影视城同样认识到代理商的重要性，因为代理商数量的多少及稳定程度对扩大市场知名度、稳定团量尤为重要。横店影视城要求营销员根据消费者的潜在需求和愿望来设计旅游线路、推出活动，根据代理商的盈利要求设计价格的毛利空间，紧紧抓牢送客大户，培育潜在客户。每到年底，都有一批输送客人数量多的旅行社总经理到横店影视城参加年终奖励大会。

## （二）新型城镇化的特色小镇"横店模式"

横店镇 2013 年城镇建区面积 14 平方千米，常住人口 10.5 万，实现税收 19.6 亿元，城镇居民人均可支配收入超过 3.5 万元。**横店镇区道路长 216 千米，镇区交通便捷；拥有超过 10 家以上的星级宾馆，各类商户**

中国特色小镇 The Chinese Characteristic Town

6000余家；自来水厂、污水处理厂等城市基础设施完备，学校、医院等城市公共服务设施俱全，还建有横店大学（现横店影视职业学院），横店已基本具备了城市所应有的功能和形态。

横店走出了一条"政企联合推进，企业投资建设"的小城镇发展道路。

横店从只有一条不足百米的街道，发展到今天一个充满活力、初具规模的小城镇，其背后的主要资金来源不是政府财政资金，而是来自徐文荣为代表的横店集团。横店集团是横店城镇基础设施和公共服务设施的主要建设者和运营商。横店企业建镇的做法对各地在新型城镇化拓宽城镇基础设施，以及公共服务设施建设的融资渠道，实行"小政府、大市场"的运作等方面有积极的借鉴作用。

1. 企业推动区域发展

横店集团的创建要追溯到1975年创办的横店丝厂，最初为横店社办集体企业，1984年实行政企分开，1995年成立横店集团。2013年横店集团已经发展形成60个子公司、200多家生产型企业，完成产值468亿元，实现利税58.11亿元。按照政府规划、企业实施的原则，横店集团累计为横店城镇建设投入资金达100多亿元。

虽然横店仅仅是一个乡镇，没有一级独立财政，市政府也不愿把城市基础设施投到横店来，基础设施条件成为进一步发展的严重约束。但是政府与企业的深度合作与推进，促使从20世纪80年代中期开始，横店集团就参与了城镇基础设施建设。作为横店集团创始人的徐文荣意识到，如果横店的环境和基础设施条件不改变，就引不进人才，工厂也很难做大。但是全部依赖乡镇政府来建设基础设施也不现实，因此他坚定地承担起建设城镇的责任。

现在来看，企业建镇是在现行城镇等级管理体制下，企业为了寻求自身发展的无奈之举。从经营运作方式来看，就基础建设等方面的深度合作探索，也为中国城镇化发展，尤其特色小镇发展提供了全新的发展思路与方向。横店集团为城镇发展的投入主要分为以下几方面。

第一，提供公益性基础设施。横店集团对桥梁道路、公园、路灯这一类设施进行投资。过去，横店南江上只有一座大桥，横店集团先后投资修建了 11 座公路大桥，修建连接横店的道路长度超过 500 千米。城市道路路灯电费、环卫费等都由横店集团来承担。

第二，**通过市场化方式提供部分市政公用产品和公共服务产品。**对于一些市场化运作的市政公用产品和公共服务产品，比如自来水厂、公交、医院、学校等，横店集团对这些产品和服务的供给采取市场化运作模式。由企业进行投资，作为企业的资产。日常运营采取企业化管理模式，职工收入与运营的收益直接挂钩。

第三，**推动了横店城镇化发展转型。在横店集团带动下，横店发展已历经了两次深刻的转型，第一次转型是从农业向工业的转变，实现了横店农民的脱贫致富。第二次转型得益于横店集团影视文化旅游产业的发展，带动了横店人民从小康向富裕的转变。**

横店集团专门成立了影视城有限公司，对横店影视基地及相关旅游配套产业进行整合。目前在影视景区建设及相关配套投入已经超过 70 亿元，不但改善了城镇面貌，而且成为带动横店发展的新引擎，也完善了城镇功能，使横店从一个工业小镇发展成为一个功能完善的城镇。横店影视旅游杂志总编辑曾毓琳回忆，1994 年他刚到横店时，全镇的民营饭店只有 1 家拉面馆，而现在仅星级宾馆就已超过 10 家。

**政府在横店发展过程中的主要定位就是做好相关规划和协调工作，协调城镇建设过程中涉及的各级政府部门、自然村和广大农民关系，为企业建镇创造条件。**政府邀请同济大学规划院等知名机构编制和修订横店规划，通过规划引导企业建镇的方向。为支持企业建镇的推进，政府在土地出让收入方面也出台了一系列优惠措施，目前横店区域内的土地出让收入除上缴上级政府部分，其余全部归横店集团使用，用于横店城镇发展。通过企业建镇，横店镇居民获得了更好的生活和就业环境，企业拓展了发展空间，为做大做强企业创造了良好的外部条件。这个外部条件既包括物质条件，也包括当地居民对企业发展的支持，降低了企业发展中的成本。

2. 开创横店发展模式

从横店建镇的过程来看，政府的视角发生了巨大的变化，从城镇建设管理角色转化为服务共享，与企业共建发展的新思路。走出了一条"政府引导，企业投资"的横店发展模式。相比较而言，企业建镇可以体现出以下优势。

第一，机制灵活，提高了运作效率。相对于政府管理，企业可以不必拘泥于固有的运作机制，而是采取更加灵活的运作机制，极大地提高了工作效率。曾经是东阳市发改局局长的任立平对此深有感触，他举例说连接诸永高速横店出口到镇区的道路，如果由政府来修建的话，仅征地拆迁一项工作半年都不可能完成，而横店集团只用半年时间就已把路修好。再以横店集团民营医院的运作方式为例，横店集团可以对医院科室进行承包，用以吸引更多更加优秀的医生在此兼职，能够大大提高医院竞争力。

第二，管理高效，降低了建设和运营成本。将效益和工资相挂钩，在日常工作中会更加精打细算。比如水厂在扩建时，为了降低成本，设备都由水厂采购，只是将安装承包出去，极大降低了成本，只用2.2亿元就完成了日供水能力7.5万吨的水厂和配套管网建设。已经管了20多年水厂的横店水务公司董事长翁天生说，要是按照政府建水厂的模式操作，最起码得花费3亿元。为了提高管理效率，可以说企业能够精简的人员都精简掉，水厂每个班只有1个人，职工总数只有50多人，而同等规模水厂员工一般要在70人以上。影视城公司共有接近5000名员工，但是在机关的人员只有30多人。企业的人员负担大大减轻，保证了最低成本运作。

第三，共生共荣，更加注重长远发展。横店造就了横店集团，横店发展得好坏也直接关系到横店集团未来的前景，因此横店集团也愿意为横店的长远发展进行投资。比如，横店南江项目治理自1994年就已启动，经过近10年的治理，直接投入资金就达2亿元。当横店集团将影视旅游产业作为未来发展方向时，横店和横店集团的命运也更加紧密。为了能够为游客提供一个优良的环境，横店集团越来越重视生态投入，除了重视绿化、完善污水处理等基础设施外，横店集团还对有污染的企业进行外迁。横店集团计划将涉及污染的15个化工产品全部外迁，目前已经关闭了4条生产线。通过治理，横店的城镇面貌有了根本的改善，实现了水绿、天蓝、景美的目标。

## （三）横店产业运营不可复制

无可否认，国内影视拍摄基地的翘楚，当属横店。横店影视城，诞生于影视基地第一波热潮。建设广州街、香港街之后，秦王宫的建设让横店开始蓬勃发展起来。陈凯歌的《荆轲刺秦王》《无极》，张艺谋的《英雄》都曾选在这里拍摄。

目前，横店影视城共拥有 13 个影视外景拍摄基地和亚洲最大的摄影棚，影视产业基地建设规模居全球第一；总计接待中外影视剧组几百个，拍摄影视剧作品超过 4000 部（集）。在横店拍摄的著名影视剧包括《鸦片战争》《汉武大帝》《满城尽带黄金甲》《黄石的孩子》《投名状》《功夫之王》《木乃伊3》《杨门女将》《雍正王朝》《天下无双》《天下粮仓》《小李飞刀》《精武英雄》《人间四月天》《雷霆战警》《唐伯虎点秋香2》等。自2004 年横店成为全国第一个国家级影视产业实验区至今，在横店落户的影视制作公司已达 500 余家。而横店的产业模式与发展思路也成了横店成长与发展的关键。尤其 2000 年起免收场租令横店影视基地迅速崛起，横店欲主打特色演艺牌做中国最大"秀场"招揽游客。影视拍摄并非横店的生存之道，它的目标是成为"中国的拉斯维加斯"。

1. "影视之镇"的由来——无心插柳誉满中国

与现有的特色小镇建设完全不同，**横店影视城的建立并不是来源于专门的策划，而是由众多因素合力形成的。它的成功，有区域自然的因素，有企业领导者的眼光，有时代的背景，更有机遇的来临。**所以很多人说横店影视城的由来是无心插柳。

历史上其实并没有横店镇，最早是东阳的横店生产大队。因为发展很快，横店就分了出来，那时候很多小企业都办了起来，最后就成了横店集团。1995 年的时候，导演谢晋筹拍《鸦片战争》，为了搭景，横店进入了谢晋的视线。当时横店方面表现得十分热情，领导马上拍板："别人用一年，我们用半年，我们农民企业家无偿给你们服务。"实际上，横店影视城的建造当初只是一句承诺，并没有想那么远。

《鸦片战争》成功拍竣后，谢晋也十分感谢横店，于是逢人就介绍这里。后来很多剧组都来到这里，冯小刚来了横店建香港街，陈凯歌拍《荆轲刺秦王》来横店搭建秦王宫，横店都是分文不收。以前在故宫拍戏需要支付很高的费用，现在不允许拍摄，各影视剧组就更愿意来横店拍摄。

2. "零场租费＋高素质配套"，形成影视赔钱周边赚钱的经营策略

从 2000 年开始，横店影视城免收场租费，2008 年起摄影棚也免费提供。横店不仅为剧组搭景，而且对来这里拍戏的剧组是分文不收的。现在，这里的景区、相关酒店的停车场也都开始不收费了，剧组到横店只花费服装费用、演员费用等。横店只收取一些配套服务费用。这些收入一年只有几千万元，还不够横店维护景区的费用呢！如果单靠影视拍摄的相关收入，横店根本无法支撑下去。

剧组拍摄所需的发电车、吊臂等大型设备，在进出影视城仿古建筑时，对路面、建筑的破坏性相当严重；剧组为了造景，会重新设计场景，拍完之后，影视城又要重新复原……每年这类场景复原、景区修复，都要花上近亿元。

既然这样，那么横店影视城到底是怎么经营的呢？

实际上横店影视城是靠相关的产业赚钱，主要是通过旅游产业。现在横店大力发展的演艺旅游，比如景区的表演都很出名，同时带动了一些相关的服务产业发展。横店集团具有较大的规模，很多酒店餐饮都会因为影视城的存在赚钱。这样整体一平衡，横店就具有较强的营利能力。也就是说，横店发展到今天，哪怕以后一个剧组都没有，横店的旅游产业依然会很好。如果影视城单靠影视拍摄来发展旅游业的话，肯定走不远。横店的旅游业已经不再依靠剧组以及明星的带动效应。横店刚刚起步时，每周都会举行一次明星见面会，以此吸引各地游客前来。而这样的见面会，在后来慢慢变成每月一次，直到现在的"不定期"举行。

3. 横店的成功难以被复制

一座成功的影视城，必须具备相当完善的配套功能，尽管拍摄基地等硬件设施可以花钱建设，但基地在影视拍摄上的软实力，绝非一蹴而就。在横店演员公会注册的群众演员和特约演员已有 5000 多名，这在全国独一无二；中国最大的道具租赁公司也都在横店，擅长各式建筑的技术匠人更是形成了一个群体，这些都是别人无法取代的优势。除了直接为影视拍摄服务的道具、服装、化妆、器材、车辆、马匹、群众演员之外，还必须

第五章

有适应不同消费人群的生活设施，"不然，即使建起来也难以支撑下去，更不能实现长久发展"。

"横店的发展模式，不是新建的影视基地一朝一夕可以复制的。"这种无法复制性表现在以下几方面：

（1）剧组独爱在这里拍摄，一条龙服务，不可替代

影视城很多，但不少剧组独爱横店，这绝对是有原因的。首先，到横店影视城拍戏最合算。其次，能够在全国众多影视城中鹤立鸡群，横店当然有自己的独特之处，除了不收费这个优势，还有配套设置的完整、到位。

比如说剧组需要群众演员，别的景区也许有很多富余劳动力，但这些人会表演吗？横店开设了横店影视职业学院，可以提供演员、摄制等人员。比如以前有个剧组在这里拍电影，因为要临时赶戏，需要500个演和尚的演员。前天晚上告诉横店的工作人员，第二天早上500个光头就齐刷刷地出现在现场，当时他们对横店的服务深为感动与震惊。

除了专业人员，很多人根本想象不到，横店还有专门做戏服的工厂，为剧组提供发电车，连后期制作都承包了。甚至现在国家还在这里设立了审片部门，审片在这里就能完成，正所谓一条龙服务。曾毓林说："我们真正是导演带着剧本、演员来就行。"

（2）大文化，大市场，横店的文化滚动经济学

横店系列化的影视基地建设，不断扩大产业集群，玩的，住的，吃的，都有了；进而带动第三产业，老百姓都富裕起来了。横店又拿出了大量资金来进行道路建设，改造环境。

横店是半山区，里面的小山坡很多。1996年开始，横店在这儿建了一个影视基地，挖几个山头，又建一个旅游景点，带动周边的老百姓致富。同时，原来40个行政村，一次次扩镇，现在变成122个行政村。按照省委省政府的要求和下发文件，周边365平方千米是实验区范围，横店都可规划建设，把文化旅游搞得更大。

后来，横店开始建设世界闻名、被外国人烧掉的清代圆明园。这种大规划建设，也只有横店建得起。习总书记在浙江省时几次到横店，看到横店影视旅游文化产业的大发展，就提出建设文化大省。2012年，习总书

记提出的"中国梦"里，突出强调了文化强国。横店响应中央号召，抢抓机遇，创新发展，建了春、夏、秋、冬四个园，不但恢复了圆明园的原貌，新增加的建筑还超过原来面积的40%，完成了圆明园复原的梦想。经过几年的运作，圆明新园可达到总收入100亿元，带动社会三产收入500亿元，可以连锁带动10万人的就业，也因为系列化发展，文化产业促进了横店的经济增长。

（3）影视文化产业转型困境：合适盈利模式仍在探索

在国内众多影视基地里，横店已相当成功。但在专家看来，即便是横店，其产业转型仍存在不少难题。负责编制《浙江横店影视产业实验区发展规划》的上海社会科学院文化创意产业研究中心主任花建表示，目前困扰国内影视基地的头号问题是仍未找到合适的盈利模式，而实现产业转型，则面临体制机制等一系列障碍。

起码要制作几千集的影视基地才叫影视产业基地，拍过一两部影视的都不能算是影视产业基地，而是影视旅游基地。"中国缺乏的是真正的影视产业基地，多数号称影视基地的只是挂着旗号而已。"国内真正能称得上"影视产业基地"的只有13家，能提供一条龙影视剧拍摄服务的则更加少。其中，北京怀柔、浙江横店两个影视产业基地几乎占了古装影视片生产一半以上的份额。

今后三年，在文化产业大繁荣的背景下，影视产业基地要赶快从全产业角度提升自身的实力，如果仍按照过去的传统模式，已经很难成功。中国呼唤更多全产业价值链型的产业基地，这并非一般意义上的景区，而是具备综合性的影视投资、拍摄、生产制作能力的产业基地。即使是横店，也有很多待完善的地方。对比国外经验可以发现，中国的影视基地在发展上和国外有很大不同，无论是美国的好莱坞、日本的东京影视，还是印度的宝莱坞，都是影视产业的聚合中心，电影的筹拍、后期制作、出品等都聚在一起，是一条完整的产业链。除此之外，还有像迪士尼、环球影城这样的主题娱乐公园，把拍摄和吃喝玩乐整合在一起。

相对于电影票房的节节高升，影视基地的境遇却遭遇了尴尬，亏损的多，盈利的少，横店毫无疑问是成功的。如果说很多影视基地只是一个单纯的主题公园，横店则是一个由影视城衍生出成熟的产业价值链，以提供居民就业、拥有可持续发展基础的"影视之镇"。同时也是中国明星的聚集地。

（4）横店的新成长目标：中国的拉斯维加斯

在横店影视城，最多的时候，每天有30多部影视剧同时在横店取景拍摄；而在各个拍摄基地，共有14个不同内容的演艺节目轮番上演，每天演出100多场。实际上横店吸揽游客，主要依靠特色的演艺节目，而不仅是影视旅游。统计数据显示，2011年全年，横店影视城接待中外游客1090万人次。

根据横店正在编制的《横店影视城十年发展规划》，未来10年，横店集团将投资50亿元，学习拉斯维加斯，主打演艺牌，把横店打造成中国的拉斯维加斯。

目前，横店每天固定演出的大型节目共有14个，如《梦幻太极》《大话飞鸿》《怒海争锋》《暴雨山洪》《梦回秦汉》《汴梁一梦》《八旗马战》《清宫秘戏》等，《紫禁大典》《游龙戏凤》《港通天下》等演艺新产品也在创作完善中。

"根据规划，今后5年，这类固定演出节目将增至30个以上，第二个5年，将增至50个以上。"曾毓琳说："这是横店选择的一条创新之路，各地都在搞旅游，如果没有特色的话，根本无法立足。"

横店的目标就是成为中国最大的"秀场"。为了演好这场"秀"，横店影视城艺术团的演员现已达到400多名，两年后将达到1000余名。就在今年，横店的一个新兴拍摄基地——上海滩电影公园也将动工。上海滩电影公园就类似于好莱坞环球影城。在未来的10年规划中，横店还将完成"梦想王国"主题公园建设，并在原有国防科技城基础上，建设海洋世界、植物世界、野生动物世界，还会有正宗马戏表演进驻。

4. 横店启示：通过大市场协调政府与企业的发展目标

虽然复制横店企业建镇的模式难度很大，但横店企业建镇的发展模式是社会资本参与城镇化建设的一种探索，对中国新型城镇化发展，尤其是特色小镇发展具有很大的启发。

中央城镇化工作会议要求建立多元可持续的新型城镇化发展资金保障机制。**城镇市政公用设施和公共服务的市场化运作大有前景。**横店经验表明，通过市场化方式运作市政公用设施和公共服务设施效率更高，成本更低，一些原本需要政府补贴的事务也能实现盈利，比如水厂、公交等。

目前，一些地方政府在城镇建设运营过程中，垄断行为过多，市场化程度较低，出于部门利益，一些事务不愿交给市场。这样不但增加了成本，更降低了效率。建议地方政府要进一步退出城镇市政公用设施及部分公共服务的运营，放宽社会资本参与建设和运营的限制。把建设和运营权交给市场，这既能减少政府投入规模，有利于减少政府债务，也有利于相关产业发展。政府集中为城镇发展提供配套性服务，引导专业企业参与城镇建设与发展。

强化核心产业的协调发展，进一步推动新型城镇化。随着城镇规模的逐渐壮大，横店公共财政规模已接近 20 亿元，达到一个中小城市的规模，但在现行体制下，镇政府可支配的比重较低，不利于横店的发展。**通过政策创新，转化政府职能，为当地企业发展提供有效发展平台，必将进一步推动横店发展。**在政府和企业之间关系上，要继续保持"通过大市场协调政府与企业的发展目标问题"的运作模式。

随着城镇人口增多和农民工市民化政策的落实，城镇基础设施建设与公共服务的投资将继续增加，特别是在政府债务总额不断增长的背景下，既按照中央要求推动新型城镇化政策落实，又不增加政府债务负担，就必须创新改革思路，转化政府职能与思维。横店发展给我们带来了很好的启示，**要适时卸下可以交由市场解决的包袱，市场可以很好地解决这些问题。**通过大市场协调政府与企业的发展目标的运作模式，制定当地城镇化改革政策。

5. 企业家精神与创业人生——徐文荣带给横店的商业帝国

徐文荣，1935 年出生，高级经济师，高级政工师。曾任横店集团董事长、总裁、党委书记，横店集团总公司、社团经济局主席。同时担任中国乡镇企业协会副会长、北京大学经济管理学院客座教授等职。

徐文荣是横店集团的创始人。他带领横店走出了一条具有横店特色的发展之路。他所创造的社团经济，被经济理论界概括为"横店式共有制""市场型公有制"，称之为"中国农民实现小康之路"。徐文荣的工作业绩和无私奉献精神得到了社会的肯定，先后被评为全国劳动模范、全国优秀乡镇企业家、中国经营大师、全国改革风云人物、中国农村新闻人物、全国农业劳动模范，第四届全国科技实业家创业奖金奖获得者，同时被评为浙江省优秀共产党员、优秀政工师、突出贡献企业经营者等。

位于浙中东阳市横店镇的横店集团是全国第一家由国务院经贸委直接审批的大型综合性乡镇企业集团，其核心企业总资产居全国乡镇企业之首，为全国三家特大型乡镇企业之一，并进入"中国工业企业500强"之列。横店集团探索出了一条经济社会两个文明协调发展之路，先后被有关部委确定为"国家社会发展综合实验区"等6个国家级试验区。但某种程度上，徐文荣，这位已近耄耋之年的老人，才是横店这出大戏的真正主角。和众多浙商一样，他同样白手起家，商业嗅觉敏锐，胆识过人，并且有能力在恶劣的环境中生存。他的个人经历和一系列决定，至今深刻地影响着这个小镇的走向。

徐文荣1966年成为横店大队的党支部书记。他自称是个农民，小学四年级毕业，却一手打造了目前最大的华人影视拍摄基地，每天有三十多部影视剧在这里开机，西方媒体甚至为横店冠上"东方好莱坞"的称谓。山不在高，有仙则名，地不在大，有人则兴。横店这个昔日的贫瘠之地，在徐文荣的带领下，仍持续为更多的人挥洒着财富、文化和进步之光。

（1）牵出金水牛的人

与当地人的谈话总是不自觉地会谈到徐文荣。当地有座八面山，山顶水源丰沛，传说是因为山下藏着一头金水牛，只有3000年的陈稻草才能牵出，而徐文荣就是牵出金水牛的人。这当然是不经推敲的传说，却颇有象征意义：**一个强有力的领导者，依据自己的独特方式，为当地赢取了安定与繁荣。**

徐文荣的父亲是个裱画匠，还写得一手好字，但贫苦给徐文荣带来的记忆依然刻骨铭心。中华人民共和国成立后，徐文荣进入县供销局，因业绩出色被提升为安文区办公室副主任。1962年，他辞去公职，回家务农。最初，徐文荣发现安文区肥料奇缺，动了"以肥料换粮食"的心思，第一次就换了50多斤玉米，但却落上了"投机倒把"的罪名，经多方说情才算过关。不久后，他又做起了用废铅提炼真铅的生意，凭借着土风箱和铁炉，一路收购到了上海，还用赚来的钱坐了飞机，一下成了当地的大人物。

正是这些敢想敢干的经历，令徐文荣事事愿为人先。他开办小工厂的种种实践一再被否定。1975 年，政策风向有了扭转的苗头，徐文荣迫不及待地用了 10 个月的时间自办丝厂。缫丝厂很快升级为更为现代化的轻纺和针织厂，随即他又涉足在当时即便大企业也不敢轻易进入的磁性材料领域，继而将版图扩展至医药、汽车等领域。

"敢为人先"为他落下"不服管"和"猖狂"的名声。20 世纪 80 年代早期，当地一位乡党委副书记曾公开说，这里有个人，论本事可以做皇帝，论错误可以枪毙。而如今在当地政府官员看来，横店集团对当地的贡献，徐文荣居功至伟。

有人曾向徐文荣求证：有人说你曾先后创办过 200 多家公司，是真的吗？徐文荣的眼睛顿时瞪得很大："怎么是 200 家，明明是 700 多家！"他试图抓住每一次改变的机遇，包括那些不被人看好的决策，而最终赢得的回报远远超过了那些失败。

(2) 带领横店走向规模经济

1975 年，徐文荣 40 岁。这段时间，老外在浙江经营的丝厂因经营不善而撤走，省里于是开放出来让农民自己办。徐文荣第一个报了名，拿到了东阳横店丝厂的批文。有了资质，但钱还是个问题。他用灵活的头脑创新出了一种众筹的方法。他来回游说于全公社 39 个大队，最终筹集了 5 万元的三年无息借款。

虽然钱不多，但是却有了坚实的群众基础。然后他就去游说当地信用合作社的行长。行长没在，他就在行长家门口守着，行长出差，他就给行长夫人送胎盘。最终，他拿到了 26 万元的贷款作为启动资金。

丝厂投产是横店走向规模经济的起点，也是徐文荣事业基础建立的起点。他很早就发现机会、紧跟国家政策，加上自己丰富生意经验，短短五六年间，就将丝厂升级为现代化的轻纺厂和针织厂，随后又扩展至磁性材料、医药、化工、汽车等领域。1984 年，近 50 岁的徐文荣在众多产业的基础上成立了横店工业公司。

随后，他又率先建立起政企分开的模式，让横店成为改革开放的典型案例，也成为全国乡镇企业效仿的对象。1987 年，徐文荣的横店工业公司产值突破亿元大关，是浙中地区第一个"亿元镇"。

但是，走在改革开放前沿的横店，也面临了现在中国很多地区民众同样面临的问题：物质财富极大丰富后，精神追求却仍落后。很多人无所事事，打牌赌博之风盛行。经过一年多的国内外考察，徐文荣决定发展休闲旅游业，丰富文化生活，建一个影视文化城。当时，包括浙江省副省长在内的许多人都认为小学都没毕业的徐文荣搞文化产业是天方夜谭。但是，有了财富底气的徐文荣再次展现了他敢作敢为的风格，建立了影剧院、体育馆、歌舞厅，甚至"神话荟萃""封神宫"等文化设施，前来消费的乡民络绎不绝，也触动了徐文荣，希望让外面的人也一起来消费这些文化产业。

（3）横店造城

1995年年底，已故电影导演谢晋来到横店。这一年，他正积极筹拍《鸦片战争》，但因资金难以落实、工程时间难以保证等困难，拍摄基地一直没有落实。"病急乱投医"的谢晋来到了与杭州相距180千米的横店，这个地方不通飞机、不通火车，在地图上根本找不到。谢晋找到了徐文荣，徐文荣看着他，不认识。别人介绍说："这是谢晋。"徐文荣仍一脸茫然。"你是干什么的？""我是拍电影的。"……

尽管徐文荣不知道谢晋是谁，但是，这并不妨碍他对机遇的把握。在横店逛了一圈后，谢晋选中了一块由很多个小山坡组成的地方，要徐文荣在这里建起"南粤广州街"。120栋房子、一条珠江、一座塔，最终，徐文荣以3个月为限接下了这桩一般人不敢拍胸脯的项目。徐文荣派了120支工程队同时进山，每支队造一栋房子，白天晚上、下雨下雪不停干，终于如期完工。由横店集团出资建造，建筑面积达6万多平方米的"19世纪南粤广州街"拍摄基地落成。

谢晋在上海、杭州没有做成的事情，徐文荣在横店帮他完成了。而横店当时仅仅是一个自然村。谢晋在横店顺利完成了拍摄，这成了影视城成名的契机。

徐文荣与陈凯歌的交往则延续了他与谢晋的故事。

陈凯歌要拍《荆轲刺秦王》，遇到了和谢晋类似的难题——秦王宫外景图纸已经设计好了4年，却一直找不到地方建设，也找不到建设的人。张先春、谢晋都建议陈凯歌找徐文荣。陈凯歌与徐文荣见面了。如见到谢晋一样，徐文荣不知道陈凯歌是谁。按照徐文荣的估计，秦王宫建成最快要一年，但陈凯歌等不了一年，讨价还价后，徐文荣承诺8个月完成。8个月后，秦王宫建成。美工面对恢宏的秦王宫，大哭了一场。

戏拍完后，来采访的外国记者有140多名，为横店做了一次大大的广告。此后，是香港街、清明上河图、明清宫苑、江南水乡⋯⋯

2005年，徐文荣70岁，前来横店拍摄的剧组源源不断。这时，徐文荣很英明地提出，任何剧组来这里拍戏一律免费。虽然少了门票收入，却带动了周边相关产业价值链的快速发展。据统计，1997—2007十年间，横店影视城帮助当地居民增收30多个亿。

2008年，他又决定投资200个亿复制圆明园，其中130亿用于文物收回和复制，70亿用于建设。虽然一度被批评，也被搁浅，但是应该颐养天年的徐文荣，凭借敢为人先的魄力，推动这一项目于2012年开工。2017年元旦开始，横店影视城新建的圆明新园秋苑和冬苑已正式对公众开放，标志着整个圆明园复建工程全部建成。

与杭州相隔180千米，在徐文荣每年超过200亿元营收的横店帝国中，声名在外的横店影视城仅仅是冰山一角，尽管每天有30多部影视剧在这里开机，西方媒体甚至为横店冠以"东方好莱坞"的称谓，传统的工业项目依旧为横店集团贡献着大部分收益。

但徐文荣仍打算为此继续投入——继声名在外的广州街、秦王宫和故宫之后，不久，横店影视城将重现昔日的上海滩，一个能够停放波音747的飞机场正在修建，他甚至设想着在横店周边兴建高空铁路，把村与村连在一起⋯⋯

（4）横店影视城与他的横店帝国

20世纪90年代中期，不安分的徐文荣动了别的心思："工业、农业、商业我都搞过了，做高科技又要引进人才，横店偏僻，一时难以实现，所以就只能搞文化。"当时浙江省一位副省长对不断登门的徐文荣直言不讳："你真是走火入魔，你要做工业我们支持你，你这点文化做什么文化产业？"

最初只是小打小闹，做了几个民俗村，有些反响。直到一天谢晋登门而至，请他为即将开拍的电影《鸦片战争》布景。为了一切如旧，徐文荣令人买下从坟墓中拆下来的旧石板铺路，找工厂专门用柴火烧制旧瓦。19世纪的南粤广州街平地而起，这也成为横店影视城的开端。

时任中央电视台台长杨伟光着手筹划兴建两个影视基地——"水浒城"和"三国城"。徐文荣希望对方能选一个建到横店去，杨伟光想都不想就拒绝了："不可能的，老徐，你横店什么地方，一个小镇，谁会到你那儿拍戏呢？"徐文荣以富有个人风格的方式回答："好，你等着，过几年我要打倒你。"

徐文荣做出了令所有人瞠目的决定——任何剧组到横店拍戏一律免费。当时，集团成员大都反对，但他坚持己见："他们不懂的，影视城一建起来，至少有1∶5的带动效应。"最终证明，这的确是个有远见之举，不计其数的剧组开始拥向横店。"老百姓开玩笑说，横店的明星多如过街老鼠。"几年后，果真来到横店的杨伟光，对徐文荣说了一句，"老徐，真的被你打倒了"。正是这个小学都未毕业的农民，一手打造了目前最大的华人影视拍摄基地。"免费"不仅仅吸引了不计其数的剧组，更带活了整条产业价值链，大量的群众演员闻风而至，在这里，他们每天可获得几十到上百元不等的收入。目前横店演员工会的注册会员有5000多人。在当地，甚至出现了一种新的说法，"北京有北漂，南边的横店有南漂"，如今每天有几千人住在横店。

"只要对方需要，这里什么都能完成。我们是从一无所有到无中生有，再到无所不有，"徐文荣说，"比方说，《建国大业》剧组一天需要1500个群众演员，横店很容易可以帮他们解决；还能去各地淘一些古董道具，租用给需要的剧组。"

过去30年间，横店不仅讲述了一个经济崛起的故事，更是徐文荣面对不同潮流自我转变的折射。和许多中国第一代民营企业家一样，这个最初因摆脱贫穷的强烈冲动而开始创业的农民企业家，并不愿意将所谓的商业智慧描述得过于复杂——所有言辞，都指向其性格中果断、决绝的一面，这令他在机会出现时迅速而专注。这或许可以解释，一个生长在一个商业传统中毫无特殊背景的农民企业家，能够将一间不起眼的缫丝厂，拓展成为一个拥有60多间子公司、3间上市公司的横店帝国。

卸任横店集团，徐文荣又创立了"共创、共有、共富、共享委员会"，它并非政府部门，却在一定程度上扮演着政府职能，比如每个月为符合条件的老人补贴 300 元。他曾经说，要把横店建设得跟西湖一样美，让农民像工人、像演员一样去工作，而现在他经常挂在嘴边的下一个目标是，让横店人过上香港人的生活。

创业人生没有止境，当你发现你的能力可以为越来越多的人创造更多价值时，你会更充满力量，像徐文荣一样，不愿停息。

（案例根据互联网资料及《经济观察报》相关报道为基础，经作者调整修改完成）

第五章

# 本章思维建构

特色小镇未来的发展构想，需要从四个基础价值要素出发，一方面，通过价值延展、治理优化与结构调整三个核心要素对特色小镇价值链的未来发展方向进行思考。在未来推进的思考路径中，需要突出五大发展思维路径，包括关注品牌价值系统与文化内生性动力为核心的特色小镇价值链发展思维，即品牌营销思维与软文化价值思维。另一方面，以创新价值系统增长为核心要素，结合科技与生态等技术手段，在特色小镇的价值治理及结构调整方面，构造可持续发展的生态优化思维、互联网和大数据思维与智慧价值网系统思维。这些思维路径都是未来特色小镇在价值链治理、升级和优化过程中需要重点思考的发展方向。思维建构如图 5—1 所示：

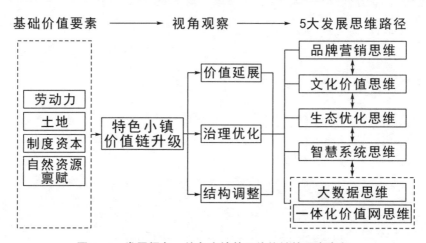

图 5—1　发展视角：特色小镇基于价值链的研究方向

本章重点论述两个方面的内容，首先是特色小镇品牌与软文化的系统研究，重点阐述特色小镇品牌价值链的构造及建设思路、特色小镇软文化建设思路。其次，则以一体化创新为基础，通过互联网、大数据、智慧城镇等技术手段，实现特色小镇价值链的治理优化、价值延展。

## 第一节　基于特色小镇未来价值成长的
## 品牌构建与软文化构造

### 一、特色小镇品牌价值链的生态价值建设构想

特色小镇品牌价值链是特色小镇发展到一定阶段的必然结果。对于特色小镇的可持续发展而言，品牌是获得持续竞争力的基础。**特色小镇品牌化是新型城镇化由行政主导型向市场主导型的战略转型，由被动行政推动型向主动市场拉动型转化的必然结果。从特色小镇价值链发展视角来看，特色小镇品牌价值链的推进，是特色小镇从重"量"到重"质"的转变，是特色小镇发展的必然趋势。**搭建特色小镇品牌价值链，对于促进特色小镇综合竞争力，以及特色小镇系统性地提升整体价值都有重要意义，尤其基于生态价值构建品牌价值链对于特色小镇的价值链建设具有积极的引导作用。

特色小镇品牌价值链是特色小镇价值链重要的组成部分，是构建特色小镇可持续成长重要的组成部分，基于生态思维构建的品牌价值链具有极强的生命力与成长性。

（一）特色小镇品牌价值链理论的基本构成

关于品牌，存在众多理论体系，不同时期品牌理论的研究重点也不尽相同，主要经历了品牌形象理论、品牌定位理论、品牌资产理论、品牌关系理论、品牌战略理论以及品牌生态理论等相对宏观的演化发展过程。本书关于特色小镇品牌价值链的构造，是以品牌战略理论为基础，重点采纳了凯文·文莱·凯勒《战略品牌管理》一书中的品牌价值链模型。

品牌价值链主要以迈克尔·波特的一般价值链理论为基础。一般价值链理论认为：一般企业都可以被看作是一个由管理、设计、采购、生产、销售、交货等一系列创造价值的活动所组成的链条式集合体。价值链展示

第五章

了总价值、价值活动、成本和利润等。在品牌经营中，也存在这样一个价值链条，即品牌价值链。**品牌价值链就是以向用户承诺的最终品牌价值为导向和目标，从经营的整个业务链入手，梳理和改善每一个环节，使之符合品牌价值的要求。这样的价值链贯彻在组织经营的所有环节。**

针对品牌价值链，科特勒与凯勒在合著的《营销管理》（第13版）中提出："测量品牌资产考虑到存在于消费者心中的品牌以及他们对营销反应的改变方式，可以给出两种测量品牌资产的方法，间接方法是通过识别和追踪消费者品牌知识结构来评估品牌资产的潜在资源，直接方法就是评估品牌知识对消费者对于营销的不同方面反应的实际影响；营销视野：'品牌价值链'展示了如何将这两种方法相结合。"在这个品牌价值链体系中，"品牌价值链是一种评价品牌资产来源和结果的结构性方法"。这里突出了几个基本的假设要素，并认为品牌价值链就是在这几个要素间转换，成为一个具有价值不断升级的乘数关系。这几个假设要素为：首先，在品牌价值的创造过程的开始阶段，公司就应针对显示或潜在的顾客进行营销方案投资；其次，顾客心智会随着营销方案的改变而变动；最后，投资方应考虑市场绩效和其他因素。这里依赖外部的三个背景因素：竞争优越性、渠道支持以及顾客规模，并以此反映到最终的股东价值上。

特色小镇的品牌价值链，可以借助科特勒的品牌价值思维，以凯文·文莱·凯勒以及杰斯帕·昆德发展出的品牌价值链为基础，结合特色小镇的产业特色与空间价值来构造。特色小镇品牌价值链应基于本土化，即品牌生态价值构想。这里先重点论述凯文·文莱·凯勒与杰斯帕·昆德的品牌价值链构思。

凯勒的品牌价值链构想是营销者用来追踪品牌价值的创造过程，进而**更好地理解营销投入和投资的财务影响的工具。这样的品牌价值链是基于包括特色小镇等产品构造的活动创造品牌价值，用于评价品牌资产的来源和结果的结构化方法。其品牌价值链的构想，是基于消费者价值测量的五个维度，即品牌认知、品牌联想、品牌态度、品牌依附与忠诚、与品牌相关的活动。**凯勒品牌价值链的模型如图5—2所示：

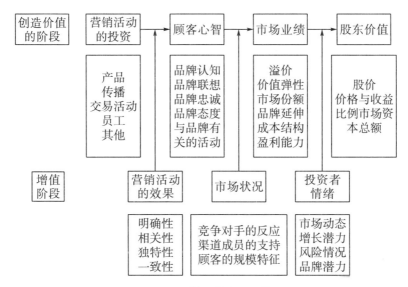

**图 5-2  凯勒品牌价值链模型**

利用这个模型可以构造特色小镇品牌价值的形成及评估过程。基于该理论构造的特色小镇品牌价值链为跟踪价值创造流程描述出一幅较为详尽的线路图，同时为特色小镇品牌价值链的构建流程提供了可借鉴的检测流程工具。特别是增值阶段的描述，每一个过程都能够向下一个过程的转变中增加或减少市场价值，价值创造也意味着要确保价值从一个阶段向另一个阶段的转移。这是特色小镇品牌价值形成的关键路径。

在这个理论的基础上，丹麦的杰斯帕·昆德在《卓越公司》中，针对品牌价值链进行了深化，针对品牌价值链的内外部因素，尤其资源配置的价值管理提出了构想。他认为"价值经济改变了游戏规则，管理者们因而正经历着一场对资源重新配置的根本变革"，需要优化的不仅是产品价值链，更是"品牌价值链"。"为了成功地进入价值经济，战略的核心必须是品牌价值链最优化"。

**推动核心点：**

建立特色小镇品牌价值链，首先确定特色小镇在市场中的最优价值地位，这是关键的第一步，其核心来源于最优价值定位，因此必须建立特色小镇特质品牌，并建立围绕品牌的品牌文化与价值观，确定核心产品作为品牌载体。特色小镇的目标群体必须清晰，沟通方式能够整合而形成合力，形成特色小镇核心品牌价值地位。

构造模型如图 5-3 所示。

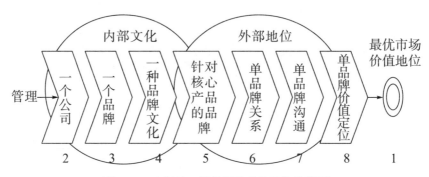

图 5-3　杰斯帕·昆德品牌价值链构造模型

这个模型其实是凯勒品牌价值链理论在定位及价值链优化上的补充，突出强调了品牌价值链优化对于产业价值链更深度的价值对应。

针对特色小镇的品牌价值链构想，中国对此缺乏研究系统，所以在构建上多参考波特的一般价值链，以凯勒的品牌价值链理论为主，以昆德的品牌价值链为补充。在未来的特色小镇发展中，应重点打造特色小镇所特有的品牌价值链体系。

（二）特色小镇品牌价值链建设构想

特色小镇品牌价值链建设，需要将品牌价值与产业、空间价值融合，形成一个价值流动的良性动态循环链条。良性动态需要以品牌价值链的发展周期为核心，重点推进品牌价值链的核心构成要素与品牌价值链的生命周期。

**推动核心点：**
　　与产业价值链不同，品牌价值链是以特色小镇顾客的需求定位为起点，以城镇顾客的体验价值为要点，以城镇的功能性价值、标志性

价值与情感性价值为载体，通过品牌价值创造、价值交换与价值实现环节，实现城镇品牌价值增值与城镇品牌溢价的目的，并最终实现城镇品牌的吸引力、辐射力、凝聚力、竞争力与特色品牌力。

1. 特色小镇品牌价值链的核心构成要素

特色小镇的品牌价值构成，基于不同视角会有不同的核心构成要素。从整体构造来看，特色小镇的品牌核心价值构成要素包括特色小镇品牌功能价值、特色小镇品牌形象价值与特色小镇品牌情感价值三个基本要素。特色小镇的品牌功能价值主要由品牌产品的效用、性能、质量等构成，特色小镇的品牌形象价值主要由特色小镇品牌形式对外部表现的要素构成，特色小镇的品牌情感价值由特色小镇品牌的服务、文化、理念等人文要素构成。

由此，**特色小镇价值实现的要素可简单归纳为"4W1H"。**分别为：WHO（**主体**）、WHOM（**客体**）、WHAT（**本体**）、HOW（**载体**）和WHERE（**路径**）。**这里构造特色小镇的品牌价值创造、价值交换、价值体验与实现等价值活动的关联环节。**关联环节中列出的主要价值活动，如图5—4所示。

特色小镇品牌主体是特色小镇政府、特色小镇企业、特色小镇居民与其他特色小镇利益相关者，特色小镇主体创造价值的本体部分是特色小镇创造的产品、特色小镇提供的服务等，品牌价值载体包括特色小镇名称、标志、标语、设施、建筑等；主体、本体与载体共同完成特色小镇品牌的价值创造活动。特色小镇的品牌传播路径与工具主要包括广告、公关、赞助等整合传播形式，客体要素包括特色小镇旅游者、投资者、特色小镇内外居民以及其他利益相关者。通过传播路径，把特色小镇产品与服务等传递给旅游者、投资者、特色小镇内外居民以及其他利益相关者等相关群体，形成了特色小镇品牌的价值交换。价值实现阶段是通过客体的体验性价值实现，进而实现品牌溢价。

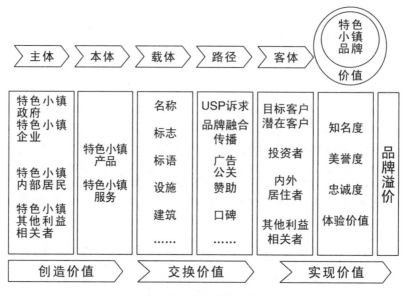

图 5—4　特色小镇品牌价值链的基本形成过程

2. 特色小镇品牌价值链的主导因素与品牌价值链的生命周期

**特色小镇的品牌价值是由特色的自然人文资源、产业资源以及趋势发展资源主导形成的。**比如乌镇等就是基于自然人文资源，茅台镇等基于产业资源，义乌与云栖小镇等则基于趋势发展资源。

**价值要点：**

　　针对特色小镇品牌价值链的主导因素，首先需要从特色小镇个体、特色小镇群体以及关联的城镇群落中寻找可以推动品牌发展的关联主导因素。其次，通过核心资源分析，挖掘品牌的基本主导因素、品牌发展因素以及品牌可持续发展因素。也可从资源本身挖掘品牌价值链的推动性资源因素与拉动型资源因素。

**推动性资源因素包括显性资源（硬性资源）和隐性资源（软性资源）。显性资源主要包括交通区位、基础设施、能源、自然地理风光、人才、资金等实际存在的硬性推动资源。隐性资源包括文化、信息、价值观、制度、智慧、人脉等无形以及以虚拟形式存在的软性推动资源。这两种资源因素构成了品牌价值成长的主要推动力，属于品牌价值内动力推动因素。**

另一种力量主要是由市场资源等因素所导致的拉动力资源，主要包括特色小镇品牌目标消费者人口数量、特色小镇品牌目标消费者购买力与特色小镇品牌目标消费者的消费欲望。不同时期，各种主导因素的主导作用不同，会形成特色小镇不同阶段的主导因素和辅助因素。

特色小镇品牌价值链生命周期与特色小镇价值链生命周期具有相互关联性，存在孕育期、成长期、成熟期、衰退期四个周期阶段。每个周期的主要因素及品牌价值链的主导位置各不相同。

特色小镇品牌价值链的孕育期，其品牌面临的核心问题是生存问题。资源禀赋是其核心依赖因素，品牌存活严重受到产业价值的影响。在整个特色小镇价值链孕育期间，主导因素会随价值链的发展过程，由硬性资源推动要素逐步向软性资源推动要素转化。特色小镇的整体品牌价值链发展将由资源竞争向复合性的多资源转化，其软性的推动型资源的作用会越来越明显。尤其进入孕育期的后续阶段，硬性与软性相互结合的推动力量会使品牌与产业、品牌与资本、品牌与信息构成的三大核心价值流有效融合，进一步推进品牌价值链发展。

特色小镇品牌价值链的成长期，主导因素由资源引导型向市场引导型转化。其核心是不断优化特色小镇品牌价值链的价值体系，拓展更大的发展空间。特色小镇品牌价值将由硬性资源、软性资源以及市场资源共同作用，并逐步以市场作用为主导。

特色小镇品牌价值链的成熟期，由于竞争加剧，市场饱和，就必须发掘品牌的核心竞争优势。这个阶段侧重依托竞争与合作相互作用，主导竞争发展的核心位置。操作重点是特色小镇品牌价值链对于服务市场优化的主导能力，以最大限度地争夺或者跨界扩展资源。

特色小镇品牌价值链的衰退期，是个不可避免的周期。在周期出现之前以及周期出现期间，挖掘与推动可持续发展的品牌资源动力因素成为关键。特色小镇品牌价值链可持续发展因素的寻找与构建，决定了特色小镇品牌的寿命。可以通过蓝海战略的构想，以及利基市场等方式的挖掘，通过创新能力与新市场创造的智慧，在持续新竞合优势方面寻找特色小镇的存活空间。

特色小镇品牌价值链的生命周期如图 5—5 所示。

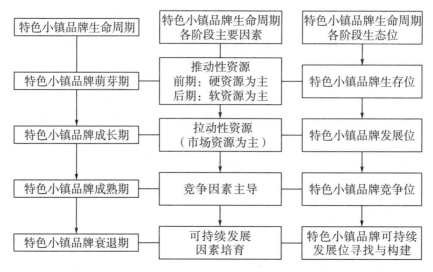

图 5-5　特色小镇品牌价值链的生命周期

研究特色小镇品牌价值链的生命周期，需要通过更为广阔的视野，寻求特色小镇品牌价值链广泛的生态环境，构造特色小镇品牌价值链的思维扩展范围，并形成有效的优化路径。

3. 特色小镇品牌价值链的扩展思维与品牌价值链的优化路径

特色小镇品牌价值链的扩展思维，以特色小镇品牌价值链的构造为基础，寻找更为广阔的发展空间。特色小镇品牌价值链的扩展思维以及发展路径的实现，需要围绕价值流动规律，依托价值流动的传导模式，寻找最优化的思维构想与发展路径。

（1）特色小镇品牌价值链的价值增长要素与价值扩展思维

品牌价值链有五个基本要素，分别为主体、客体、本体、载体以及路径，连接着品牌价值链的相关环节，其目的是促进品牌溢价的形成。

主体：包括地方政府、企业、事业组织、其他利益相关者等，比如供应链关联者。这些组织及人员构成了品牌价值链的主体。

客体：由特色小镇内外居民、投资者、旅游者以及相关利益者等构成。它是特色小镇品牌价值链的价值实现对象，可以通过传播、形象展示等路径，将产品及服务传达给客体消费者，用以实现价值交换，最终实现品牌价值扩展。

本体：主要为特色小镇的产业及服务等，是价值链的价值承载要素，

中国特色小镇　The Chinese Characteristic Town

是价值创造的核心。

载体：这里既包括文化理念，也包括品牌价值识别。品牌价值识别包括品牌标识、名称、广告语等，是品牌价值链的展示部分，也是增值环节。

路径：主要指主体与客体的连接通道，可以通过公关、广告等传播手段，依托整合营销传播实现品牌的价值路径，也可以通过资本、大数据以及科技等新型路径实现品牌价值的估值及传导，并实现有效的价值沟通。路径是价值的交换环节。

在价值创造与价值交换的基础上，通过主体与客体的关联，在特色小镇品牌价值链体系中，有效扩展特色小镇品牌的外部价值链与内部价值链体系，寻找出新的品牌溢价，构造有效的价值流动思维模式。基于一般价值链，特色小镇品牌价值链价值流动模型如图5—6所示。

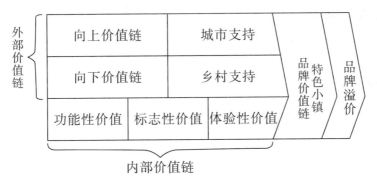

图5—6　特色小镇品牌价值链——价值流动模型

**推动核心点：**

　　特色小镇品牌价值链的价值增长的关键，是通过特色小镇品牌内部价值链深化价值因素，从特色小镇外部价值链挖掘价值空间。依托这样的思考路径，可以从外部包括城市、乡村、"美丽乡村"等群落环境中寻找关联溢出的价值链条。通过以城市为主导的向上价值链提升品牌价值，以及乡村或"美丽乡村"为导向的向下价值链延展品牌价值，两条支链构造全新的特色小镇外部价值链体系。外部价值链可以拓展特色小镇品牌的外延价值，其价值流动体现为支持性资源的价值流动，核心是拓宽价值链范围。内部价值链是特色小镇政府及企业通过内部的价值创造、价值交换与价值实现，优化品牌价值链，具体表现在功能性价值、标志性价值以及体验式价值的创造、关联、传导过程中的价值增长等方面。特色小镇品牌价值链的核心就是推动内部与外部价值链共同提升特色小镇的品牌价值，以实现品牌溢价。

（2）特色小镇品牌价值链的宏观优化路径与微观优化路径

**特色小镇品牌价值链优化路径，可以通过宏观与微观两条路径实现。**

①**宏观优化路径：主要是基于外部价值链的优化，以向上价值链与向下价值链的关联为基础。**在品牌实践中，需要将特色小镇品牌外部价值链关联世界、国家、城市、乡村，共同构建宏观链条。在特色小镇外部价值链中，可以通过相关视角寻找、挖掘到价值增值。比如，依托世界视角寻找价值导向，可以挖掘到产业价值与国际品牌价值的思维导向；通过国家视角发现与使用政策导向、战略导向与规划导向，可以寻找品牌价值与产业价值的政策力，极大地推进时代与潮流的品牌需求；通过城市视角寻找产业主导、人才支持、技术支持、资金支持以及竞争体系，其目标就是构造以特色小镇品牌发展为主体的区域动力系统；而通过乡村视角则重点寻找劳动力、原材料等为主的支持要素，也可以考虑成为产业供应体系的转移区域。

特色小镇品牌价值链的宏观优化路径，本质上就是通过产业价值与空间价值实现"特色小镇品牌价值链协同增长与共生发展的理想群落环境"。通过城市品牌与乡村品牌的价值关联，并同时借鉴不同国家的品牌生态圈，为特色小镇品牌的成长提供宏观价值引导，并通过理想化的协同共生竞合环境，形成"非零"以及"正和"博弈，构造协同共进的新型特色小镇品牌价值链的发展规律，为品牌培育与发展提供总方向。

②**微观优化路径：是基于特色小镇品牌价值链内价值系统优化，深化整体品牌价值链条。**在内部价值的系统中，需要建立以竞合价值为核心的优化路径，竞合价值基于自身资源、竞争对手、合作供应商市场资源所形成的比较优势。对于特色小镇内部品牌价值链，需要将内部审视视角转向

外部审视视角。分析自身市场、竞争对手市场、合作机遇，发现市场的优势差异以及迭代可能性，从新竞合优势中脱颖而出，并从竞合战略的视角发现差异化、细分市场、补缺位以及利基市场的特色小镇品牌价值增值路线。

作者观点

　　　在特色小镇项目的推进中尤其需要注意品牌优化路径的生命周期，包括资源禀赋构筑的生存基础，比较优势构造的发展动力，竞合优势确认的市场拉动的核心力量，以及以创新构造的可持续发展的推动力。通过比较优势、竞合优势、创新动力构造特色小镇内在连续性的核心竞争力。

（三）特色小镇品牌价值链的优化构造

　　特色小镇品牌价值链的优化构造，是在更为复杂的环境基础上，构造具有广泛使用价值的品牌价值链体系。除了结合价值增长要素、价值扩展思维与优化路径，还需要注意三个要点因素。

　　1. 特色小镇品牌价值链的三个要点关注要素

　　特色小镇价值链与特色小镇品牌价值链，从本质上讲，具有一致性，只是结构构造与解决要素不尽相同。三个基本要素是两者共同关联的核心要素，是构筑两者价值链的基础分析要素，在使用中可以优化品牌价值链的结构，并优化特色小镇价值链构造。

　　三个要点关注的基本要素分别为：复杂环境、价值流构成的价值链、人口迁移要素。

　　**第一，复杂环境。**特色小镇品牌成长环境要注意分析与判断其所在环境，尤其需要注意复杂环境的融合。复杂环境包括自然环境、社会环境、市场环境、小环境、大环境等内外部环境系统。

　　**第二，价值流构成的价值链。**特色小镇价值链是由包括信息流、产业流、资金流、人才流、产权流、物流等不同类型的价值流构成的。其中产业流、信息流及资本流构成了特色小镇价值链的基础。

价值流在现实使用中，决定特色小镇的品牌资产，尤其重要的是决定了特色小镇价值链的公允价值，对于提升特色小镇价值链的资本评估有着绝对的主导作用。

**第三，人口迁移要素。** 特色小镇成长的基础是人，是"以人为本"所形成的特色产业与经济体系，这里有别于城市、乡村的价值链体系。

## 作者观点

特色小镇如果想从根本上成为中国经济发展的主动力，必须以人口大量迁移为基础。这就需要打造以特色小镇的人口迁移为核心的产业、政策、生活以及品牌等价值环境。

杰克·舒尔茨在《美国的兴旺之城——小城镇成功的 8 个秘诀》中展望乡村都市的未来，认为人口迁移浪潮的高峰还没有到来，但为期不远了。迁移高峰的到来依赖于一些因素，将这些因素导入特色小镇，才可能成为人口迁移的动力基础：

①**技术进步**，如使人们不受地点限制可从事同样职业远程通信、自由职业等。

②**公司的价值外购与部门非中心化**，使得公司从大城市的市中心迁移到特色小镇新的、小的、效率更高的组织空间。

③**运输成本降低**，使得企业不必接近消费者或者交通和通信的枢纽，同时，通信与交通环境的改善。

④**各种产业管制的放松**，包括航空、电信和铁路。

⑤**全球化能够不断激活公司组织变革**，能够不断缩小公司规模，应用新的技术提高生产力和服务水平——这又会吸引更多的公司把总部或者分支机构选址在特色小镇。

⑥**历史不可再生，人文关怀与厚重的城市文化让城镇更美好。**

⑦**特色小镇有储备的人才及劳动价值力**，是公司重新选址在小城镇的纽带。

⑧**在特色小镇，企业的运营成本较低。**

⑨**特色小镇的生活成本低。**

⑩**生活质量高**。

这些因素使得人口迁移浪潮得以爆发并不断扩大。这个浪潮利用了特色小镇的特殊价值，又为特色小镇的发展创造了机遇，特色小镇的价值增长还意味着新的服务业体系的成长。

2. 特色小镇品牌价值链的优化构造

特色小镇品牌价值链的优化构造，是由主体、客体、本体、载体和路径五个基本要素构成，分别对应特色小镇品牌价值创造、价值交换、价值体验与实现等价值活动的每一环节，每一环节中都有主要价值活动，并构成若干子链条，相关要素与相关价值环节相互作用，有机构成多维链接的品牌总价值链条。特色小镇品牌的价值链优化模型如图5-7所示。

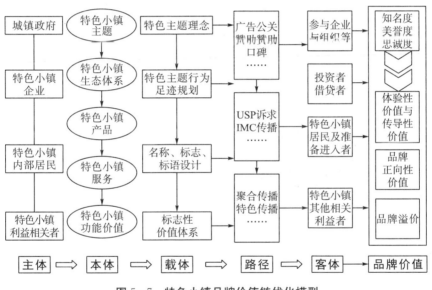

图 5-7　特色小镇品牌价值链优化模型

特色小镇品牌价值链优化构造模型的使用，关键是发现价值关联的作用机理，尤其需要关注品牌价值链中各价值模块的相互作用与有机衔接。基于主体、客体、本体、载体和路径的要素关联，构造特色小镇品牌价值链的价值创造、价值交换、价值体验、价值实现等价值活动。而价值活动本身就是价值的增长环节。通过各关联要素的有机联动，不断优化品牌价值链的价值构成。

3. 特色小镇品牌资产的价值评估与价值使用

**价值要点：**

　　特色小镇品牌价值链最终表现为品牌资产。构造品牌资产是特色小镇价值链在资本实践中的重要目标，品牌资产主要用于资本市场以及品牌收购与融合。

　　品牌资产是产品因其品牌认可度而获得的市场营销的差异偏好和反应。品牌资产不仅可以作为对外宣传以及品牌评判的标准，实际上更多地运用于资本市场，并结合资源以及竞合对象形成上市融资的基础要素。

**推动核心点：**

　　国际上衡量品牌资产有两种主要模式：消费者感知和销售额。基于消费者的品牌资产衡量消费者对品牌的看法和感受，而基于销售额的品牌资产则是依托市场份额进行品牌塑造。从本质上说，品牌资产都是以消费者为衡量核心，基于消费者的品牌资产（CBBE）表现在消费感知上，基于销售额的品牌资产（SBBE）表现在销售数据上。特色小镇的品牌资产可以有效地帮助特色小镇推动融资计量体系，同时可以帮助特色小镇评估市场影响力。在构造中可以依托消费者感知和销售额两个视角构筑特色小镇的品牌资产。以消费者感知为核心的品牌资产评估，侧重于消费者的感受程度，数据来源主要由专业调研公司通过问卷调查得到，多采用定性分析得到资产数据，数据偏向美誉度、市场接受度等因素。对于以销售额为核心的品牌资产评估，其数据来源主要是面板数据。对于上市公司，可以通过年报等方式，多采用量化分析的方法，计量品牌资产价值。

　　不同于财务统计中的历史成本，品牌资产更多采用的是公允价值。这里包括重置价值、市场价值以及精算价值，侧重估算对未来的预期。在特色小镇价值链塑造过程中，要注意品牌资产的使用，注意结合投资体系、品牌资产体系，系统构造价值提升路径，从产业、品牌等价值实现过程

中国特色小镇 The Chinese Characteristic Town

中，实现特色小镇基于资本价值的有效提升模式，建立科学的特色小镇基于品牌价值目标的投融资体系。

## 二、特色小镇软文化发展构想

在特色小镇未来的发展推动中，有一种源自本质的力量更需要被审视——软文化力量。这种力量让特色小镇成为独一无二的品格化 IP 群落，让特色小镇有了源源不绝、不断创造的能力，也让特色小镇的价值通过特定属性为人们所认可。

**软文化赋予特色小镇未来不断成长、不断更新的持续性力量。它让特色小镇有了两种本质性的转变：一种从比较竞争优势向核心竞争优势转变，另一种从单一产业建设向生态价值链体系建设转变。软文化将重新定义产品，重新定位品牌，重新为万物赋能。它是特色小镇价值链基于产业价值链与空间价值链的灵魂统帅。它让特色小镇在特定领域形成聚合与再生的创造力。**

**作者观点**

特色小镇的软文化核心是构造特色小镇的文化图腾，让其具有唯一性、认知性与源泉性。特色小镇的文化源泉是基于时间的艺术，是"共生、互生、再生"的自我更新能力。

构筑特色小镇文化图腾的有效路径，需要从四个要点完成，分别为：特色小镇文化的本质理解；特色小镇文化图腾的构造思维；文化推进的成长型发展思维；文化创新；基于特色小镇文化构造的自我更新能力。

（一）特色小镇文化的本质理解

对于文化的理解，首先需要清晰它的定义。吉尔特·霍夫斯泰德对于文化的定义是，文化是一种"思想的集体程式"，使得某一社会群体成员的动机与行为区别于其他群体。亨廷顿认为："文化决定了文明的类型，而不是由经济和意识形态决定。"实际上，文化是一种态度——是对世界、自然、他人的敬畏和宽容。组织理论之父马克斯·韦伯对于文化构造的发展力有着深刻的认识："文化构成经济、政治和社会生活的主流范式，文化影响了（经济社会）发展。"文化构造了社会的价值体系——它规定了标准（Standards），也规划了更为持久的发展思维。

文化具体到内容，分别构造了精神思想的培养、民族与地域文化、经济与管理范畴的运用等几个方面。**特色小镇在文化建设中的深度价值构造，需要建立在精神思想的培养、文化聚集与文化冲突以及文化在经济管理中的有效运用的基础上。**

对于特色小镇精神思想的培养，需要通过文字、影像等对特色小镇的文化进行建构与传播。文学、音乐、影视戏剧、广播以及出版等都是文化建构及传播的形式，构成了特色小镇的思想与文化系统。

对于特色小镇的文化管理与经济发展，需要构造：文化与特色小镇战略——愿景、战略、目标、CI 等；文化与特色小镇的管理思想艺术；文化与特色小镇的管理创新；文化与特色小镇组织：特色小镇组织体系、企业组织、CI 等；文化与特色小镇的品牌内涵、产品形象以及创意产业等。

对于特色小镇的文化聚集及文化冲突，则需要深度挖掘与建设特色小镇软文化体系，包括特色小镇产业构造的历史观。如同工业革命与德国工业智能 4.0 一样，需要从经济、政治以及科学的变革中寻找市场的力量与资本的力量。腾讯公司的微信被广泛传播与使用，中国移动公司的飞信则被淘汰，究其根本因素就是企业构造的文化冲突与文化聚集有着深度的差距。中国"十三五"规划的指导思想提出："口号—理念—行动"构成了文化发展的结构形态。绿色是一种文化，开放是一种文化，共享是一种文化，协同是一种文化。而特色小镇也需根据自身地域性的文化冲突与文化聚集构造不断成长的软文化发展动力。

**作者观点**

文化冲突与文化聚集是一种内在的价值网络，是技术、科技、理念、产业等通过文化进行关联性重组，形成软实力的核心，文化构造了潜在的行动规范与长期的发展纲领。

中国特色小镇 The Chinese Characteristic Town

（二）特色小镇文化图腾的构造思维

**图腾是一种仪式，是一种信仰，是文化的根本与思维象征。打造特色小镇的文化图腾，就是在打造特色小镇的灵魂与寄托，文化图腾是特色小镇最深层的核心竞争力。**

波特认为："文化决定了竞争环境、行为和市场秩序。"提起意大利，大家就会想到时尚产业、奢侈品、艺术家气质、珠宝首饰、箱包等；提到德国就会想到严谨、科学精神、精细、精准、精密、精益、工业智能 4.0 等；提起美国就想到了自由开放、独立实际、IT、企业家精神与创新等；提到以色列则想到多灾多难、民族命运坎坷、资源缺乏、智慧、精明、危机意识、农业科技、军工、教育、创业等；而对于瑞士则会想到钟表、巧克力、精密仪器、旅游、生活态度等。这些都是文化所形成的图腾印记。

**构造特色小镇文化图腾，首先需要文化管理的战略思维。**对于文化管理，重点不是判断文化本身的好坏，而是引导文化方向的结果，从而进行特色小镇制度设计及管理。对于各种文化现象的出现，都需要有包容与开放的心态，关键要通过大视野、高境界、软实力、巧战略的思维构想，以图腾印记为文化核心，打造特色小镇的主流价值、思路、方向与竞合力。

其次，构造文化图腾形成及变革的发展体系，需要构造文化图腾形成的四个构想思维与一个文化推进的成长型发展思维。

**特色小镇文化图腾形成的四个构造思维分别为文化与价值观、文化与生存方式、文化内涵与软实力、文化与商业模式的解构与重构。**

1. 构想思维一：文化与价值观

对于特色小镇文化构造的价值观，需要有以下构想：只有对顾客有价值的特色小镇才有价值只有对整个价值链利益相关者有价值，特色小镇才有价值；只有企业及组织价值良性增长快，特色小镇才有价值。

2. 构想思维二：文化与生存方式

对于特色小镇文化构造的生存方式，需要有以下构想：创造共享价值而不是零和博弈；共存共荣而不是丛林法则；简约、灵动、柔性而不是恐龙哲学；价值链而不是食物链；做工业品更需要做艺术品。

3. 构想思维三：文化内涵与软实力

文化内涵与软实力价值表现为特色小镇文化 CIS，即 CI、VI、BI、MI；特色小镇文化与效率；组织文化：创新、包容、开放、高效、持续；商业文化：信用、信誉、信任；产业文化：品质、品味、品位。

4. 构想思维四：文化与商业模式的解构与重构

商业模式的解构与重构表现为：从产业链区块到价值链中心。这里包含多种因素，模块设计——时尚、流行、生活方式，组合体系——规模化、个性化，包装运输——低运输成本，供应链——规模生产与高效率，消费者——价值策略、体验、互动体验，设计创造——艺术创意＋工业设计＋材质创新等。

## （三）文化推进的成长型发展思维：文化创新

**特色小镇文化创新**，既是对历史沉淀的继承，更是对文化图腾的解读，是以知识、资本与劳动为基础，融入新要素，进行新组合，从而激发新活力，找到产业新价值，开拓新财富源泉。对于特色小镇的文化创新，更多是基于文化中原有的困境，寻找冲突的全新解决路径。这就需要寻找文化突破的转折点，也就是量变到质变的关键点，实现文化价值的突破。

在特色小镇的文化创新管理实践中，就是从结构变化、能级变化、范畴变化三个核心要素出发，打破原有文化的思维构造，即传统的思维、常规的方法、习惯的逻辑规范，通过创新模式、反向思维、反常规路径三种逻辑的使用，得到文化价值的创新，并构造深度价值的文化图腾，实现跨越式发展和新一轮价值增长，以及创新新模式。

**价值要点：**

　　特色小镇的文化创新，本质是构造软实力。它的发展核心会让特色小镇从深度的产业聚集向可持续成长的文化聚集方向发展，以得到特色小镇独一无二的核心竞争力。

特色小镇文化创新的层次分为基础创新与深化创新两个层次。

特色小镇文化创新的基础创新包括模仿创新、扩展创新、自主创新、原发创新模式等几种。

特色小镇文化创新的深化创新则包括演进式创新、颠覆性创新、整合式创新等几种模式。

特色小镇演进式创新（Incremental innovation）：通过特色小镇文化价值的升级式提升，以实现量变到质变的转化。

特色小镇颠覆性创新（Disruptive innovation）：通过特色小镇改变产业组织、文化关系、颠覆市场规则与产业体系，以实现文化价值创造。

特色小镇整合式创新（Integrated innovation）：通过特色小镇概念整合以及流程再造，形成深度的文化创新关联价值，比如将"技术—营销—艺术"三者进行融合。iPhone 的优化创新就是典型的代表，它将产品文化变成数字文化中枢，将内容变成平台，这就是整合式创新模式。

**作者观点**

以创新为核心的特色小镇文化图腾的构造，会形成深度的吸附效应，通过商业模式创新与运营模式创新，构造深度的价值递增。将原有的产业链转化成产业网络，将线性价值链转化成复杂的价值链网络，最主要的是将产业集群深化融合形成文化集群。这会极大地改造文化价值体系，扩大价值范围。

这里举两个例子，一个是包容开放的硅谷文化，一个是创业之都——深圳。

## 例子一——包容开放的硅谷文化

硅谷作为全球科技创新中心，主要包括两方面特征：一是包容性，二是开放性。

硅谷的包容性创新文化能够吸引高素质人才，有利于硅谷的人才的成长，最大限度地激发人的创新激情与活力，为施展才干提供更多的机会和更大的舞台，从而促进初创公司繁衍和高水平创新成果的产生。包容性的创新文化具有推崇创业、宽容失败、鼓励冒险的价值观，其核心是激励成功，宽容失败。世界创新之都硅谷就以包容失败的商业文化而闻名。那里的企业普遍推崇的价值观是"允许失败，但不允许不创新""要奖赏敢于冒风险的人，而不是惩罚那些因冒风险而失败的人"。

硅谷的开放性的创新文化降低了人才的进入壁垒，有利于多样化人才被当地的社会和经济生活所接受，并迅速融入其中，从而推动该区域的创新和发展。那些区域必须做到创造性人才"进入就能发挥作用"。多元、开放的创新文化已被证明是科技创新与城镇发展的关键因素。

## 例子二——创业之都——深圳

深圳从一个小渔村成为中国乃至世界最具创造力的城市之一，其中腾讯、华为等公司已成为世界级的创新企业代表，在这里每天都有无数创业公司如雨后春笋般破土而出。这是个以创意、创造、创新、创业为标志的城市，20世纪80年代涌现出像万科、平安、招商等巨头公司，也有年轻的"老牌"企业，金地、赛格、金蝶，此外，更有一大批不为人所知，但像"苹果"一样的后起创新型企业。大疆创新（无人机，2006）、迈瑞（1991）、华大基因（2010）、大族激光（1996，2004年上市）等公司。

深圳还成为创客天堂，创业的乐土，一大批本地大学和内地大学的年轻创业者聚集在这座年轻的城市。

这是一个创意之城、设计之都、创业之谷。深圳现象说明中国不缺企业家智慧，但需要加厚、铺宽企业家生存的土壤：开放的市场，规范的制度，独立的资本，活跃的思想，新城市的文化。

无论硅谷还是深圳，都通过创新文化图腾的打造，构造了文化与商业广泛的机会，集中表现在文化冲突、文化跨界与文化创意上，这些都可以有效提升软文化价值。

特色小镇文化图腾的构造，可以通过文化内涵价值领域与市场价值领域协同打造，形成深度的软文化价值。软文化价值内涵包括物质形态的价值（产业、资源、产品等）与精神形态的价值（文化精神、价值观、创新等），而市场价值领域由市场识别的核心价值、文化形态的核心价值、客户维系的核心价值、持续发展的核心价值等组成。

（四）基于特色小镇文化构造的自我更新能力

**特色小镇文化构造的自我更新能力，是特色小镇可持续发展的核心，是特色小镇软实力的核心，更是中国新型城镇化成功的关键。**

自我更新能力的关键是打造主体推进的核心动力，这里包括三个要点：第一，特色小镇以文化图腾为核心，形成特色文化融合与文化创新；第二，塑造特色小镇内部组织与个人的文化认可、关联与推进；第三，融入特色小镇价值链，并融入深度的文化价值体系。

特色小镇面对外来文化冲击，需要以地区性文化为核心，兼容外部文化，注意防止"文化迷失"，通过深层次的文化转型与创新形成自我更新能力。

可以从两个方面入手：一方面建设文化关联的基础建设，一方面推进组织内部的文化认同以及文化行动。其目的是以创新的方式保护和弘扬传承特色小镇的优秀文化，打造具有强识别性的特色小镇及关联区域的文化身份和可持续性的强文化认同，并以此构造文化更新体系。

特色小镇文化构造的自我更新能力可以打造两个方面的要点工作，分别为文化更新能力的递进式建设和基于创新构造的文化更新土壤。

1. 基于特色小镇文化构造的自我更新能力，需要递进式推进

文化更新能力的建设，需要通过阶梯性的推进体系进行深化。这是以文化图腾为基础，依托特色小镇文化资源挖掘，再到特色小镇"文化资本"构造，最后形成特色小镇文化价值链，并形成不断创新的文化价值更新体系。

从"特色小镇文化资源"到"特色小镇文化资本"，再到"特色小镇文化价值链"的发展过程，构造了特色小镇基于区域经济与文化同步成长的发展构思。

在这里，文化资源可以通过文字、故事、形象、理念构造等方式转化为文化资本，以财富等形式表现出文化的价值积累过程，通过与社会的转换，将价值表现出来。价值表现可以通过历史性、民族性、公共性、可再生产性、可创造性及某种垄断性等方式表现为"特色小镇文化资本价值"。

通过对文化资本的价值创造，尤其对历史文化、核心能力及文化成长

因素的挖掘，明确特色小镇文化图腾的价值内核。依托表现形式、操作模式、文化价值形态输出、文化网络等价值表现，构成特色小镇文化图腾的价值链与价值链网络。

充分发挥特色小镇软文化价值的辐射能力，是递进式推进特色小镇自我更新能力的关键，也是特色小镇区域战略以及整体发展战略的核心之一。

基于特色小镇文化构造的自我更新能力，可以与区域经济与文化有效融合，有效提升特色小镇的自我成长力、反思力、扩张力和再创新力。文化自我更新能力，就是融入更为广泛的国家价值链以及全球价值链等多层次发展战略当中，构造开放的、可持续发展的特色小镇文化价值体系。

2. 文化创新土壤比创新本身更具有自我更新能力

特色小镇的文化创新，并不是依托个人、组织以及群体就可以实现。这需要有文化创新的土壤，让新事物以及新型人才在创新的氛围中成长起来。创造创新的环境比创新本身更重要。比如以色列能够成为创业以及创新的国度，不仅仅是人的因素，更主要是文化创新土壤的培育作用。

特色小镇作为中国新型城镇化的重要载体，打造可持续发展动力，必须从文化视角的七个维度构造孕育创新文化的土壤，构造文化图腾的价值系统。

第一，构建"**特色小镇文化资本的再生产模式**"，这种模式将区域资本、经济构思与文化在空间体系内进行有效融合，包括政策、人才、策略、服务能力、相关要素以及资本再生产能力等。

第二，**从更为广阔的经济与文化因素中吸取创新能力**，包括对于文化、产业以及经济发展方向的把握，外延空间需要吸纳国际经济、文化以及资本等要素。

第三，**构造特色小镇文化的开放性**。开放性包括文化开放方式、国际化开放程度以及以法制为基础，构造文化、经济、产业关联的市场环境。市场环境包括自由贸易、国际化资本结算、国际化生活或旅游目的地、国际化生活空间等。

第四，**特色小镇文化图腾为愿景目标构筑的人才集聚与流动体系**，包括人才成长地优化土壤和培育机制，尤其是创新、创意等人才的培育。

第五，打造以经济、产业、科技等创新因素为核心的文化氛围。通过文化引导，吸收国际经济、文化等领域的创造与创新要素，使其主动吸纳、介入、参与特色小镇的创造与创新。

第六，结合本地文化特色，构造与本土创新相融合的经济模式。注重思维转化，通过对经济文化等方面的反向创造，对价值链体系、文化以及经济进行再创造。

第七，通过特色小镇地方性精神与价值传承的建构，形成向外辐射的价值引导，形成图腾印记的特色小镇文化价值画像。

在**递进式推进自我更新能力与孕育文化创新土壤**两个工作要点的基础上，还需注意企业家群体文化对于特色小镇文化的推动作用。这种推动作用是以群体为文化领袖所构造的文化精神纲领，是特色小镇价值增长的非经济因素，是文化图腾的精神统御。

**作者观点**

特色小镇的文化构造与企业家群体有着内在的文化与经济关联，通过企业家群体的个性特质、企业家群体的能力特质、企业家群体的创新精神、企业家群体的人生哲学，构建起特色小镇文化图腾的精神方向。

第五章

## 第二节　特色小镇创新动力构造下互联网、大数据与智能化的未来构想

### 一、特色小镇一体化创新价值系统构造，是特色小镇未来发展的根本

特色小镇一体化创新价值系统，是基于特色小镇价值链的深度治理，结合更为广阔的发展格局，立足于经济一体化的进程需要，以创新为基础，引入新技术、新商业思维及新政策等相关要素的全新组合，通过整合、协调、协同及竞合等方式激活特色小镇相关区域发展需求及创新体系，实现资源的有效配置。

> **价值要点：**
>
> 特色小镇一体化创新体系的框架是以要素、空间、环境以及相关的子系统所形成的关联矩阵，是产业、空间、科技、文化、品牌、资本、信息等众多因素构造的创新集成，是价值链网络构造的根本推进要素。

**推动核心点：**

特色小镇一体化创新体系需要具备四个关键要素：①特色小镇区间创新功能的合理定位与创新战略的价值链体系对应；②共同利益体系的形成与融合；③以特色小镇一体化为基础的政府行动、创新管理、政策体系；④特色小镇一体化创新绩效评估系统。

要推动特色小镇一体化创新体系，可以针对特色小镇价值链制定推动措施，主要包括以下五项要点：①推进经济和创新要素的集聚；②深化产业分工和跨地区产业联动；③创新相关企业生产模式；④技术创新模式的

转型；⑤强化共享性基础设施建设。

（一）特色小镇一体化创新价值系统构造与实现路径

1. 特色小镇一体化创新价值系统构造，需要从三个要点展开：

**首先，构造特色小镇一体化创新价值系统，需要建立一个"跨区域行政系统"**。通过省市政府建立有效的创新管理主管部门，主要负责让特色小镇融入经济一体化体系的协调工作，从而不断拓展特色小镇的可持续创新发展路径，形成以创新为基础的区域一体化发展空间。**其核心是通过价值创新让现在以及未来的发展要素能够聚集、整合以及布局，从而形成特色小镇的最优化资源配置**。大力发挥创新体系的潜在价值，形成特色小镇可持续发展的整体竞争优势。

**其次，特色小镇需要关联并主导一体化区域内的系统规划及一体化制度**。主要利用市场的力量创新政策措施，**核心就是打破地区行政壁垒，加强地区间创新协作，整合和优化配置资源，推动集成创新**，使特色小镇的产业系统及未来产业发展更具特色性与竞争力，从而推进区域价值增长方式转变以及实现特色小镇可持续增长。

**最后，特色小镇一体化创新价值系统需要注意两个方面的联系：一方面需要注意多角色的主体，注意公司、组织与制度等的整体互动关系。另一方面注意创新主体推动的主要方面与核心推动的机动措施**。通过资金及发展方向等方面的系统化引导，不断扩充一体化创新价值系统的网络化范围与空间效应，使创新产生、应用和扩散的空间效果不断增强。

2. 特色小镇主要通过两个发展路径实现一体化创新价值系统构造

这里有一个基本前提：**一体化创新价值系统推动的核心是以开放式创新为基础**，在此基础上构造两条实现路径。

**第一条路径，突破特色小镇的区域思维界限**。以全球价值链及国家价值链为背景，通过全球视野考虑特色小镇创新模式与结构，推进特色小镇开放型经济体系与体制创新，大力推进特色小镇特色主导产业的技术引进、技术改造，从资源要素驱动型经济向市场要素驱动型经济转型。同时，向自主创新驱动型经济转化，由特色小镇的比较竞争优势向大力培育特色小镇的绝对竞争优势方向发展。

第二条路径，深化特色小镇的内部体系，着力通过适当的制度调整打破地方保护主义、部门垄断和行业垄断。着手从创新主体与创新范围两个方面推进内部创新：在创新主体方面允许和鼓励各类创新主体的合法进入与公平竞争；在创新范围方面需要延展特色小镇的创新领域与关联区域，实现特色小镇与省市，乃至国家及国际机构之间展开创新体制的对接。通过充分发挥市场和企业的主体作用，统筹特色小镇产业与区域一体化的协同和创新发展，从而延展特色小镇的产业创新力与空间创新力。

（二）特色小镇一体化创新价值系统需要技术与制度双层面创新

特色小镇一体化创新价值系统需要整合产业创新与跨界创新要素，在一个较大区域范围内建立起创新平台的整体架构，通过科技创新与商业创新带动特色小镇的经济发展。在创新体系的推动过程中，需要注意两个层面的执行要点：首先，市场推动的优质要素整合与政府组织执行的制度性融合；其次，突出以市场为主导的技术创新和政府支持服务为主导的制度创新之间的相互作用。

**推动核心点：**

市场在特色小镇一体化创新价值系统中起到了配置创新资源、激励创新主体、促进创新要素流动、加快创新成果产业化等方面的主导性作用。政府则重点通过建设创新基础设施、培育创新主体、营造创新环境、解决市场失灵以及实施一些必要的政策工具来对创新过程进行有效扶持与激励。其核心是通过有效的体制和制度创新设计，促进特色小镇与周边区域的产业优化和重组。

在充分发挥市场调节作用的基础上，兼顾技术创新与科学创新，打破特色小镇单一区域分割所导致的产业体系与创新体系封闭的状况，打破地方利益思维所导致的价值无法有效与外部关联，依托商业模式创新与商业体系创新，可以有效解决创新发展与可持续发展等一系列问题。

在操作中，需要对三个要素进行重点突破：

**第一要素，构造特色小镇跨行政区域的创新网络。**跨行政区域创新网

络的形成是特色小镇一体化创新价值系统的基础。创新网络需要通过计划与系统进行搭建，依托产业及跨区域政策协调，促使特色小镇产业价值链及空间价值链融合，并建立各种相对稳定、能够促进创新的正式或非正式关系。这种关系包括产业链与创新链的联系、文化与市场的关联。关系的核心是企业在创新链与产业链上的创新关联与相互作用。特色小镇创新网络可以深度推进区域经济、产业经济以及区域文化与市场，创造特色小镇现在及未来发展的核心动力。

第二要素，**特色小镇要依托科技与商业模式等开展系列化创新**。特色小镇需要依托竞争体系优势进行技术优势转移，以提升自我价值更新能力，尤其需要重点发展三种能力：①科技创新、商业创新等转化能力；②承接国际和地区产业转移能力；③自主创新实现科技进步和引领经济社会发展能力。

第三要素，**特色小镇需要注意一体化创新价值系统的周期性发展**。特色小镇跨区域创新体系的形成将经历孕育阶段、关联阶段、体系化三个阶段。三个阶段都需要重点推进主体价值要素、空间与环境、创新子系统三个维度之间的价值关联。可以通过量化指标、协同发展目标，使特色小镇一体化创新体系从地区间协调走向整体协同发展，再向创新体系价值再造等阶段发展。

特色小镇一体化创新价值系统的发展关键在协同化发展阶段，该阶段的重心是建立开放型经济发展和区域经济一体化的体制和组织架构，其关键在于创新政策和体制对接。各级地方政府应将创新机制制度化，并转化为日常内部协商的组织框架，形成产业创新及体制改革的日常行为。

（三）特色小镇一体化创新价值系统的企业创新推进及企业产业结构转型

**企业作为特色小镇发展的主体，是一体化创新价值系统的具体实施者，更是特色小镇一体化创新价值系统的价值体现者。其核心表现在企业生产模式、商业模式、技术创新模式的优化与转型，因此，企业是特色小镇不断发展的原动力。**

企业有效参与特色小镇一体化创新价值系统，并在系统中获得企业自身可持续发展动力需要从四个方面入手：

第一，创造企业内部开放性创新体系的核心发展要素。企业在依托特色小镇特色产业的基础上，首先创建全新思维，由创建现代生产组织的核心理念逐步转变为对产业资源的控制利用。企业的核心工作是协调和调配资源，完成产业价值转化，实现产业要素资源的快速重组，而不是简单地进行资源生产或者拥有区域产品所有权。

**作者观点**

> 这是关于整体运营思维的结构性转变，不是控制企业发展的规模，而是创造企业发展的领先程度。特色小镇开放式创新是基于价值链的全新思维，对资源由集中配置转向分布式管理控制，其商业体系由独立运营向协作运营转变。

这种思维确实需要有一定的企业家胸怀，其本质是打破资源结构，实现特殊性资源的内部化和一般资源的外部化，从组织体系实现市场化互动，既是市场优势组织化，又是优势组织市场化。

第二，以企业在组织体系市场化互动为基础，构造最优化配置的创新网络。企业实现组织市场化与市场组织化的核心目的，就是建立分布式产业网络，依托网络产生虚拟企业，打破传统企业之间的产权界限，实现资源共享与集成，通过使用市场机制与组织变革手段，达到资源的最优配置。这将是特色小镇以企业为核心的未来发展模式。

第三，企业以资源配置网络化为基础，不断深化组织内涵及外延，挖掘价值链各环节与跨界价值，形成创新资源协同化。网络化组织的内涵与外延产生变化，会影响企业在经营活动和技术创新活动中的行为变化。这种变化包括创新体系的变化、合作创新模式的变化、创新转移模式的变化等。伴随着产品的升级与转型、商业模式的革新，企业创新模式逐渐趋于创新过程中各环节的同步化创新，通过创新资源集成与创新主体协同，最大限度地提升创新效率以及创新的集合度，使企业在特色小镇价值链优化过程中形成"独角兽"效应。

第四，企业与政府创新系统的有效融合，借助政府力量与产业力量，

**促进领先企业成为特色小镇中的特有优势。**这里包括强化共享性基础设施建设，巩固集群跨区域整合平台，注意跨地区价值链的建设与优化，搭建跨区共享平台，从而促进领先企业的产业价值溢出。同时充分借助政府价值关联，在统筹规划交通、通信、电力、供水、排污等基础设施建设方面，在会展中心、模具加工中心、产业信息中心、人才培训中心和产品检测中心等功能性产业建设方面，成为有效资源的获益者，同时可避免特色小镇结构性产业推进过程中的重复投资建设，有效推进产业集群跨地区的整合发展。

总之，特色小镇一体化创新价值系统需要开放型创新体系与产业价值链深度关联，逐步打破行政壁垒，强化特色小镇产业与空间的创新协作，整合和优化配置资源，推动集成创新。依托开放型经济体和区域经济一体化为核心的特色小镇一体化创新价值系统建设，促进中国新型城镇化开放型创新经济发展。

## 二、创新价值系统下的特色小镇"互联网"与"大数据"构想

特色小镇未来的发展方向，其核心在于价值延展、治理优化与结构调整。特色小镇一体化创新价值系统有效地贯穿三者，对特色小镇未来发展的构思有着积极引导作用。

特色小镇的价值创新有众多出口，包括文化与品牌，也包括智能化思维。智能化本身就是未来新型城镇化的发展思维。

智能化思维是复杂的价值系统，既包括理念因素、技术因素，也包括结构治理因素。特别是自 IBM 公司提出以"感知—互联—智能"为核心的"智慧地球"（Smarter Planet）构想以来，智慧城市在全球范围内引起了巨大的关注。特色小镇作为城镇化的重要组成部分，必然成为智能化发展的重点区域。主动构想"智慧特色小镇"，既是价值链创新的核心方向，也是特色小镇未来成长的关键要素。

特色小镇的智能化构想，不是为了追热点，也不是钱多了想找到一个项目出口，而是通过现代化的手段，提升特色小镇的价值体系与管理绩效。在实施特色小镇的智能化过程中，需要有深度的战略构思，以集约化

与发展绩效为考核标准，通过价值链创新与优化，逐步完成特色小镇的科技智能化与管理智能化。

对于智能化的发展思维，本书通过两个主要系统思维展开论述：一是基于信息技术与通信技术，重点论述科技发展当中的两个主流要素：互联网与大数据。另一个则是以"人"为基础的治理思维，通过挖掘特色小镇"以人为本"的发展步调提出未来特色小镇的智能化治理构思。

（一）特色小镇"互联网＋"的发展思维与变革思维

特色小镇智能化思维的基础是"互联网＋"，核心是通过信息与通信技术（Information and communication technologies，ICT）将现实世界的需求通过虚拟网络有效地关联在一起。

对于互联网在特色小镇上的运用，需要从本质上掌握互联网的核心价值。

**作者观点**

　　对于特色小镇，互联网是信息传导的工具，是特色小镇发展的手段。互联网可以将特色小镇的现实产业与广阔的虚拟空间进行深度关联，是特色小镇无限扩展的外延，是商业模式以及研发手段的创新，但不是特色小镇发展的本质，除非是对以云技术及互联技术为产业核心的特色小镇而言。

现阶段，特色小镇在使用互联网方面，一定要有清晰的认识。**互联网是一种发展趋势，更是一种思维革新**。特色小镇建设必须要有互联网思维，尤其是结合互联网共同发展的思维。

特色小镇与互联网的功能融合，本质是将特色小镇价值体系与互联网技术优势充分结合，打造集产业链、投资链、创新链、服务链于一体的特色小镇创新生态系统。关键是注意互联网平台功能的使用，突出两个使用要点：第一，构筑特色小镇互联网发展思维，拓展特色小镇价值链广度。注意以特色小镇产业发展为核心，引入"互联网＋"的产业创新思维，以开放式创新为突破口，推动产业借助互联网形成集聚效应；第二，依托特色产业，推进互联网与特色产业价值融合，深度挖掘特色小镇价值链。重点培育互联网新模式、新应用、新业态，促进特色产业提质增效和转型升级，加快互联网在经济社会中的广泛应用。

互联网发展思维与改革思维本身就是开放式创新思维，需要打破原有业务系统，从价值链扩展与创新的构想上寻找更为广阔的发展空间与价值提升空间。利用互联网就是利用全新的管理思维，激活特色小镇内部管理系统与外部市场产业并做深度价值关联。利用特色小镇原有资源优势与能力，发展新的价值要素，依托互联网开放、拓展以及外包等能力创造更为广泛的市场空间与产业发展空间。

这里结合价值链系统，给出特色小镇在互联网方面的一般使用路径，帮助特色小镇管理者及内部企业管理人员利用互联网在特色小镇中创造更具竞争力的价值系统。

表 5－1　基于价值链：互联网在特色小镇及相关企业中的重要应用

| 基础设施<br>·以网站为基础的分散式的财务和 ERP 系统<br>·与在线投资者关系（例如信息传递与播放会议电话） |
| --- |
| 人力资源管理<br>·自助式的人员和薪酬管理<br>·基于互联网的教育<br>·基于互联网的产业及公司等信息的传播和共享<br>·电子化的时间和报酬报告 |
| 技术发展<br>·在不同地点和不同价值系统参与者之间的集中式产品设计<br>·共享组织中各个部门的知识<br>·研发部门实时共享在线销售和服务方面的信息 |
| 采购<br>·基于互联网的需求设计；实时可获得信息—承诺或生产能力—承诺以及订单履行<br>·其他的链接购买、存货以及对供应系统进行预测<br>·自动化的"支付申请"<br>·通过市场、交换、拍卖以及买卖双方的匹配等方式进行的直接采购和间接采购 |
| 内向物流<br>·对企业及其供应商的生产计划、运输、仓储管理、需求管理、综合计划和高级综合计划进行实时的集成<br>·入站和进行中的存货数据在公司内部进行实时传播 |

| |
|---|
| 运营<br>·对交易、厂中厂的生产计划和决策制定、制造合同和各个供应商的信息进行集成<br>·将可获得信息—承诺或生产能力—承诺的信息实时传送给销售力量和销售渠道 |
| 外向物流<br>·实时传输订单，无论该订单是由终端客户、销售人员还是渠道成员开拓的<br>·自动化的客户详细协议合同条款<br>·客户和渠道成员可以获得产品的开发和传送状态<br>·与顾客预测系统进行集成<br>·对渠道管理，包括信息交换、担保条款和合同管理（过程控制）进行集成 |
| 营销和销售<br>·在线销售渠道包括网站和市场<br>·实时的获得内容和外部的客户信息、产品目录、动态价格、存货状况、在线提交的报价以及订单<br>·在线产品的构成状况<br>·通过客户档案进行客户制定服务<br>·定制化的网站进入方式<br>·推送式广告<br>·通过网络调查进行的客户实时反馈，以及实时的营销和促销反馈 |
| 售后服务<br>·客户服务代表通过电子邮件响应管理、电子支付系统、共同浏览、聊天室、网络电话、语音设备等对客户进行在线支持<br>·客户提供网站和智能化的客户需求处理系统，包括对支付和货物传送情况的实时更新<br>·客户可实时获得服务，包括客户账户的检查、采购计划的检查、两件的可获得性和定购、工作指令的更新和服务的管理 |

资料来源：Reprinted by permission of Harvard Business Review from "Strategy and the Internet" by Michael E. Porter, March 2001, p. 75. Copyright @ 2001 by the Harvard Business School Publishing Corporation; all right reserved.

互联网在价值链中的关联，多集中于产品的管理与推广。在文旅等类型的特色小镇的应用上，互联网更多的是对服务类产品做深度延展，但其本质相同。

价值要点：

互联网是一种价值增长与组织变革的工具要素，更多的是起到产业或产品的辅助功能，在使用中多以开放式创新为思维基础，挖掘广泛的市场功能及科学化的管理功能，是基于平台战略构想的核心辅助系统。

特色小镇的互联网功能的使用可以根据实际需求，构造不同的相关子系统，比如后台管理、服务系统、电子商务系统、商家管理系统、产业运营及供应链管理系统、营销系统等多种核心系统与关联的子系统集合。系统的设计需要根据特色小镇实际需求设计内系统与外系统，尤其注意关联节点的系统扩展与融合。

**推动核心点：**

特色小镇互联网发展思维，其技术实现并不是难点，难点在于平台的运营、维护及升级。尤其是运营部分，需要有深度的后台运营思维与互联网嫁接思维，需要融合外部平台，不是简单的自我建设及自有平台功能满足，这是特色小镇互联网发展思维的突破重点。特色小镇的互联网平台不是构造阿里巴巴、淘宝、美团等功能性平台网站，而是建立内部资源与外部资源的关联，真正做到用有限的资源扩展更广阔的空间，这是特色小镇互联网发展思维的核心，否则可能花费大量资金，却事倍功半。

下面列举特色小镇服务类系统建立的几个相关子系统，仅作为参考。特色小镇借助互联网思维，必须从价值链与开放式创新思维入手，才可能取得有效的成果。

①**特色小城镇服务系统**：依托价值链，建立以消费者为中心的服务系统，注意服务系统关联度及可扩展性，特别注意供应链管理、特色小镇内部管理系统，企业内部管理系统，特色小镇与企业的服务关联、环节控制。在服务系统的创建与使用过程中，可以考虑使用的深度及范围，注意后续服务系统的兼容与管理升级。

②**特色小城镇电子商务**：特色小镇电子商务的核心是营销管理系统，特别对特色小镇的关联服务商做好系统管理，注意科学化统筹，包括商家管理、货品管理及服务维修管理等。在电子商务后台管理中，可以考虑使用"大数据"管理，针对消费偏好及商务需求进行优化设计，以提高互联网商务管理绩效。科学化统筹可以通过以下子系统建设提高管理绩效。

**电子商务子系统一——商业客户管理**

电子商务系统是通过先进的信息技术，以商业客户为中心，整合包括酒店、餐饮、娱乐、交通、演出表演等各方面关联资源，提高包括饮食、住宿、出行、游玩、购物、娱乐等全方位高质量的个性化服务需求。这里突出功能系统管理、网络信息技术以及"大数据"功能的深度开发与使用。将"营销—交易—消费体验"三大商业行为，通过平台形成友好的价值互动。

**电子商务子系统二——平台入驻企业及商家管理**

关键构筑内外部管理系统，形成企业与商家的优质服务功能，甚至可以连接外部平台软件，形成商业管理对接。系统内容可以包括：企业及商家信息搜索、商业消费管理、商业及企业后台设定、企业及商家金融管理、商业订单管理等。

**电子商务子系统三——功能服务功能管理（比如休闲餐饮住宿预订）**

重心在于整合商业企业及商家的服务资源，导入或引流进入功能平台，增加商业、企业及特色小镇整体效益。内容可以包括：餐饮休闲娱乐等各类机构服务链接，服务支付功能，特色商品购物等服务功能。

## 作者观点

特色小镇的互联网发展思维需要依托互联网思维，做开放式的发展构想，除了交易支付功能外，更主要的是建立社交平台与互动平台，创造价值关联者的黏性与数量。这与传统的产业构造形态有所不同，需要以变革的思维看待互联网对特色小镇的影响，也需要以全新的视角参与到互联网的技术变革与思维变革当中。

（二）特色小镇"大数据"的发展思维与变革思维

"大数据"是一个时代的全新变革，是基于数据处理技术的革命，是信息技术更深度的智能化。不同于互联网技术，"大数据"更多的价值是建立在数据统计及数据运算能力的基础上。针对非结构化数据，通过科学的数理统计、计算，得到合理的结论。"大数据"已成为一把神奇钥匙与一种神秘力量，通过"大数据"可以打开一个人们从未涉足的未来之窗。"大数据"可以通过一个现象的良好关联物及其关联关系，帮助捕捉现在和预测未来。这种关联关系的核心是量化两个数据值之间的数理关系。相关关系强度指当一个数据值增强，另一个数据值有可能随之增强。这极大地提升了人们对事物的判断力，可以通过低成本、高效率得到相对准确的"有效数据"。

## 作者观点

　　　　对于很多特色小镇而言，"大数据"似乎还很遥远，实际上"大数据"将很有可能支配特色小镇的发展方向与特色小镇的整体思维变革，这是因为"大数据"本身就是一种信息革命与商业革命。如果说互联网加快了信息的传递速度，"大数据"则转变了信息的使用方法，这将极大地优化商业形态与对于问题的处理模式。

以往的 IT 技术变革中，更多把变革焦点放在"T"（技术）上，对"I"（信息）的关注并不充足。"大数据"则把重点放在"I"上面，通过对数据的全面分析，得到关联数据的一般性结论。

### 推动核心点：

　　　　特色小镇的商业模式、营销模式、管理模式等都将面临全新的变革。以数据化的构造，以"量化"的概率思维重新看待特色小镇中的产业价值链与空间价值链，将特色小镇中的一般现象转变成可以制表分析的量化分析过程，并快捷地得到一般性的统筹结论。有效的取样会使特色小镇了解不同的价值需求。通过数据创新，可以挖掘众多的隐藏价值。这些数据的价值以及数据再利用的价值，可以提前规划定位、优化产业、管理商业库存、优化营销系统、配置媒体资源，等等。通过充分的数据价值使用可将最基本的用途转变为未来的潜在用途。

特色小镇大数据思维的使用，可以促使特色小镇及内部企业改变他们的商业模式，甚至迫使特色小镇的产业模式重新定位思考。

大数据可以有效分解价值链中的价值需求，甚至重组价值链的价值构造。可以通过特色小镇大数据潜在价值、基于大数据的角色定位、基于大数据的风险控制三个重点，进行特色小镇大数据体系管理。形成"管理数据来源—大数据价值挖掘—大数据价值使用"的价值使用路径。

**特色小镇的大数据价值使用，关键是寻找有价值的大数据来源，即管理数据来源。大数据的来源主要是指数据本身、技能与思维，以及基于这三个核心要素所关联的企业、组织与个人。**

**第一种数据：数据本身。**这类大数据来源于拥有大量数据或者至少可以收集到大量数据的公司及个人。这些数据主要集中了行业、消费习惯或者生活、工作、消费过程中留下的痕迹。对于大数据使用者而言，这是基础数据。

**第二种数据：基于技能。**这类大数据多数来源于咨询公司、技术供应商以及分析公司等。这些组织及个人掌握专业技能，能对具有价值的数据进行有效分析，用以优化营销、管理各环节，同时可以通过数据管理对项目整体过程进行实时监控。其缺陷是对于数据创新性用途的发现与挖掘。

**第三种数据：基于思维。**对于很多领先的企业及个人而言，数据和技能并不是成长的关键因素。让大数据价值不限扩展并且脱颖而出是基于思维的创新，是通过创造性独特构想挖掘数据的新价值。在中国，腾讯、阿里巴巴、华为等科技创新型企业都在追逐大数据创造的全新价值。

谷歌首席经济学家哈尔·范里安（Hal Varian）曾这样论述数据的创新者："数据非常重要，而且具有战略性，但是真正缺少的是从数据中提取价值的能力。"这也构造了一个新的职业——"数据科学家"，即统计学家、软件程序员、图形设计师与作家等的结合体。这些科学家通过探索数据库得到新的发展。他们让数据成为最核心、最重要的价值。通过大数据挖掘价值，并通过大数据价值创新与变革价值体系，是特色小镇基于大数据不断创想的未来价值。

基于大数据价值体系，打造特色小镇的大数据发展思维与变革思维，需要从三个方面着手，分别为"潜在价值""角色定位"及"大数据优化与风险控制"。

1. 特色小镇大数据管理重点一：潜在价值

数据的真实价值就像漂浮在海洋中的冰山，第一眼只能看到冰山一角，绝大部分隐藏在冰山表面之下。尤其在大数据时代，数据就像一个神奇的钻石矿，有人甚至构造资产模型来对数据产生的潜在价值进行估值。最为典型的案例就是 Facebook（脸书）公司，根据常规会计准则计算出的其企业价值约为 63 亿美元，而市场估值却高达 1040 亿美元，价值差距就是账面价值与"市场价值"的估值方法的差异。而 Facebook 公司之所以被"市场价值"以数十倍以上账面价值高估，其核心因素就是数据产生的价值。尤其是 Facebook 公司构造的"数据平台"，以及通过 Facebook 大数据不断创新与创造的新产品、新商业模式。

特色小镇的大数据创新方式有如下六种：

**价值要点：**

特色小镇大数据潜在价值挖掘，关键是对信息进行有效创新。在实践中，特色小镇可以采用三种大数据创新模式：数据再利用、数据重组、可扩展数据。另外还有三种独特的创新方式，分别为开放数据、数据废气、数据折旧值。

①**数据再利用**。对于同一类数据，由于分析角度以及分析深度不同，所得到结论的需求与层次也不同。这都为特色小镇数据价值的使用创造了再利用的条件。

②**数据重组**。可以针对特色小镇大数据样本进行扩容分析，以提高数据的整体价值。

③**可扩展数据**。收集核心数据流以外的更多数据点，成本往往很低，但可以增加数据的潜在价值。就是通常所说的"一份钱两份货"，这些潜在数据可以拓展多重功能。

④**开放数据**。需要数据收集者，尤其是政府，要有开放的心态，通过共享数据，推动协同发展。

⑤**数据废气**。从某个角度来说，这是主流数据的副产品，这些数据同

样具有价值。也许对现有企业或产业并不具有直接价值，但是对于其他产业及产品就未必，可以通过数据点销售，产生其他价值。

⑥**数据折旧值**。很多时候可以通过原有信息，比如销售记录等有用信息做价值判断，虽然很多数据的基本用途价值会减少，但是潜在价值却依然很大，可以通过折旧转化销售，得到相关使用价值。

2. 特色小镇大数据管理重点二：角色定位

特色小镇大数据管理的一个重要的作用，就是找到有效的定位。这里包括特色小镇的产业定位、空间定位，更主要是在未来找到基于信息的角色定位。尤其要注意自身在大数据价值体系当中的角色定位。特色小镇可以是信息的创造者，也可以是信息的使用者，同样可以构造作为信息创新的角色定位。比如云栖小镇就定位了以"云"科技为基础的产业价值链控制者，从而控制大数据的高端价值。而控制的基础，则是需要竞合整理大量大数据的中间商。

> **价值要点：**
>
> 掌握特色小镇在大数据中的角色定位，首先需要理解大数据思维。大数据思维是一种意识，认为公开的数据一旦处理得当就能为千百万人急需解决的问题提供答案。也因为大数据可以通过数据量化价值链，因此，大数据中间商可以依托大数据成为相关产业链的获益者，以及跨界行业的重要参与者。

国内有很多地区希望以大数据为基础，打造特色小镇，这都需要这些小镇从大数据价值链中找到自身的角色定位。实际上寻找准确的定位方向，本身就需要大数据支持。

特色小镇的大数据使用，除了个别特色小镇作为大数据平台商与中间商等特有角色外，绝大多数是利用大数据，构造特色小镇及关联企业不断创新与发展的竞合力。这种能力包括市场创造能力，商业模式转化能力，尤其是管理能力等，这些能力将成为特色小镇未来创新发展的基础。

科学使用大数据，将是未来推进特色小镇及关联企业发展的最基本能力。未来的竞争首先是大数据有效使用的竞争，所有的公司都需要通过巧妙地挖掘数据价值获得利益。数据可以帮助优化生产和服务，甚至催生新的行业。

**作者观点**

充分利用大数据可以让行业两端的公司受益，而对于中等规模的公司而言，要么向两端转化，要么破产。传统行业最终也将转化为大数据行业，无论是金融服务业、医药行业还是制造业，大数据会通过不断的更新使中等规模的公司不断面临危机。

3. 特色小镇大数据管理重点三：大数据优化与风险控制

未来的特色小镇将一直面临竞争，有效利用大数据搭建数据竞争与风险控制体系，是特色小镇乃至关联企业的获胜之道。

**作者观点**

未来的竞争将是知识生产率的竞争，是以信息情报为核心的竞争，而不再是劳动生产率的竞争。数据将是信息的载体与知识的源泉。以数据作为背景，依据信息提炼规律，通过知识指导实践，才可能产生价值效用，也只有这样的方式才能实现数据到利润的转变与提升。

对于特色小镇及其相关企业而言，未来就是基于数据价值的竞争。大数据对特色小镇内部组织链条进行有效的信息管理与情报分析，形成价值链的价值再深化，并有效地控制风险。这种价值深化与风险控制可以通过以下三个步骤实现：

第一，需要进行客户深度价值分析。针对客户需要的产品，都会产生关联数据，对这些数据进行分析，包括客户的结构、流量、购买周期、利润贡献率，等等。甚至具体到每一个客户，确认其购买频次，预测其感兴趣的产品、忠诚度和流失的可能性。通过点、线、面的全面分析后，确认有效客户群体、预测消费意愿，主动为客户提供个性化的销售与服务，甚至有效定制全生命周期的关联消费产品，从而提高消费额与利润率。

第二，针对产品及产品创新进行分析。这里包括产品组合、库存量、新产品需求、旧产品淘汰，淡季与旺季销售定价及模式，捆绑式销售，关联产能等。这些数据分析可以来自企业，来自市场，同时也可以来自竞争对手及外部其他关联数据。

**第三，针对供应链、运营效率进行深度分析**。这里包括选择供应商、物流系统、资金管理以及人力资源的配置等。

以上三点是基于价值链对大数据有效运用的思维路径。实际上可能会被二次利用，甚至打破个人隐私与组织核心信息界限，产生个人乃至组织的风险。

网络上一直流行着这样一则笑话，充分说明了个人隐私被二次利用的风险。

一家披萨店的电话铃响了。

客服拿起电话：您好！请问有什么需要我为您服务？

顾客：你好！我想要一份……

客服：先生，请先把您的会员卡号告诉我，好吗？

顾客：16846146＊＊＊。

客服：陈先生，您好！您是住在东江中路七号12楼1205室。您家电话是2646＊＊＊＊，您公司电话是4666＊＊＊＊，您的手机是1391234＊＊＊＊。请问您想用哪一个电话付费？

顾客：你为什么知道我所有的电话号码？

客服：陈先生，因为我们联机CRM系统。

顾客：我想要一个海鲜披萨……

客服：陈先生，海鲜披萨不适合您。

顾客：为什么？

客服：根据您的医疗记录，您的血压和胆固醇都偏高。

顾客：那你有什么可以推荐的？

客服：您可以试试我们的低脂健康披萨。

顾客：你怎么知道我会喜欢这种的？

客服：您上星期一在国家图书馆借了一本《低脂健康食谱》。

顾客：好。那我要一个家庭大号披萨。

客服：陈先生，大号的不够吃。

顾客：为什么？

客服：因为您家一共有六口人。来个特大号的，怎样？

顾客：要付多少钱？

客服：99元。这个足够您一家六口吃了。但您母亲应该少吃，她上个月刚刚做了心脏搭桥手术，还处在恢复期。

顾客：那可以刷卡吗？

客服：陈先生，对不起。请您付现款。

顾客：你们不是可以刷卡的吗？

客服：一般是可以的。但是您的信用卡已经刷爆了，您现在还欠银行4807元，而且还不包括您的房贷利息。

顾客：那我先去附近的提款机提款。

客服：陈先生，根据您的记录，您已经超过今日提款限额了。

顾客：算了，你们直接把披萨送我家吧，家里有现金。你们多久会送到？

客服：大约30分钟。如果您不想等，可以自己骑摩托车来取。

顾客：为什么？

客服：根据我们CRM全球定位系统车辆行驶自动跟踪记录显示，您登记的一辆车号为湘L—SB940的摩托车，目前正在鲤鱼江天鹅福商场前面道路上行驶，离我们店只有250米。

顾客：好吧。（头开始晕）

客服：陈先生，建议您再带一小份海鲜披萨。

顾客：为什么？你不是说我不能吃吗？

客服：根据我们CRM通信系统分析，今天您与一位女性通话频率高、时间长，今天又是2月15日，我们分析应该是您的情人，要补过情人节，而这位手机用户近来一直买的是海鲜披萨，她应该喜欢这种口味。

顾客：……

客服：您最好现在就送回家，否则您就不方便出来了。

顾客：为什么？

客服：根据我们的定位系统，您的爱人大约30分钟后到家。

顾客：我为什么要出来？

客服：您已在雄森大酒店定了今晚的房间，估计是您与情人的约会吧？

顾客：……（当即晕倒）

很多时候，数据在收集的时候并无意用作其他用途，但最终可能产生很多创新性的用途；同时，传统隐私保护策略的不健全，使得无论你是否许可，数据都可能被泄露，致使很多人都感到自己的隐私受到了威胁。当大数据普遍到一定程度时，这种情况将更加不堪设想。大数据的不利影响并不是大数据本身的缺陷，而是滥用大数据导致的结果。这需要按照一定规范与权限打造一个高效、安全的大数据社会环境。

**推动核心点：**

特色小镇对于大数据的风险控制，更主要的是从竞争情报的视角入手，发现与收集有效数据，同时也要防止核心数据外泄。这里突出以产业发展信息、客户情报信息以及竞争情报信息为主体，构造大数据的风险管理体系。

大数据是一种资源，是一种工具，更是未来的竞争优势。应有效利用大数据，利用大数据变革的力量，在特色小镇产业以及管理上进行价值链的不断优化。特色小镇大数据的实质是构建从特色小镇价值推进中得到数据获取、数据管理、数据分析及服务的方法、技术与应用体系。未来特色小镇在大数据方面的应用将更加智能化，尤其突出大数据在计算方法和信息技术上的后台运用，使其成为特色小镇创新模式和科学化管理的核心武器，成为特色小镇成长的一条重要路径。数据传递所形成的推动力量，将加速新型城镇化推进步伐，提升特色小镇的发展效率。

## 三、创新价值系统下的特色小镇智慧型发展方向思考

特色小镇的未来，必须基于创新、竞合以及不要在明天倒下的"忧患意识"。物竞天择，适者生存；万物竞争，造就时代产物！时代如此，特色小镇更是如此，特色小镇的未来也是如此。

谷歌公司执行董事长埃里克·施密特说："我可以非常直接地说，互联网将消失。"这一系列充满"革命性"的标签，几乎把每一个人都裹挟着进入这个全新属性的时代，没有喘息的机会，没有停滞的可能，也无法逃脱与躲避。**我们已经置身于"智能""智慧""物联""大数据"等的未来漩涡当中。但可怕的是，当科技先驱者预测"互联网"时代即将过去的时候，我们中的很多人甚至连"互联网"意味着什么都没有了解清楚。**

特色小镇的发展也是如此，**谁都不知道特色小镇未来的方向，但有两点却是一定的。一个是以"人"为中心，一个是以"市场需求"为基础，如果未来不以这两点为发展方向，就一定会被时代所淘汰。**比如曾经的诺基亚公司，就一直执迷着键盘式手机的开发，当苹果公司开始探索一键触屏的智能手机时，谁曾想到，科技帝国中的高品质领导者诺基亚会被时代所淘汰？特色小镇的未来竞争也会是如此，提供便捷、舒适的新城镇生活，提供互动、安全、高效的新城镇"智慧"治理模式，将会是特色小镇未来发展的重要方向。

基于创新价值系统的特色小镇发展，必然以"人"为中心。未来的"智慧特色小镇"建设，将从系统工程的视角出发，打破国内及国际基于信息与通信技术（ICT）形成的城镇治理硬件、软件和数据基础设施；打破利用云计算、物联网等新兴信息技术为管理基础所形成的政府管理、交通、能源、健康医疗、公共安全等各个子系统。因为这些系统都是建立在信息技术的基础上。

未来的新型城镇化建设将会以"人"为基础，通过系统工程推进"特色小镇"的变革形态，突出特色小镇治理的灵巧性（Smartness）和智能性（Intelligence）。

2012 年中国工程院开展了针对"中国智能城市建设与推进战略研究"项目的研究工作。**从"物理空间—社会心智空间—赛博空间"三个空间协调发展的角度构想新型智慧（智能）城镇，而且这三个空间系统具有耦合关系。简单地说，三个空间的"智慧"耦合表现为"生理智能""社会智能"和广义"人工智能"等三种智能形式综合形成的"整体谐生智能"。**

这里简单解释一下"赛博空间"，**赛博空间（Cyberspace）是哲学和计算机领域中的一个抽象概念，**指在计算机以及计算机网络里的虚拟现实。赛博空间一词是控制论（cybernetics）和空间（space）两个词的组合，是由居住在加拿大的科幻小说作家威廉·吉布森在 1982 年发表于 *omni* 杂志的短篇小说《全息玫瑰碎片》"Burning Chrome"中首次创造出来的，也有"异次元空间""多维信息空间"等译法。这个词的本义是指以计算机技术、现代通信网络技术，甚至还包括虚拟现实技术等信息技术的综合运用为基础，以知识和信息为内容的新型空间，这是人类用知识创造的人工世界，一种用于知识交流的虚拟空间。如今赛博空间已经不再是计算机领域中的一个抽象概念，随着互联网的普及，生活中到处都可以看到它的影子，其中最有代表性的就是网络游戏。

**价值要点：**

赛博空间冲击着我们的生活模式，比如传统的报纸、广播、电视变为赛博媒体，即网络化、虚拟化的媒体，这样的传播不但更加方便、快捷，而且极容易使信息交流去中心化。赛博空间作为人类用知识创造的新型空间，开始打破人们的思维方式与生活范围，它对个人隐私、知识产权将产生强大的冲击，但同时发挥着知识传播、知识生产上的巨大作用，使信息的传递拥有了某种宇宙力量的速度，其实就是赛博空间的力量。

"物理—社会—赛博空间"三个空间很有可能构造特色小镇未来的"三位一体"的智慧发展过程。**特色小镇智慧型发展方向是对特色小镇信息化、特色小镇智慧成长与可持续发展以及知识与创造力城镇等三方面发展潮流的综合**，为进一步的特色小镇智慧型发展提供思考路径。自 IBM 公司提出以"感知—互联—智能"为核心的"智慧地球"（Smarter Planet）构想以来，以"智慧城镇"为核心的研究与推动在全球范围内引起了很大的关注。一方面，学界对智慧城镇、智能城镇开展了很多研究和探讨；另一方面，全球很多城镇开展了智慧城镇的规划与建设。我国智慧城镇的建设工作也进行得如火如荼。然而，智慧城镇的建设涉及领域很宽泛，当前人们对智慧城镇整体图景的认识还不统一。实际上**智慧城镇是由物理系统、社会系统和信息技术系统耦合而成的开放式庞杂系统；与之相**

应，城镇的"智能"与"智慧"表现在对于这三个系统相对应的三个信息子空间中数据、信息和知识处理的能力，特色小镇及智慧城镇的建设应着眼于这一总体能力的提升。

> **推动核心点：**
>
> 特色小镇及新型城镇化的智慧化改造，需要突出两个主要视角：其一是着眼于特色小镇的"智慧成长"（Smart Growth），其主要内容包括发展"可持续城市""生态城市"及"宜居城市"等；其二则着眼于特色小镇创新能力的建设，其核心理念是"知识城镇"与"创造力城镇"。对应智慧城镇的建设要求，二者形成相互作用的驱动力。

特色小镇"智慧化推进"需要注意四个推动要点。

第一，特色小镇的"智慧化推进"需要嫁接现在"智慧城镇"的主要发展思维——数字城镇的核心理念，即利用信息与通信技术整合城镇信息资源，在实体城镇之上构筑一个"虚拟城镇"。"智慧城镇"的基础是"创建一个新的城镇维度，使得人、关系与服务虚拟化，形成共享和整合的灵敏社区"。"智慧城镇"的建设不应把整体发展局限于信息与通信技术（ICT）为核心的基础设施、平台建设以及相关的各类信息系统上。

第二，特色小镇需要从"物理—信息—社会系统"深化构造"智慧城镇"的治理系统。Giffinger 等提出智慧城市的六个维度，即智慧经济（smart economy）、**智慧出行**（smart mobility）、**智慧环境**（smart environment）、**智慧民众**（smart people）、**智慧生活**（smart living）**及智慧治理**（smart governance）。基于这一智慧成长理念，Caragliu 等把智慧城镇界定为："通过对人力和社会资本的投资以及传统与现代通信基础设施来推进城市可持续的经济发展和高质量的生活，同时通过参与式的治理实现睿智的自然资源管理。"对于特色小镇的智慧型构造就可以参考这样的定义以及相关维度。

**推动核心点：**

在实施执行中，可以首先进行 ICT 设施、平台与系统建设，同时与智慧型特色小镇的长期目标有效结合起来。长期目标为：发展特色小镇整体谐生智能以更好地解决特色小镇面临的问题，并提高特色小镇的可持续性、创造创新能力及宜居度等的协同性发展。

技术实现的重点是搭建有效需求的信息空间，信息空间的构造需要紧紧围绕物联网、大数据、云计算等系列技术，形成物理信息空间和赛博空间的贯通，使特色小镇"赛博—物理系统"（CPS）得到有序发展，促进系统中的人工智能与生理智能有效融合，并得到整体提升。

**价值要点：**

依托特色小镇治理的整体思维，未来特色小镇的智慧型建设将更以"人"为中心，更加注重社会心智空间的拓展以及三个空间的进一步贯通，并形成三个空间之间的协同发展。这要求特色小镇在实施"智慧城镇化"过程中，不仅需要构造数字城市、信息城市等以提高特色小镇的运作效率与管理效率，更需要重视特色小镇的创新能力，通过"知识与创造力城镇"的建设，构造更有深度的特色小镇智慧型进程。

"知识与创造力城镇"包括特色小镇文化创意能力和文化创意产业的发展，同时包括科学技术的创造创新及成果转化能力，科技与文化融合的能力等。这些都基于特色小镇一体化创新价值系统，涉及科学创新力、技术创新力、经济创新力、文化创新力、社会创新力等几个方面。通过特色小镇人才、科技、文化等方面的系统工作，有效提升特色小镇的"软"智慧型实力。

第三，**特色小镇的智慧型建设，不是通过设计与构想，以及投入巨额资金就可以有效完成，特色小镇智慧型发展的实质是特色小镇智慧程度不断持续提升的过程。**在推进智慧型特色小镇的开发过程中，科学设定"智慧成长"的阶段发展目标，通过智能型开放系统的自组织和他组织结合的

中国特色小镇 The Chinese Characteristic Town

方式进行过程演化。这并不是单纯的工程化建设过程，应该将其视为人与机器融合的"超有机体"构想的智慧型演化发展过程。这是物理系统、社会系统和信息技术系统的协调发展过程，是将赛博系统逐步融入物理系统和社会系统的过程。由于城镇化智慧型发展涉及政府部门、企事业单位、社会团体及居民等不同主体，其"智慧型城镇"的推进过程必然是多方利益的协调，更是城镇治理体系的变革。所以这并不是简单的智慧化产品的安装，也不是简单的科技创新，而是内生性社会推进的发展过程。因此，应遵循社会发展的规律，通过演化工程（Evolutionary Engineering）的思路进行"智慧化城镇"的有效推进。

第四，"智慧特色小镇"的深度推进，涉及特色小镇运营的方方面面，从基础设施到城市治理。从系统工程的角度，将多个相对独立的子系统组合而成的集成系统，有人称之为体系工程（Architecture Engineering）。特色小镇的规划设计与建设需要从体系工程思路展开。从体系工程的视角看特色小镇，特色小镇中的通信、水、电、道路等基础设施系统构成特色小镇体系工程中最为基础的要素，并围绕社会民生、经济产业和特色小镇治理等众多成员系统，各自相对独立运转而又彼此综合集成，形成特色小镇的整体系统。在这里，特色小镇的信息技术基础设施、平台和应用系统又是连接各个关联系统的重要纽带。

第五章

**推动核心点：**

　　用体系工程理念来实施智慧型特色小镇建设，一方面要从包括信息技术基础设施在内的各个特色小镇基础设施子系统的智慧化建设为主要入手点，另一方面应整体综合考虑各个子系统的智慧化建设的协调和整合。将演化系统工程思维与演化推进思维两者结合，构成特色小镇持续发展的智慧型构造的整体思路。

特色小镇智慧型构造的整体思路的实施，需要从三个系统视角，落实特色小镇"物理城镇""社会城镇"及"数字城镇"三种形态，建立特色小镇"物理城镇—社会城镇—数字城镇"的三重耦合结构关联。（如图5—8所示）

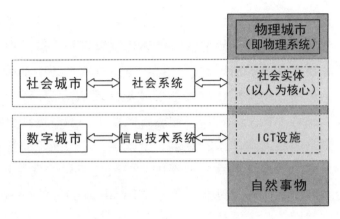

图 5-8　特色小镇三重耦合结构

　　特色小镇智慧化的构造过程，需要注意基于城镇大数据及"城镇计算"（Urban Computing）的"城镇复杂性"（Town Complexity）与"城镇智能"（Town Intelligence）。特色小镇智慧化的过程实质是人与机器融合的超有机体的发展演化过程。要更好地理解智慧特色小镇，进而更好地发展智慧型特色小镇，就必须对以物联网、大数据和云计算等为代表的新一代信息技术支持下的城镇运转模式与规律进行深入研究。建立特色小镇关于"信息—物理—社会融合系统"的内在运作机理，为深度把握特色小镇整体智能的体系做准备。

　　针对特色小镇"信息—物理—社会融合系统"的内在运作机理展开深度研究，对于促进城镇规划、城镇管理及运营的信息化运用有着积极的探索作用，也对智慧型特色小镇建设与规划有着良好的指导效果。

　　这种思考路径的优点是着眼于特色小镇治理的复杂性问题与城镇智能的有效融合。即通过数字技术和工具把握特色小镇中整体智能与复杂性问题的本质关联，通过反向优化推动智慧城镇建设的实践，促进特色小镇的"整体谐生智能"。实践思维如图5-9所示。

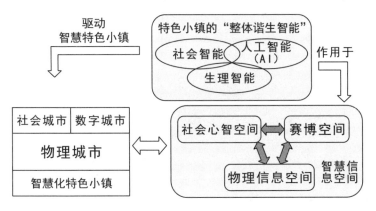

图 5-9　智慧城市建设实践思维

特色小镇的智慧型构想在四点建设的基础上，还需对于"赛博—物理—社会系统"的关联模式进行价值落地，从本质上发展整体协同智能模式。

**价值要点：**

特色小镇首先是基于物理、空间地理乃至生物与生态系统意义下的实物系统，即特色小镇物理系统。其次，以"人"为中心建立特色小镇社会系统。最后，以互联网为基础，通过与现代信息技术紧密结合，建立以数字化进程为核心的特色小镇的"赛博空间"。由三个系统彼此贯通耦合而形成"赛博—物理—社会系统"。与之相对应，特色小镇的"智能"或"智慧"表现为由三个子空间耦合而成的更为广义的城市"整体协同智能体系"，并以此形成解决城镇生活、商务、产业、治理等方面问题的能力。这种能力由"生理智能""社会智能"和更深层次的"人工智能"耦合而成，并逐渐走向"融合"状态，成为一种"整体融合成长的智能系统"。

特色小镇的智慧型构造就是这种"整体融合成长的智能系统"。它为特色小镇乃至中国新型城镇化在管理优化与技术优化方面的发展提供了思考方向。即把社会系统和信息技术系统的发展结合起来，推进更为全面的"感知、互联和智能"，构造以特色小镇为核心的城镇整体发展的"神经系统"。从而在根本上促进特色小镇在经济、社会、生态等方面的体系化发展，增进特色小镇整体宜居度及生活便捷性。

# 参考文献

[1] 厉以宁. 中国经济改革发展之路 ［M］. 北京：外语教学与研究出版社，2010.

[2] ［美］弗朗西斯·赫塞尔本，马歇尔·戈德史密斯. 未来的组织 ［M］，苏西译. 北京：中信出版社，2012.

[3] ［美］彼得·德鲁克. 创新与企业家精神 ［M］，蔡文燕译. 北京：机械工业出版社，2009.

[4] 许玲娇. 基于产业集群的特色小镇可持续发展研究 ［D］. 浙江大学，2004.

[5] 克里斯多夫·弗里曼. 日本：一个国家创新系统 ［M］. 北京：经济科学出版社，1992.

[6] 郭曦，郝蕾. 产业集群竞争力影响因素的层次分析 ［J］. 南开经济研究，2005（4）.

[7] ［美］丹·塞诺，［以］索尔·辛格. 创业的国度 ［M］. 北京：中信出版社，2010.

[8] 刘友金. 产业集群竞争力评价量化模型研究——GSM 模型解析与模型构建 ［J］. 中国软科学，2007（9）.

[9] 林毅夫，等. 中国经济专题：名师大讲堂 ［M］. 北京：北京大学出版社，2008.

[10] ［美］约瑞姆·杰瑞·温德，维查·玛哈简，等. 聚合营销 ［M］. 北京：中信出版社，2003.

[11] 徐诺金. 金融生态论 ［M］. 北京：中国金融出版社，2007.

[12] 王琦，罗芳，胡文楠. 产业集群演化过程研究——基于无边界企业

视角 [J]. 现代情报，2006（12）.

[13] 刘友金. 中小企业集群式创新 [M]. 北京：中国经济出版社，2004.

[14] ［美］杰里米·里夫金. 第三次工业革命 [M]. 北京：中信出版社，2012.

[15] ［美］迈克·弗雷德曼，本杰明·特里戈. 战略领导 [M]. 北京：中国财政经济出版社，2004.

[16] ［美］琳达·科恩，阿莉·杨. 资源整合 [M] 北京：商务印书馆，2007.

[17] 季丹. 关于营造中国产业集群的一些思考 [J]. 产业经济研究，2003（4）.

[18] 傅羿芳，朱斌. 高科技产业集群持续创新生态体系研究 [J]. 科学研究，2004.

[19] 吴金明，邵昶. 产业链形成机制研究——"4＋4＋4"模型 [J]. 中国工业经济，2006（4）.

[20] 王月琴，张鹏，胡华征. 基于全球价值链的广东产业升级与产业转移的思考 [J]. 科技管理研究，2009（11）.

[21] 陶海青，刘冰. 不同产业集群中企业家认知网络演化路径差异 [J]. 科研管理，2008（7）.

[22] 张鸿雁. 中国城市化理论新模式的建构 [J]. 学术月刊，2012（8）.

[23] 张鸿雁. 新型城镇化进程中的城市文化自觉与创新——以苏南现代化示范区为例 [J]. 南京社会科学，2013（11）.

[24] 曹阳. 产业价值链在县域产业发展中的特色效应显示——兼论民族县域特色资源价值实现 [J]. 北方民族大学学报，2011（5）.

[25] ［美］迈克尔·波特. 竞争优势. [M]. 陈小悦，译. 北京：华夏出版社，1997.

[26] 陈柳钦. 论产业价值链 [J]. 兰州商学院学报，2007（8）.

[27] 李平，狄辉. 产业价值链模块化重构的价值决定研究 [J]. 中国工业经济，2006（9）.

[28] 潘成云. 解读产业价值链——兼析我国新兴产业价值链基本特征

[J]. 当代财经，2001 (9).

[29] 厉无畏，王玉梅. 价值链的分解与——提升企业竞争力的战略措施
[J]. 经济管理，2001 (3).

[30] 程新章. 价值链系统分析方法与中国对外贸易战略 [J]. 世界经济
研究，2005 (6).

[31] 樊勇. 试论"特色经济"中的特色 [J]. 学术探索，2004 (1).

[32] 陈柳钦. 产业价值链：集群效应和链式效应 [J]. 理论探索，2007
(2).

[33] 王晋，张庆丰. 特色小镇融资的十大模式 [J]. 城市开发，2017
(4).

[34] 刘敏楼，宗颖. 农村金融发展与农村工业成长——基于省际产业层
面的分析 [J]. 山西财经大学学报，2010 (5).

[35] 土兴全，王慧敏. 破局"千园一面"的文创园区品牌化升级模式
[J]. 中国软科学，2017 (5).

[36] 郭伟，曹琳剑. 拓宽我国新农村公共服务设施建设融资途径之我见
[J]. 现代财经，2009 (10).

[37] 抓好"五个统筹"，强化城镇体系规划的地位和作用——仇保兴副部
长在省域城镇体系规划经验交流会上的讲话 [J]. 城乡建设，2003
(12).

[38] 张鸿雁. 论中国新型城镇化的优先战略选择——"零失误城镇化战
略"的理想类型与模式 [J]. 山东社会科学，2014 (1).

[39] 付晓东，蒋雅伟. 基于根植性视角的我国特色小镇发展模式探讨
[J]. 中国软科学，2017 (8).

[40] 姜心灵，包倩文. 供给侧改革过程中政策组合研究 [J]. 中国市场，
2017 (20).

[41] 杨勇，丁雪，魏伟，杨刚强. 地区适宜性、空间分类效应与区域引
资绩效研究 [J]. 中国软科学，2017 (8).

[42] 陈文玲，周京. 把创新城市发展方式作为国家重大战略 [J]. 南京
社会科学，2012 (12).

[43] 吴义爽，蔡宁. 我国集群跨越式升级的"跳板"战略研究 [J]. 中

国工业经济，2010（10）.

［44］张占仓，蔡建霞. 河南省新型城镇化战略实施的亮点研究［J］. 经济地理，2013（7）.

［45］张占仓，蔡建霞，等. 河南省新型城镇化战略实施中需要破解的难题及对策［J］. 河南科学，2013（6）.

［46］杜占河，原欣伟. 竞合的前因、过程与结果研究综述［J］. 管理现代化，2017（5）.

［47］柳建文. 试论新型城镇化的政治规制［J］. 天津社会科学，2014（5）.

［48］张蔚文. 政府与创建特色小镇：定位、到位与补位［J］. 浙江社会科学，2016（3）.

［49］李兵弟，郭龙彪. 走新型城镇化道路，给小城镇十五年发展培育期［J］. 城市规划，2014（3）.

［50］丁明磊，刘秉镰. 区域一体化创新体系构建模式及实施策略研究［J］. 经济体制改革，2010（2）.

［51］夏昊翔，王众托. 从系统视角对智慧城市的若干思考［J］. 中国软科学，2017（7）.

［52］陶海青，刘冰. 不同产业集群中企业家认知网络演化路径差异［J］. 科研管理，2008（7）.

［53］何良兴. 科学管理理论与企业家精神的一致性与相异性［J］. 现代管理科学，2017（9）.

［54］李新春. 企业集群化成长的资源能力获取与创造［J］. 学术研究，2002（7）.

［55］于涛，郑世忠. 区域文化、企业家精神与东北经济增长［J］. 财经理论研究，2017（4）.

［56］张舰. 人们为什么会创业？——基于风险、企业家能力与金融约束的影响因素研究［J］. 中央财经大学学报，2017（8）.

［57］郑新立. 走新型城镇化道路实施"千企千镇"工程［J］. 宏观经济研究，2017（3）.

［58］郑新立. 抓住重大问题推进供给侧结构性改革［J］. 北京交通大学

中国特色小镇 The Chinese Characteristic Town

学报（社会科学版）2017（4）.

[59] 马斌. 特色小镇：浙江经济转型升级的大战略 [J]. 浙江社会科学，2016（3）.

[60] 郝华勇. 特色小镇的区域差异辨析及欠发达地区打造特色小镇的路径探讨 [J]. 企业经济，2017（10）.

[61] 于树青. 基于生态位理论的城镇品牌价值链构建研究 [D]. 青岛：中国海洋大学，2012.

[62] 储玉. 新型城镇化进程中的智慧城市建设研究 [D]. 兰州：兰州大学，2015.

[63] 张爱甜. 价值流拓扑分析与营销模式研究 [D] 上海：东华大学，2015.

[64] 陈明珠. 发达国家城镇化中后期城市转型及其启示 [D]. 北京：中共中央党校，2016.

[65] 范卿泽. 基于中小企业集群的西部城镇化路径研究 [D]. 重庆：重庆大学，2008.

[66] 阚卫军. 企业在城镇化建设中的作用探析 [D]. 上海：复旦大学，2013.

[67] 陈欣. 新型城镇化背景下的企业环境规制研究 [D]. 威海：山东大学，2016.

[68] 王艳成. 城镇化进程中的乡镇政府职能研究 [D]. 上海：华东师范大学，2009.

[69] 王蒙. 农村城镇化进程中政府功能分析 [D]. 天津：南开大学，2012.

[70] 程芳. 新型城镇化背景下的政府融资机制探究与创新 [D]. 上海：上海交通大学，2014.

[71] 郑浩宇. 后工业视角下浙江省特色小镇的特征分析与产生机制研究 [D]. 杭州：浙江大学，2017.

[72] 赵海洋. 基于 SEM 的我国特色小镇项目社会效益评价研究 [D]. 济南：山东建筑大学，2017.

[73] 喻春光. 产业集群导向的工业园区形成机理与战略设计研究 [D].

参考文献

长沙：中南大学，2010.

［74］赵小芸. 旅游小城镇产业集群动态演化研究 ［D］. 上海：复旦大学，2010.

［75］柯永建. 中国 PPP 项目风险公平分担 ［D］. 北京：清华大学，2010.

［76］韦福雷. 特色小镇发展热潮中的冷思考 ［J］. 开放导报，2016 (12).

［77］路志川. 超成长系统 ［M］. 北京：经济管理出版社，2015.

［78］［美］克里斯·安德森. 长尾理论 ［M］. 北京：中信出版社，2006.

［79］［美］菲利普·科特勒. 营销革命 3.0：从产品到顾客，再到人文精神 ［M］. 北京：机械工业出版社，2011.

［80］［美］杰弗里·蒂蒙斯，小斯蒂芬·斯皮内利. 创业学 ［M］. 北京：人民邮电出版社，2005.

［81］周红. 特色小镇投融资模式与实务 ［M］. 北京：中信出版社，2017.

［82］林峰，等. 特色小镇孵化器：特色小镇全产业链全程服务解决方案 ［M］. 北京：中国旅游出版社，2017.

［83］［英］维克托·迈尔－舍恩伯格，肯尼思·库克耶. 大数据时代——生活、工作、思维的大变革 ［M］. 杭州：浙江人民出版社，2012.

［84］［美］凯文·文莱·凯勒. 战略品牌管理（第四版）［M］. 北京：人民大学出版社，2014.

［85］［丹］杰斯帕·昆德. 卓越公司 ［M］. 昆明：云南大学出版社，2002.

［86］Chan, K. W., 1994. *Cities with Invisible Walls：Reinterpreting Urbanization in Post － 1949 China*. Oxford University Press, Hong Kong.

［87］Ong, L. H., 2014. State－led urbanization in China：skyscrapers, land revenue and 'concentrated villages'. ［J］ China Q.

［88］White, K. J. C., Guest, A. M., 2003. Community lost or transformed? Urbanization and social ties ［J］ *City Commun.* 2 (3).

中国特色小镇 The Chinese Characteristic Town

[89] Zhu Qian, Jianhong Xue. Small town urbanization in Western China: Villager resettlement andintegration in Xi'an [J] *Land Use Policy* 68, 2017.

[90] Yang Fu, Xiaoling Zhang. Planning for sustainable cities? A comparative content analysis of the master plans of eco, low—carbon and conventional new towns in China. [J] *Habitat International* 63, 2017.

[91] Yu Chunguang, Li zizai. Industrial Upgrading in Global Value Chains — Also on the strategy of development of industrial parks. [J] *Seeking*, 2008 (11).

[92] Michael E. Porter, "Strategy and the Internet", *Harvard Business Review*, March 2001.

[93] Sun Guanghui. On the Urbanization Construction and the Development of Small and Medium — sized Enterprises in the Western Minority Areas [J] *Productivity Research*, 2010 (9).

[94] Cai Jihong, Zhou Xiaolong. Exploration in the front row — the preparation of inspiration county (city) Domain Master Plan [J], *City Planning Review*, 2015 (1).

[95] Barkema, Vermeulen. International expansion through start up or acquisition: A learning perspective [J]. *Academy of Management Journal*, 1998, 41 (1).

[96] Kostova. Transnational Transfer of Strategic Organizational Practices: A Contextual Perspective [J]. *The Academy of Management Review*, 1999, 24 (2).

[97] Brouthers, L. E., Brouthers, K. D. and Werner, S. Perceived environmental uncertainty, entry mode choice and satisfaction with ECMNC performance [J]. *British Journal of Management*, 2000 (11).

[98] Keller WW, Samuels R J. *Crisis and Innovation in Asian Technology* [M]. Cambridge York: Cambridge University press, 2003.

参考文献

［99］ Pan Shan—Ling. *Managing Emerging Technologies and Organizational Transformation in Asia： A Casebook* ［M］. Singapore： World Scientific, 2006.

［100］ Brouthers, L. E., Brouthers, K. D. and Werner, S. Perceived environmental uncertainty, entry mode choice and satisfaction with ECMNC performance ［J］. *British Journal of Management*, 2000 (11).

［101］ Wilson B. The propensity of multinational companies to expand through acquisitions ［J］. *Journal of International Business Studies*, 1980 (12).

［102］ Zhao, X. S. Lynch, J. G. Chen, Q. M. Reconsidering Baron and Kenny： Myths and Truths about Mediation Analysis ［J］. *Journal of Consumer Research*, 2010, 37 (2).

［103］ Preacher, K. J. Hayes, A. F. Asymptotic and Re—sampling Strategies for Assessing and Comparing Indirect Effects in Multiple Mediator Models ［J］. *Behavior Research Methods*, 2008, 40 (3).

［104］ Baker, W. E. Sinkula, J. M. The Complementary Effects of Market Orientation and Entrepreneurial Orientation on Profitability in Small Businesses ［J］. *Journal of Small Business Management*, 2009, 47 (4).

［105］ Redding, G. The Thick Description and Comparison of Societal Systems of Capitalism ［J］. *Journal of International Business Studies*, 2005, 36 (2).

［106］ Ang, J. Cheng, Y. Wu C. *Social Capital, Cultural Biases, and Foreign Investment in Innovation： Evidence from China* ［A］. Florida State University Working Paper, 2009.

［107］ Thompson, E. R. Phua, F. Are National Cultural Traits Applicable To Senior Firm Managers? ［J］. *British Journal of Management*, 2005, 16 (1).

中国特色小镇 The Chinese Characteristic Town

[108] Child，J.，Tsai，T. The Dynamic Between Firms' Environmental Strategies and Institutional Constraints in Emerging Economies：Evidence from China and Taiwan [J]. *Journal of Management Studies*.

[109] Whitley，R.，The Institutional Structuring of Innovation Strategies：Business Systems，Firm Types and Patterns of Technical Change in Different Market Economies [J]. *Organization Studies*，2000，21 (5).

[110] Hennart，J. F. Park，Y. R. Location，Governance，and Strategic Determinants of Japanese Manufacturing Investment in the United States [J]. *Strategic Management Journal*，1994 (15).

[111] Yip，G. S. Diversification Entry：Internal Development versus Acquisition [J]. *Strategic Management Journal*，1982，3 (4).

[112] Chen. H，Hu，M. Y. An Analysis of Determinants of Entry Mode and Its Impact on Performance [J]. *International Business Review*，2002，11 (2).

[113] Mudambi，R. Navarra，P. Paul，C. Institutions and Market Reform in Emerging Economies：A Rent Seeking Perspective [J]. *Public Choice*，2002，112 (1—2).

[114] 富士康出走深圳 加速沿海代工企业内迁潮. [EB/OL]. http：// finance. dayoo. com.

[115] 不满深圳政府郭台铭求去 富士康内迁河南 [EB/OL]. http：// finance. aweb. com.

[116] 费孝通. 费孝通文集（第16卷）[M]. 北京：群言出版社，1999.

[117] 陈宇. 基金小镇何以成为"格林尼治"小镇？ [J]. 杭州，2016 (8).

[118] 余明桂，潘红波. 政治关系、制度环境与民营企业银行贷款 [J]. 管理世界，2008 (4).

[119] 耿曙，林瑞华. 地方治理模式与企业转型升级——以富士康为案例的考察 [J]. 公共治理评论，2014 (1).

参考文献

[120] 黄宇驰. 基于资源基础论的区域市场进入模式选择研究——对于制造业企业的分析 [D]. 杭州：浙江大学，2007.

[121] 汪秀琼. 制度环境对企业跨区域市场进入模式的影响机制研究 [D]. 广州：华南理工大学，2011.

[122] 王传宝. 全球价值链视角下地方产业集群升级机理研究：以浙江产业集群升级为例 [M]. 杭州：浙江大学出版社，2010.

[123] 社会资本、政治关系与公司投资决策 [J]. 经济研究，2009 (11).

[124] 罗党论. 市场环境、政治关系与企业资源配置 [M]. 北京：经济管理出版社，2010.

[125] 刘志彪. 长三角制造业向产业链高端攀升路径与机制 [M]. 北京：经济科学出版社，2009.

[126] 刘志彪，郑江淮. 冲突与和谐：长三角经济发展经验 [M]. 北京：中国人民大学出版社，2010.

[127] 高山行，黄烨琳，卢丹. 企业技术能力对技术联盟状态影响的实证研究 [J]. 管理工程学报，2008 (2).

[128] [美] 刘易斯·芒福德. 城市发展史——起源、演变和前景 [M]. 北京：中国建筑工业出版社，2005.

[129] 王小鲁. 中国城市化路径与城市规模的经济学分析 [J]. 经济研究，2010 (10).

[130] 王小章. 费孝通小城镇研究之"辩证"——兼论当下中心城镇建设要注意的几个问题 [J]. 探索与争鸣，2012 (9).

[131] 王祖强，孙雪芬. 玉皇山南私募（对冲）基金小镇的实践 [J]. 浙江经济，2015 (6).

[132] 徐剑锋. 特色小镇要聚集"创新"功能 [J]. 浙江社会科学，2016 (3).

[133] 赵新平，周一星. 改革以来中国城市化道路及城市化理论研究述评 [J]. 中国社会科学，2002 (2).

[134] 周旭霞. 特色小镇的建构路径 [J]. 浙江经济，2015 (6).

[135] 徐绍史. 国家新型城镇化报告 2015 [M]. 北京：中国计划出版社，2016.

[136] 吴静芳. 中国企业 FDI 的产权结构及经营绩效的实证分析 [J]. 世界经济研究，2005（3）.

[137] 蓝海林，汪秀琼，吴小节，宋铁波. 基于制度基础观的市场进入模式影响因素：理论模型构建与相关研究命题的提出 [J]. 南开管理评论，2010（6）.

[138] 蓝海林，李铁瑛，黄嫚丽. 中国经济改革的下一个目标：做强企业与统一市场 [J]. 经济学家，2011（1）.

[139] 宋铁波，陈国庆. 企业跨区域扩张动机与进入方式选择——基于合法性的视角 [J]. 学术研究，2010（10）.

[140] 潘红波，夏新平，余明桂. 政府干预、政治关联与地方国有企业并购 [J]. 经济研究，2008（4）.

[141] 黄宇驰. 区域市场进入模式选择研究：基于浙江制造企业的考察 [M]. 杭州：浙江大学出版社，2010.

[142] 董保宝，葛宝山，王侃. 资源整合过程、动态能力与竞争优势：机理与路径 [J]. 管理世界，2011（3）.